DHARM-KRANTI

DHARM-KRANTI

ASAADHU

PARTRIDGE

A Penguin Random House Company

ISBN:	Hardcover	978-1-4828-1771-3
	Softcover	978-1-4828-1772-0
	Ebook	978-1-4828-1773-7

To order additional copies of this book, contact
Partridge India
000 800 10062 62
www.partridgepublishing.com/india
orders.india@partridgepublishing.com

आपके अँतस को पूर्णतः झकझोरनें तथा विश्व बन्धुत्व का सीधा–सीधा
आमन्त्रण देने वाली

धर्म–क्राँति

इंजीनियर संतोष मिश्रा " असाधु "

आखिर क्यों ?

मित्रो ...! हम इस पुस्तक को क्यों पढ़ें ....?

- आप की अपनी सरल हिन्दी भाषा में स्वयं पढ़ें और उस मार्ग को जाने जो सदियों से कठिन लगने वाली भिन्न–भिन्न भाषाओं के नाम पर तथा रहस्यमय शब्दों के आड़ में सभी तथाकथित धर्मो के ठेकेदारों द्वारा आम जनता को अब तक दिग्भ्रमित की जाती रही है.

- सभी तथाकथित धर्म संदेश और ईश्वर क्या सचमुच में एक है, यदि वे वास्तव में एक है तो कैसे और क्यों है ?
- सभी तथाकथित धर्म अपने ही ईश्वर तथा धार्मिक–ग्रन्थों मात्र को ही सर्वश्रेष्ठ एवम प्रामाणिक क्यों मानते है ?

- उस एक ईश्वर तथा संदेश को हम कैसे अनुभव करें ?

- विविध तथाकथित धर्मों के पर्वों का वास्तविक संदेश क्या है ?

- सभी तथाकथित धर्मों में अंधविश्वास कैसे उत्पन्न हुआ तथा उनका सम्यक –उन्मूलन कैसे हो ?

- आज हमारे मध्य विभिन्न सामाजिक, राजनैतिक और आर्थिक कठिन चुनौतियों का सफलतापूर्ण किस तरह मुकाबला किया जा सकता है ?

- विश्व के सभी तथाकथित धर्मों को एकता के सूत्र में पिरोकर विश्व शाँति एवम सबके कल्याण की भावना को जाग्रत करने का एक पूर्ण वैज्ञानिक प्रयास .... जिसे आप स्वयं पढ़ें और इसे जन–जन तक सँप्रेषित करने का महान सँकल्प लें।

मूल– सन्देश

" मूल " को भूला मुल्ला मौलवी
पण्डा पादरी ज्ञानी रे।
पत्ते सीचें सीचीं डाली
" मौलिक " सींच हिरानी रे ।
राम " मूल " जो समझ सको तो
अल्लाह की मेहरबानी रे ।
जाग रे बौरे मनवां मोरे
दो पल की जिंदगानी रे ।
अज को " हज " कर जान ले बन्दे
पाछे ना पछितानी रे।
जाग रे बौरे मनवां मोरे
दो पल की जिंदगानी रे ।। "

....(मेरे काव्य–सँग्रह **"जाग रे बौरे"** का एक अंश)

ईश्वर अल्लाह तेरो नाम

" गुरूःसाक्षात परमब्रह्म तस्मै: श्री गुरूवै: नमः"

सदा स्मरणीय, पूज्यनीय एवम वँदनीय

मेरे प्रथम गुरू

" माता एवम पिता "

के श्री चरण कमलों में

पूर्ण अहोभाव के साथ सादर समर्पित....

अनुक्रमणिका

9

(ब) अंधविश्वास–निर्मूलन सामाजिक–प्रखंड

(स)   पर्व–रहस्य प्रखंड

आत्म ''सम'' वाद

मित्रों.... आज के वैज्ञानिक युग में मनुष्य ने स्वयम का इतना अधिक बौद्धिक विकास कर लिया है कि अब उसे ही लगने लगा है कि वो कहीं कुछ भारी चूक कर बैठा है.... उसके विचार आज न सिर्फ स्वयम उसकी शॉति भॅग कर चुके हैं बल्कि वो एक सभ्य समाज एवं विश्व–शाँति की कल्पना के विपरीत अत्यंत की घातक हो चला है । आपसी प्रेम पूर्ण रिश्ते भी इस ग्लोबलाईजेशन के युग में पाक नहीं रह गए । आज जो कुछ भी बचा–खुचा है, मात्र वो औपचारिक एवं दिखावटी ही है । आम मनुष्य पैसा कमाने एवं उसके उपयोग हेतु एक मशीन की तरह जड़ होकर स्वार्थों के दलदल में बुरी तरह फँस चुका है ।

हमारे प्राचीन ऋषियों–मनीषियों द्वारा मनुष्यों को मोह–ग्रन्थि से निजात दिलाने हेतु बनाये गए समस्त धार्मिक–ग्रँथ अज्ञानता एवं अंधविश्वासों के कारण अपने आप में ऐसी ग्रन्थि या कहें कि गठान रूप में परिवर्तित हो गए हैं जिससे हम और भी बुरी तरह जकड़ गए हैं । सभी धर्मों की शिक्षाएँ "उनके शास्त्रों" के भीतर ही भीतर कैद होकर घुटन महसूस कर रही हैं । आम आदमी मानसिक तौर पर अशाँति के इस दौर में यदि स्वयम के जीने का विचार भी करता है तो वह भी दूसरों के लिए जीवन का खतरा बनकर.... वरना वो तो स्वयम मृतप्राय हो ही चुका है । विश्व में मानव–सभ्यता को समूल नष्ट करने में नित–प्रति बढ़ते अत्याधुनिक हथियारों के जखीरे परमाणु–बम इत्यादि.... ये सब प्रयोग हमे किस निम्न स्तर पर गिरा सकते हैं, इस सम्बन्ध में आज पूर्वकालीन सभी काल्पनिक परिस्थितियाँ पूरी तरह भौतिकतः दृष्यमान हो चली हैं । तथाकथित हिन्दुओं के कलयुग की कल्पनाएँ भी लगभग साकार होती प्रतीत हो रही हैं....। सभी तथाकथित–धर्म अलगाववाद, आतंकवाद एवं आपसी घृणा की उर्वरा–शिक्षा पाकर बढ़ियाँ फल–फूल रहे हैं । सभी धर्मों के ठेकेदार, तथाकथित–धर्म को अपने बाप–दादा की स्थायी सम्पदा मानकर तथा इसे निरंतर मिथ्या–प्रचारित करते हुए भोले–भाले तथा धर्म–भीरू निर्दोष लोगों का आर्थिक, मानसिक एवं नाना प्रकार से भरपूर शोषण करने से कतई बाज नहीं आ रहे हैं । अतः ऐसी विषम परिस्थितियों में भला मनुष्य को शान्ति मिले भी तो कहाँ से ?

मित्रों.... अब समय आ चुका है कि हमसब को अब अपने–अपने धर्मों की सही–सही शिक्षाओं का अन्वेषण स्वयम करना होगा....। अन्वेषण से मेरा तात्पर्य मात्र इतना ही है कि समय–काल परिस्थितियों के चलते सभी धर्मों को उनके

अनुयाईयों द्वारा जो ''वेशभूषा'' पहनाकर उसका मूल स्वरूप ही बदल दिया गया है उसे पुनः ''अन'' अर्थात बिना ''वेश'' का करना होगा या कहें कि उसे उधाड़ना होगा ।

विश्व–भ्रातृत्व का खोखला– संदेश देने के पूर्व इसे हमें स्वयम को ही ठीक से समझाना होगा फिर किसी को भी यह विश्व–भ्रातृत्व अलग से समझाने की आवश्यकता ही नहीं पड़ेगी.... अलग से फलाने–फलाने भाई–भाई जैसा कोरा व खोखला नारा नहीं लगाना पड़ेगा । मैं आपको विश्वास दिलाता हूँ कि सभी धर्मों में अलग–अलग नाम वाले वही एक प्रेमपूर्ण तथा करूणाशील ईश्वर, एक ही शिक्षा तथा उद्देश्य, मात्र अलग–अलग भाषाओं में लिखी हुई है.... वस्तुतः उनमें कोई अन्तर है ही नहीं ।

मित्रों.... यह भी अच्छी तरह जान लें कि आपका धर्म कोई छुई–मुई जैसा नाजुक या कमजोर कतई नहीं है, जिसे शैतान गलती से भी कभी थोड़ा सा भी नुकसान पहुँचा सके । इस सम्बन्ध में हम अपने बीच सदियों से पल रहे इस बहुत बड़े भ्रम हो तत्काल दूर करें । साथ ही हमेशा याद रखें कि आप अपने पुरूषार्थ द्वारा धर्म की रक्षा करने का भ्रम अथवा दम्भ गलती से भी ना पालें.... वस्तुतः धर्म ही इस पूरे कायनात अर्थात ब्रह्माण्ड की सदैव से रक्षा कर रहा है ।

मित्रों.... कोई भी धर्म खतरें में कभी नहीं हो सकता क्योंकि वो धर्म स्वयम ही साक्षात ''ईश्वर'' के अतिरिक्त अन्य कुछ और है ही नहीं जिसे किसी भी प्रकार से कोई भी नुकसान पहुँचा सकने का तुच्छ सामर्थ्य इस प्रकृति की किसी भी सॅरचना में कभी हो ही नहीं सकता । इसी सन्दर्भ में प्राचीन शास्त्र में लिखी इन पॅक्ति का अब सही अर्थ जानना लोकहित में आवश्यक है.... **''धर्मो रक्षति रक्षितः''** अर्थात जिसकी रक्षा धर्म स्वयम करता है मात्र वही रक्षित है । अतः आवश्यक है कि हम अपने–अपने तथाकथित अलग–अलग प्रचारित किए जा रहे तथाकथित धर्म को पहले ठीक से स्वयं जाने.... तत्पश्चात हम ईश्वर के समक्ष सच्चे समर्पण को ठीक से अर्थात पूरी ईमानदारी से जाने.... और मात्र उसी अवस्था मात्र से हम पूर्णतः रक्षित हो सकते हैं ।

वस्तुतः पैसा कमाने के अंधे–दौड़ से उत्पन्न हुए समयाभाव के कारण व दूसरों पर अपनी अति–निर्भरता के चलते तथा हमें अपने शास्त्रों की भाषा की

सम्यक जानकारी न होने से ही ऐसी विषम स्थितियाँ निर्मित हुई हैं । तथाकथित "धर्म–गुरू" की उपाधि से महिमा मँडित किये जाने वाले बहुतेरे अज्ञानी लोग अपने धर्म के बारे में दूसरे लोगों को भली–भाँति उपदेश तो दे सकते हैं लेकिन वे स्वयम तो क्या बल्कि कोई भी व्यक्ति आज के जमाने में इन सभी उच्च–आदर्शों के आचरणों पर अमल करने का सामर्थ्य नहीं रख सकता । अतः इसी असमर्थता के कारण मनुष्य के मन–मस्तिष्क में और भी हीन–ग्रँथियों का सतत विकास होकर यह कैंसर जैसे नासूर धर्म में परिवर्तित हो चुका है....। वस्तुतः मनुष्य ईश्वर की बजाय अपने आप से ही ज्यादा डरा हुआ है । धर्म के नाम पर मनुष्य को सदा से ही डराकर रखा गया है और.... मात्र इसी भय के कारण ही सभी धर्मों की बड़ी–बड़ी दुकानें सर्वत्र खुली हुई हैं । याद रखें धर्म हमेशा ही समय–काल परिस्थितियों के अनुसार ही व्यवहारिक शिक्षा की बातें करता है.... क्योंकि धर्म तो स्वयम में अत्यंत ही रहमवान एवं साक्षात ईश्वर ही है जो आपकी शक्ति–सामर्थ्य एवं व्यवहारिक परिस्थितियों से पूरी तरह वाकिफ है और न ही उसके समक्ष कुछ छिपाया भी जा सकता है ।

मेरा इस आलेख–श्रँखला के माध्यम से पूरी दुनियाँ के लोगों से यह आव्हान है कि ईश्वर द्वारा विरचित इस प्यारी सी दुनियाँ के प्यारे लोगों सब अपनी–अपनी आँखें खोलो.... ये पूरी दुनियाँ की हर चीज चाहे वो हमारी तुच्छ दृष्टिकोण से कितनी अच्छी, भद्दी या बुरी से बुरी भी प्रतीत क्यों न हो, कृपया सावधानी पूर्वक हमेशा याद रखें कि सब कुछ तुम्हारे प्रिय ईश्वर, परमपिता, अल्लाह या रब, खुदा द्वारा ही बनाया गया है । साथ ही उसी ईश्वर ने मात्र इसी कारण तुम्हें दो भिन्न दृष्टिकोण देखने और पहचान करने वाले प्रत्येक शारीरिक अंग भी दो–दो की संख्या में इस रहस्यमय मानव–तन में निर्मल बुद्धि–विवेक के साथ एक बहुत की बेहतरीन तथा अनमोल तोहफा के रूप में दिया गया है । अतः दो–दो की संख्या में प्रत्येक शारीरिक अंग होंने के मूल कारण को ठीक से समझकर तुम अपनी एक–पक्षीय नजरों के तुच्छ एवं संकीर्ण दायरे वाली दृष्टि–दोष को तत्काल दूर करो । तुम सब के सब एक ईश्वर पर पूरी तरह ईमान लाओ.... किसी से बिल्कुल भी ना डरो.... सबसे प्रेम करो क्योंकि सभी उसी एक ईश्वर की ही प्रिय संतानें हैं.... वही ईश्वर सबमें तुम्हारे स्वयम की, उस ईश्वर के अस्तित्व के प्रति सच्चे–प्रेम व आस्था की खुली परीक्षा ले रहा है ।

अंत में मैं अपने प्रथम गुरू माँ–पिता की इस कृपा का अनुग्रहित हूँ कि उन्होंने मुझे मानव तन एवम सनातन–सँस्कारों का अनमोल उपहार प्रदान कर आप सब के भीतर प्रेमरूपी प्रभु के निकट पहुँचने का अद्‌भुद अवसर दिया साथ ही अपने समस्त प्रिय मित्रों का भी शुक्रिया करना चाहूँगा जिनकी प्रेरणा, समालोचना तथा सहयोग से ये प्रेमाँजलि इस रूप में समर्पित करने का मुझे सौभाग्य प्राप्त हो रहा है....और अन्त में इन्हीं पूर्व कथित महान सूत्र के साथ आप सबको अनंत मँगलकारी शुभकामनाएँ उपहार स्वरूप सादर समर्पित करता हूँ ।

" सर्वे भवन्तु सुखिनः सर्वे सन्तु निरामया

सर्वेभद्राणि पश्यन्तु मा कश्चिद दुःख भागभवेत । "

खुदा हाफिज .... आमीन .... हरि ॐ तत सत ।।

इंजीनियर संतोष मिश्रा " असाधु "

आध्यात्मिक प्रखंड

श्री गणेश

का

वास्तविक स्वरूप

एवम

उनकी पूजा

मित्रों.... प्रायः आपने महसूस किया ही होगा कि मै किसी भी जाति अथवा धर्म का नाम लिखने के पूर्व प्रायः ''तथाकथित'' शब्द के प्रयोग करने का यथासंभव प्रयास करता हूँ ! इस परिप्रेक्ष्य में मेरा यह स्पष्ट मानना है कि दुनियाँ के सभी लोग उनके व्यक्तिगत पैदायशी की मजबूरी के कारण ही भिन्न–भिन्न जाति और धर्म में विभाजित हुए है ! मुझे पूर्ण विश्वास है कि अन्ततः एक दिन ऐसा अवश्य आयेगा जब सभी लोग अपने एक वास्तविक–धर्म " मानव–धर्म " को निश्चित रूप से पहचान लेंगे और वस्तुतः वही समय–काल हमारे मानव जाति की धार्मिक उत्कृष्टता का सर्वोच्च शिखर का होगा ! ऐसे हालात में दुनियॉ में सभी तथाकथित धर्म अपने वास्तविक स्वरूप के अनुसार अन्दर एवम बाहर से न सिर्फ एक दिखेंगे बल्कि वे सभी एक ही होंगे.... वस्तुतः वे सब है भी एक ! ....और तभी हमारे दिल में आपसी भाई–चारे का पवित्र रिश्ता स्थापित होगा जिसका सुखद परिणाम इस प्यारी सी दुनियाँ में अंततः अमन का होगा और.... सभी लोग बेहद खुशहाल होंगे।

विषय के प्रसंग में जाने के पूर्व मैं इससे संबंधित कुछ अन्य किन्तु महत्वपूर्ण पहलुओं पर संक्षिप्त में चर्चा करूँगा ! जैसा कि हम सब आम बोलचाल की भाषा में अथवा तथाकथित हिन्दुओं के द्वारा जब भी कोई भी कार्य प्रारंभ किया जाता है उसे कार्य का ''श्री गणेश–करना'' कहते है ! कोई अच्छा कार्य हो अथवा पूजा–पाठ जैसा कोई शुभ आध्यात्मिक कार्य हो, उसमें भगवान गणेश की प्रथम–पूजा करना बिल्कुल ठीक बात है ! मेरे मतानुसार ये कोई नई अथवा तनिक भी आपत्तिपूर्ण बात कतई नहीं है लेकिन आम लोगों के मन–मस्तिष्क में संशय तब उत्पन्न होता है जब इसी से संबंधित एक अति प्राचीन कथा में उन्होंने यह भी कहीं पढ़ रखा है कि जब शिव–पार्वती का विवाह संपन्न हुआ तो उस विवाह के पूर्व उनके पुत्र भगवान श्रीगणेश की पूजा की गयी ! अतः ऐसी प्राचीन कालीन कथाओं में स्वयम गणेश जी के विवाह पूर्व के उत्पति की कथा अपने आप में हमारी बुद्धि की ''समझ–क्षमता'' को पूरी तरह झॅकझोरने वाली एक खुली चुनौती है .. क्योंकि विवाह पूर्व सन्तान की उत्पत्ति होना व्यवहारिक रूप से सभ्य समाज में तनिक भी अच्छा नहीं माना जाता और किसी

सँस्कारित–समाज में ऐसा नहीं हो सकता और तो और स्वयम भगवान के साथ ही यदि ऐसी दुर्घटना हो जाए तो यह बड़ा ही आश्चर्यजनक है ! वैसे आपने भगवान शंकर के सम्बन्ध में एक बात हमेशाा ध्यान नहीं दी होगी कि उनके साथ लोगों ने प्रायः धोखा ही किया है इन सबके बावजूद भी वो हम सबसे हमेशा प्रसन्न बने रहते है इसीलिये हम उन्हें भोलेबाबा कहकर पुकारते है।

मित्रों भगवान श्री गणेश जो स्वयम बुद्धि विनायक है और उनके बारे में यह भी प्रसिद्ध जनश्रुति कथा है कि सकल ब्रह्माण्ड की परिक्रमा करने की अति विचित्र प्रतिस्पर्धा में शंकर–पार्वती के ज्येष्ठ पुत्र कार्तिकेय भी इनकी बौद्धिक क्षमता के चलते सार्वजनिक रूप से बुरी तरह पराजित हुए हैं । अतः श्रीगणेश के विषय में चर्चा करने के पूर्व हमें अपने प्रज्ञा चक्षु को ठीक से और चारों ओर खोजने की आवश्यकता होगी।

यह भी पूर्णतः सत्य है कि हमारी तुच्छ–सांसारिक बुद्धि में गणेश जी के विवाह पूर्व उनके स्वयम के उत्पत्ति की यह गूढ़ बात समझ में कभी आ ही नहीं सकती। और हाँ.... इस बारे में आपने कभी गलती से भी किसी तथाकथित पण्डित महाराज जी से आखिर पूछ ही लिया तो वो ये निश्चित तौर पर मात्र यही कहेंगे कि.... बेटा ये तो सब उस हरि की लीला है.... उनका चमत्कार है.... भगवान कुछ भी कर सकते हैं। यद्यपि पण्डित महाराज जी की ये बात निश्चित रूप से शत प्रतिशत सत्य है कि ईश्वर कुछ भी कर सकता है, किन्तु शादी के पूर्व भगवान श्रीगणेश के उत्पत्ति की कथा हमारी बताशा–नुमा खोपड़ी में कुछ डाइजेस्ट नहीं होती और न कभी हो भी सकेगी ! निःसँदेह जब यह गूढ़ बात बिचारे पण्डित जी को स्वयम नहीं मालूम तब भला वो अपने तथाकथित बुद्धिमत्ता की अपनी ही पोल सार्वजनिक तौर पर कैसे खोलेंगे ?.... और आखिरकार वह भी तो आपकी ही तरह बिना अनुभव रखने वाले तथा आप हम

से अपनी रोजी–रोटी चलाने वाले मात्र एक व्यक्ति ही तो है ! इस प्रकार बिचारा श्रद्धालु व्यक्ति पण्डित जी की गोल–मटोल और घुमावदार बातें सुनकर यद्यपि बाहर से तो अनिष्ट की आशँका के कारण शाँत तो हो जाता है लेकिन भीतर ही भीतर बुरी तरह वह अशान्ति के ऐसे मकड़जाल में फँस जाता है कि वो फिर धर्म के सभी मामलों में ऐसे ही तथाकथित चमत्कार को अकारण सही मानते हुए धर्म के सभी पहलुओं में अंधविश्वास करना प्रारंभ कर देता है ! यही से प्रारँभ हो जाता है धार्मिकता रूपी शोषण की पुरातन अविवेकपूर्ण प्रक्रिया, जिसके निर्मूलन के उपाय हेतु आव्हान किया जा रहा है एक धर्म–क्रॉति का अपने इन आलेखों की श्रृँखला के माध्यम से ! उस ऐसी क्रॉति का जो समस्त तथाकथित धर्मो, जातियों, एवम रंग–भेद जैसी हमारी सीमित एवम सँकीर्णता पूर्ण सोच को उन्नत कर मानवता के उस पुरातन और गौरवशाली इतिहास की पुनरावृत्ति करेगी जो इन तथाकथित सम्प्रदायों के आने के पूर्व हम सब ईंसानों में भरपूर रूप से मौजूद रही है ! ये क्राँति हमे आपसी प्रेम की दिशा की ओर ले जायेगी।

आज समय की जरूरत है कि कुछ कदम तुम भी चलो.... कुछ कदम दूसरे भी चले.... सब आपस में मिले और यह स्पष्ट अनुभव करें कि इस पूरी दुनियाँ में वस्तुतः न तो कोई म्लेच्छ है और न ही कोई काफिर ! हम सब उसी एक ईश्वर की वो प्रिय सन्तानें है जिन्हें दुनियाँ में शासन करने की अपवित्र तमन्ना लिए कतिपय अज्ञानियों व स्वार्थी लोगों ने हमे सिर्फ़ आपस में कई अनैतिक आधारों पर बॉट रखा है ! मेरे मतानुसार ऐसे स्वार्थी–लोग ही वास्तव में काफिर की सही परिभाषा में पूरी तरह फिट बैठते हैं ! ये वे लोग है जो लोग ईश्वर के प्रेम संदेश को समूचे–विश्व में फैलाने में असली रूकावट हैं जिसे हमारे सभी धर्म–शास्त्र जन–जन तक प्रचारित एवम प्रसारित करने का नित संदेश देते है ! वे सभी धर्म–शास्त्र वस्तुतः ऐसे ही स्वार्थी एवं विधर्मियों को असुर, राक्षस, शैतान, अनार्य, दुष्ट, काफिर या फिर अन्य कई विविध नामों से सम्बोधित करते

रहे है एवम इन्हे ही विभिन्न विधियों द्वारा समाप्त करने की युक्ति उद्घोषित करते है .. आपको जानकर यह बड़ा आश्चर्य होगा कि आजकल पूरी दुनियाँ में चर्चित "जिहाद" शब्द भी वस्तुतः इसी युक्ति का ही पर्याय है !

मित्रों.... यहाँ ध्यान रखें कि विधर्मियों को समाप्त करने की प्रक्रिया में भी एक अति सूक्ष्म भेद है, इसके बावजूद भी वस्तुतः कोई तथाकथित धर्म हिंसा की इज़ाजत नहीं देता ! धर्म अथवा ईश्वर की इसी कृपा के कारण हम उसे परम रहमान कहते है ! अतः इन सभी विधर्मियों को मात्र समाप्त करना पर्याप्त नही होगा वरन इन्हें अपने प्यारे धर्म की शिक्षाओं का सच्चा पाठ पढ़ाकर इनका जीवन भी धर्ममय बनाना हमारा परम कर्तव्य है ! वस्तुतः यही हम सब के महान गौरवशाली धर्म का एक मात्र सच्चा मार्ग है।

एक मजेदार बात यह है कि इन तथाकथित धार्मिक लोगों से यदि आप पूछें कि क्या उनके द्वारा जीवन में तथाकथित किसी गैरधर्म वाले की आटा–चक्की का कभी अन्न ग्रहण नहीं किया गया है, या चुनाव में इनके कभी वोट नही लिए, अथवा वो वोट प्राप्ति की अवस्था में अपने चुनाव से इन्कार करते हुए कभी सार्वजनिक रूप से इसे अमान्य कर नैतिक अथवा धार्मिक आधार पर कभी इस्तीफा दिया है ? इन गैर धर्म वालों के हाँथ की बनी चाट–फुल्की वगैरह भी नहीं खायी, घायल अवस्था में क्या वे अपने खून को ग्रुप की बजाय जाति–धर्म देखकर लगवाते है, अथवा कभी गैरधर्मी ड्राइवर होने के कारण उन्होंने बस, रेलवे, हवाई जहाज की यात्रा करने से इंकार किया हो अथवा चलती गाड़ी से वे उतर गए हों, खुद के या उनके अति करीबी लोगों के बीमारी की अवस्था में गैरधर्मी डॉक्टरों से कभी इलाज नहीं कराया हो ? .... मित्रों शायद ही इसका जवाब आपको "हाँ" में मिलेगा और जो ऐसा "हाँ" बोलता हो उससे निश्चित तौर पर तत्काल ही सतर्क हो जाएँ क्योंकि ऐसा मूढ़   इन्सान निःसंदेह इस   दुनियाँ का सबसे खतरनाक, मानसिक–विक्षिप्त और निश्चित

तौर पर सबसे बड़ा अधार्मिक'–व्यक्ति होगा.. निश्चित तौर पर विवेक शून्य ही होगा। उस व्यक्ति के लिए हम ईश्वर से प्रार्थना करे.... श्रीगणेश की पूजा करें।

अब हम मूल विषय पर चलते हैं ! पहले हम यह जाने कि "गण" किसे कहते हैं ? इस सम्बन्ध में हम तुलसीदास जी की इस चौपाई को देखें..

" इन्द्री द्वार झरोखा नाना! जहँ तहँ सुर बैठे करि थाना।। "

अर्थात इस मानव शरीर में हमारी समस्त इंद्रियों को सुर अथवा देव कहा गया है ! और "गण" शब्द भी यही कहता है "ग" शब्द का भी यही तात्पर्य है.... "ग" शब्द हमारे शारीरिक समस्त बाह्य एवम आन्तरिक सूक्ष्म इंद्रियों का द्योतक है ! हमारी प्रत्येक इन्द्रियाँ अपने आप में समय तथा परिस्थितियों के अनुकूल खुलने वाला एक महत्वपूर्ण द्वार है जिसके माध्यम से देव/गण भोग को ग्रहण करते हैं ! कभी–कभी भोग के ग्रहण करने में भी बड़ा भारी कष्ट हो जाता है जिसका मूल कारण है कि हमने भोग का मात्र एक पहलू ही देखा है और उसमें हमने अपने विवेक का तनिक भी इस्तेमाल नही किया ! उदाहरण के तौर पर यदि हम अपनी आँखों से किसी लाल–तप्त अंगारे को तो देखें और स्पर्श की लालसा में हम उसे अविवेकपूर्वक लाल रंग का सुन्दर तथा स्वादिष्ट फल मानकर उसको अपने हाथों से पकड़ लें तो निःसंदेह हमारी शारीरिक इन्द्रियाँ न सिर्फ क्षतिग्रस्त होगी बल्कि ऐसे भोग का स्वरूप भी अत्यन्त दुखदायी होगा ! वस्तुतः हम उस भोग का सही उपभोग न कर सके बल्कि खुद को ही कष्ट भुगतना पड़ा । अतः किसी भी भोग के उपभोग में जब तक बुद्धि–तत्व का पूरी तरह या कहें कि विवेकपूर्ण उपयोग न हो तो उसका परिणाम कष्टप्रद ही रहेगा ! मित्रों इसी बुद्धि–तत्व को ही हम इन समस्त "गणों" का ईश जाने । वस्तुतः हम सब के भीतर विराजित यही बुद्धि एवम विवेक का तत्व ही हमारे भगवान श्री "गणेश" का वास्तविक स्वरूप है ! अतः हम कोई भी कार्य का प्रारंभ करने के पूर्व अपने स्वयम की बुद्धि एवम विवेक को शुद्ध, पवित्र और सुनियोजित कर ले

26

यही वास्तव में श्रीगणेश का सही आह्वान होगा.. सब कार्यो के पूर्व उनकी यही प्रथम पूजा होगी.... अन्यथा हर कार्य में कहीं न कहीं विघ्न आना सुनिश्चित है ! श्रीगणेश किसी तथाकथित मन्दिर में विराजित कोई पत्थर की मूर्ति कदापि नहीं है ! वे पूर्णतः चैतन्य एवं जीवित तत्व है हमारे ही भीतर.... विवेक के रूप में हमारी इस जड़ बुद्धि को सॅचालित करने वाले.... बुद्धि विनायक के रूप में ।

अब हम जाने उस कथा– प्रसंग के बारे में जब बालक श्रीगणेश की उत्पत्ति हुई । यह कथा पूरी तरह आध्यात्मिक एवम बहुत ही प्यारी है । इस कथा के पूर्व मैं स्वयम आपसे एक प्रश्न करना चाहता हूँ कि माँ उमा के स्वयम के पुत्र श्री गणेश एवं उनके पिता प्रजापति राजा दक्ष का शीश स्वयम शिव ने और शिव की ही मॅशानुरूप उनके अंश महारूद्र द्वारा क्यों काटा और कटवाया गया.... ? वे यदि चाहते तो इन दोनों के हाँथ–पैर इत्यादि तुड़वा सकते थे या फिर और भी कुछ दण्ड दे सकते थे । सबसे बड़ी बात तो यह है कि जब वो राक्षसों, भूत–प्रेत और दानवों से इतना प्रेम रखते थे तो अपनी प्रिय पत्नि के इतने सगे रिश्तेदारों के प्रति वे इतने निर्मम क्यों ? क्या मात्र इसलिए कि वो भगवान है और कुछ भी कर सकते हैं । उन्हें हर अच्छे और बुरे काम करने की पूरी छूट है । भयवश उन्हें कोई कुछ नहीं कह सकता ... जो कहेगा उसकी उनके गणों के द्वारा ऐसी की तैसी कर दी जायेगी.... आदि इत्यादि । इस बारे में तनिक आप भी विचार करें.... कहीं न कहीं हम भारी चूक कर रहे हैं जो कि इस आलेख–प्रसंग के अंत तक आपको पूरी तरह साफ हो जायेगा ।

मित्रों.... अब हम भगवान श्रीगणेश के उत्पत्ति की मूल आध्यात्मिक कथा की ओर वापस लौटें... माँ उमा.... जो कि तत्वतः हमारी ही आत्मिक शक्ति है वह स्नान करने जाती है ! वस्तुतः स्नान कार्य अपने आप में पवित्र होने की घटना मात्र का प्रतीक है ! इस प्रकिया में उसके अंगों का मल निकलता है ! उस आत्मिक–शक्ति की बुद्धि का अंश ही वास्तव में वो मल है । माँ उमा तत्वतः स्वयम "दक्ष" की पुत्री अथवा अंश है ! दक्ष शब्द भी हमारी बुद्धि से ही संबंधित होता है जो अपने अहँकार के वशीभूत होकर अपने ही ज्ञानरूपी भगवान शिव को सरेआम नीचा दिखाकर उसे अपमानित करने का प्रयास करता है ! यद्यपि ज्ञान दक्षता के पार की अवस्था है ! अर्थात् किसी कार्य में दक्षता प्राप्त कर लेने का यह मतलब कदापि नहीं है कि हमें उस कार्य का

शत–प्रतिशत ज्ञान उपलब्ध हो गया है । अतः ज्ञान रूपी शिव को अपमानित करना, माँ उमा के पिता की धृष्टता के अतिरिक्त अन्य कुछ भी कहना उचित न होगा ! और इसी के चलते उन्हें सरेआम शर्मिंदा भी होना पड़ा ! इससे ही उनके महायज्ञ में विघ्न उत्पन्न हुआ । उनके अहंकार के प्रतीक–स्वरूप उनका सिर कट गया और उनकी ही पुत्री उमा को स्वयम योग अग्नि में वहाँ सती होना पड़ा ! किन्तु यह स्नान की घटना उसके पूर्व की है ! जब माँ उमा ने स्वयम की सुरक्षा के लिए परम ज्ञानी एवं समस्त–शक्तियों के स्वामी भगवान शिव के सामर्थ्य पर ही प्रश्न चिन्ह खड़ा कर दिया । यही मल उनकी दक्ष– अंश बुद्धि का अंशरूपी सूक्ष्म–दोष है ।

मित्रों.... वैसे सामान्य बुद्धिधारी हम और आप तनिक स्वयम सोचें कि त्रिदेवों में सर्वश्रेष्ठ, सर्वशक्तिशाली महादेव जिसका तीनों लोक में मुकाबला करने की तनिक भी शक्ति किसी में बिल्कुल ही नहीं है उसकी पत्नि को ही शिव की महान शक्तियों पर इतना अविश्वास....? अतः स्नान की प्रकिया में इसी अविश्वासरूपी मल की मूर्ति का नाम है जीव की अज्ञानरूपी प्राकृत–बुद्धि.... बुद्धि–स्वरूपा.... जो अपने आप मे तार्किक होने से यद्यपि बहुत ही बलशाली प्रतीत होती है लेकिन वह वस्तुतः वैसी है ही नहीं । वह तो अपने ही मूलक पिता अर्थात् साक्षात ज्ञापरूपी भगवान शंकर को आमने सामने देखकर भी दुर्भाग्यवश वह उन्हें पहचान न सका.... और तो और वही बालक गणेश महान शक्तिशाली तथा देवताओं को हराने की क्षमता रखने वाला अभिमानवश उसने अपने ज्ञानरूपी जनक को ही उसकी आत्मिक–शक्ति से मिलन के द्वार में पहरेदार सा उपस्थित होकर प्रत्यक्ष रूकावट भी बन गया....। वस्तुतः हमारे ऋषियों ने इस प्रतीक कथा के माध्यम से ईश मिलन में हमारी प्राकृत–बुद्धि रूपी गणेश को अवरोधक बताने का यह सूक्ष्म व गूढ़ संदेश दिया हुआ है । और इसी कारण उस बेचारे बालक गणेश का शीश काटने का मतलब भी गूढ़ है....। ये सब के सब मात्र प्रतीक ही है ! वस्तुतः न तो माँ उमा को कभी नहाने की आवश्यकता पड़ती है और न ही भगवान शंकर को किसी के शीश को काटने की....। वो कृपालु भोलेनाथ तो पूरी तरह से निर्मल होता है । उसे किसी के शीश को सार्वजनिक स्थल पर काटकर किसी को आतंक का प्रदर्शन करना भी नहीं होता ! वस्तुतः शीश काटने से तात्पर्य उसके बुद्धि या मस्तिष्क के स्थान को तर्कों–कुतर्कों से पार ले जाने की प्रकिया मात्र है ! इसमें मनुष्य को पूरी तरह जाग्रत होना होता है.... विवेक या प्रज्ञापूर्ण होना पड़ता है.... उसमें अंधविश्वास तो बिल्कुल भी नहीं होता वरन उसकी जगह परम विश्वास होता है

! कथा के अनुसार इस प्रकार शीश काटने की घटना सुनकर माँ उमा अपने ही पति भगवान शंकर पर क्रोधित हुई और व्यवहार जगत में ऐसा होता भी है कि जब कोई किसी की प्यारी वस्तु उससे छीन ली जाए तो मनुष्य को अज्ञानतावश अतिकष्ट होने लगता है, वो विलाप और अनावश्यक प्रलाप करने लगता है.... शायद माँ उमा ने भी कुछ ऐसा ही किया होगा.... बल्कि हमसे भी बढ़कर कुछ ज्यादा ही किया होगा । अतः ज्ञान रूपी भगवान शिव को उनके स्वयम की आत्मिक –शक्ति माँ उमा को इस प्रकार विलाप करता देख अतिकष्ट हुआ । इसके समाधान हेतु उनके द्वारा एक मार्ग सुझाया गया.... उत्तर की ओर जाओ ! आखिर ऐसा क्यों ? इस दुनियाँ में हम सबकी अज्ञानता के कारण ही तमाम प्रकार के प्रश्नों की जहाँ–तहाँ भरमार है ! अतः सब प्रश्नों के समाधान का मात्र एक ही मार्ग है "उत्तर" ! मित्रों.... ध्यान रखें यह कोई तथाकथित वास्तु–शास्त्र वाली उत्तर–दिशा कदापि नहीं है । अतः सभी प्रश्नों के उत्तर की तलाश में लगी हुई इस बुद्धि तत्व में शान्ति का प्रवेश तभी हो पायेगा जब आप इस "जग" के विमुख हो कर "गज" अर्थात अपने इंद्रियों के अंतर में विराजमान उस ईश्वर अर्थात "अज" का जाने ! इसलिए आपकी बुद्धि को "गजमुख" धारण करना ही होगा ! गज का एक अर्थ हाँथी भी होता है, जिसकी सभी इंद्रियाँ विराट आकार की होती हैं । अतः यहाँ गज एक विराट बुद्धि का भी हमारे समक्ष एक जीता–जागता प्रत्यक्ष उदाहरण या प्रतीक है ! अपने सामान्य तथा संकीर्ण मन–मस्तिष्क को विराट आकार में परिवर्तित करने का यह संकेत मात्र है । "जग" का एक तात्पर्य यह भी है कि हमारी इन्द्रियाँ जब प्रकृति की जड़ता से अपना सामंजस्य स्थापित करने में लगी रहे जो कि निश्चित तौर पर अन्ततः दुःखदायी ही होगा अतः जड़ता के विपरीत अपनी बुद्धि को चैतन्यता के कर्मयोग में परिवर्तित करें.... और हो जाए शुभ.... अति शुभ श्री गणेश की तरह सदा सर्व माँगल्यकारी ! **"हरि ऊँ तत सत !!"**

" ऊँ वक्रतुण्ड महाकाय सूर्यकोटि समप्रभः !

निर्विघ्नम कुरूमेदेव सर्वकार्येषु सर्वदा !! "

मूर्ति पूजा :
आध्यात्मिक प्रासंगिकता

मित्रों.... इतिहास के उन पन्नों की ओर जरा कल्पना का यथार्थ जीवन्त–चित्रण कर के देखें । एक ओर अपने पूरे लश्कर के साथ तथाकथित विधर्मी और क्रूर कहे जाने वाले मुगल सम्राट का अट्ठाहास गूँज रहा हो तथा दूसरी ओर उनके भयवश काँपते हुए तथाकथित अन्य धर्म के लोग जो अज्ञानतावश उस मुगल सम्राट के इन प्रश्नों के उत्तर प्रस्तुत कर सकने में सफल न हो पा रहे हों । कहाँ मौजूद है तुम्हारा भगवान ? यदि तुम्हारे अनुसार इन "बुतों (मूर्तियों) में है तो बोलो अपने भगवान को कि वो अभी इसी क्षण हम सब के सामने प्रगट होने का चमत्कार दिखाये और हमसे अपनी हिफाजत कर ले.... नहीं तो यदि तुम बचा सकते हो तो बचा लो अपने इन "बुतों" को ।

अन्ततः शर्मसार हुआ हमारा गौरवशाली इतिहास । दुर्भाग्य का विषय है कि वे दोनों तथाकथित गैर धर्म वाले भी न पहचान सके अपने तथाकथित अलग–अलग भगवानों की सूक्ष्म उपस्थिति को और अपने ही हाँथों से नष्ट कर दिया न जाने कितने महत्वपूर्ण पुरातन कालीन मॅदिरों को, कलाकृतियों को, सभ्यताओं को, कितनी सुन्दर मूर्तियों को और न जाने कितने लोगों की आस्थाओं को आदि–आदि । कितने निर्दोष लोगों की जानें यूँ ही उस पार्थिव–मूर्ति को बचाने में चली गई होंगी । इस दर्दनाक घटना से न जाने कितने लोग प्रभावित हुए । देश का इतिहास ही बदल दिया गया । भगवान के प्रगट न होने पर भयवश कितने लोगों के धर्मांतरण हुए और तो और आश्चर्य का विषय यह है कि न सिर्फ तथाकथित भगवान के "बुतों" को नष्ट करने और उन बुतों के ही समक्ष भक्तों की लाश बिछ जाने पर भी भगवान प्रगट नहीं हुए.... उनका तनिक भी दिल न पसीजा....संकट में पड़े अपने भक्तों के पुकार को भी उन्होंने बड़े बेदर्दी से अनसुना कर दिया ।

मित्रों.... अभी हाल में ही हम देखें कि केदारनाथ के मँदिर के भीतर जो प्राकृतिक आपदा में भी उनकी मूर्ति के समक्ष 11 फीट उँची लाशों का अम्बार लग गया । इस प्राकृतिक आपदा को सीधे–सीधे स्वीकार कर लेने की बजाय फिर चालू हो गयी कई तथाकथित धर्माचार्यों की बेतुकी और बिना सिर–पैर की दलीलें.... कि लोग वहाँ ऐश करने आते हैं इसलिए ऐसा हुआ । कृपया ऐसे तथाकथित परम ज्ञानी धर्माचार्य महोदय मुझे ये बताऐं कि भगवान शंकर के भक्त क्या स्वर्ग में ऐश नहीं करते ? भगवान शंकर तो आखिरकार भोलेनाथ कहे जाते हैं और उन्हें अपने भक्तों के आनंदपूर्ण जीवन शैली से उन्हें भी कोई शिकायत

नहीं होती । वे संसार के हितार्थ स्वयम ही विष का पान कर लेते हैं । अतः यदि उनके धर्मस्थल पर किसी ने कोई ऐश कर भी लिया हो तो वे क्या इससे उन्हें कोई शिकायत थी जो उन्होंने इन तथाकथित फर्जी–धर्माचार्यों को नोट कराई गई हो । चलो उनकी ये दलील भी अगर मान ले तो क्या प्रभु भोलेनाथ की सेवा में दिन रात लगे मॅंदिर के पचास पुजारी क्यों लापता हो गए जो बिचारे दक्षिण भारत के उन घर परिवार से संबंधित हैं, जिन्हें स्वयम आदि शंकराचार्य ने नियुक्त किया था तथा उनकी योग्यता व पूजा की पद्धति एवं आस्था पर प्रश्न चिन्ह कदापि नहीं उठाया जा सकता है । और फिर गौरी मँदिर तथा उन्हीं के स्वयम के मँदिर तथा मँदिर के बाहर बैठे बिचारे नंदी बैल की मूर्ति इतनी क्षतिग्रस्त कैसे हो गयी । और तो और उत्तराखण्ड के मुख्यमंत्री जी की घोषणा के अनुसार उस आपदा में बहकर आने वाली एक सामान्य सी पाहन–शिला को दिव्य–शिला में घोषित कर भविष्य में उसके भी पूजन की राजनैतिक घोषणा कर दी गयी है । धिक्कारपूर्ण है ऐसे धार्मिक निर्णय और घोषणाएँ । मैं पूछता हूँ... कहाँ थी ये वो दिव्य–शिलाएँ जब जल का भारी स्त्रोत इनसे और इनके प्रभु से विद्रोह कर भारी जनसंहार कर रहा था.... क्यों नहीं रोक लिया उन्हें ?

पुनः हाल में ही बनारस के मणिकर्णिका घाट पर विराजित स्वयम प्रभु शिव के प्रतिमा की रक्षा क्यों न हो पायी । ऐसे में किसी और विशेषकर किसी जीव के प्राणों की भला कौन रक्षा करने में सक्षम होगा । अतः सावधान रहें धार्मिक–व्यापार रूपी किसी नए ढकोसले को पुनः न पनपने दें । ऐसे प्रश्नों पर वैज्ञानिक ढंग से व्यवहारिक तथा विवेकपूर्ण चर्चा किया जाना आज समय की आवश्यकता है । हमें इसकी जड़ में जाना होगा । धर्मान्धता का नकली चोला उतार फेंकना होगा । यह पूर्णतः सत्य है कि प्राचीनकाल से ही इस दुनियाँ के कोने–कोने में फैले हुए तथाकथित सभी सभी धर्मों में मूर्तिपूजा जैसे धार्मिक कार्यों का हमेशा से बोलबाला रहा है और शायद ही कोई तथाकथित धर्म अथवा सम्प्रदाय हो जो इससे कभी बच पाये हो । यद्यपि इस्लाम धर्म के मतावलम्बी इससे इन्कार करे लेकिन उनके द्वारा मजारों व दरगाहों की पूजा करना, चादर चढ़ाना आदि ये सब ऐसे ही धार्मिक–कार्य हैं । यहाँ तक कि मुस्लिम–बहुल पाकिस्तान राष्ट्र एवम अन्य मुस्लिम क्षेत्र से भारत के अजमेर में ख्वाजा चिश्ती की दरगाह आने वाले प्रायः सभी छोटी–बड़ी हस्तियाँ वर्तमान में भी ऐसा ही करती है । अन्ततः समय के गुजरने के उपरान्त हमारे बुजुर्गों द्वारा किया गया

ऐसा आचरण और यही सब पुरातन कालीन कियायें तदनन्तर में धार्मिक मान्यताओं में परिवर्तित होकर मूर्ति–पूजा के रूप में स्थापित हो जाती है ।

मूर्ति–पूजा यद्यपि कोई बुराई कदापि नहीं है किन्तु इसमें लोगों के एक ईश्वर की राह से भटकने की संभावना लगभग 99.99 प्रतिशत होती है । इन्हीं कारण ने इस्लाम में मक्का में पूर्व में स्थापित लगभग 365 प्राचीन मूर्तियों को तोड़ दिया गया क्योंकि इतनी सारी तथाकथित भगवानों की मूर्तियों से लोगों में भ्रम फैल सकता है । वे इनके चक्कर में असली उस एक ईश्वर को ही कहीं विस्मृत न कर दे । उनकी मूल सोच बिल्कुल सही है और आज भी हमारे समाज में पुनः इतने सारे मूर्तियों और भगवानों के चक्कर में मनुष्य वस्तुतः बुरी तरह लुटता चला आ रहा है । इनमें सबसे हैरानी की बात तो यह है कि समाज में कोई कितना ही पढ़ा–लिखा, होशियार, बलशाली अथवा धनी व्यक्ति ही क्यों ना हो वे सब के सब इस मूर्ति–पूजा को लेकर आज के इस वैज्ञानिक युग में भी ठीक वैसी ही हरकतें करने पर मजबूर होते हैं जैसे लगता है कि वे पुराने जमाने के कबीलों में रहने वाले अशिक्षित लोगों द्वारा किये जाने वाले कर्मकांडों की पुरातन–कालीन पद्धतियों से वे गुजर रहे हों । बस उसमें श्रद्धा शब्द की मात्रा का केवल झीना सा अन्तर मात्र ही होता है.... वो भी 90 प्रतिशत भयवश तो कुछ तथाकथित ज्ञानीपुरूषों द्वारा बताये गए अंधविश्वास के चलते ।

मुझे याद है कि गत वर्ष नेपाल के तत्कालीन नरेश असम प्रदेश स्थित "कामाख्या–देवी" के तथाकथित मूर्ति की पूजा के लिए हमारे यहाँ पधारे । यह इस राष्ट्र के लिए बड़े ही सौभाग्य की बात थी किन्तु वे भी विवादास्पद कर्मकॉडों के चलते हमारे मीडिया की निगाह से बच न सके । वहाँ उनकी करनी भी एक विडियो कैमरे में कैद कर ली गई । इस देश के तथाकथित शासन के तथाकथित प्रतिबॅध के बावजूद भी उन्होंने "कामाख्या–देवी" के पार्थिव–मूर्ति के सामने एक जीवित भैंसे की आखिरकार बलि दे ही डाली । अब तो गनीमत ही मनाये कि मात्र भैंसे की ही बलि दी । मैंने बचपन में कहीं पढ़ा था कि पहले के समय में इन पार्थिव–मूर्तियों के समक्ष मनुष्यों की बलि भी दी जाती थी.... यहाँ तक कि एक बार एक तान्त्रिक ने राजा विकमादित्य को भी बलि चढ़ाने के लिए धोखे से फॉसकर उन्हें कहीं किसी देवी के पास ले गया था किन्तु सँयोगवश वे बच भी पाये तो मात्र देवी की कृपा से और आज के काल में इस तरह सचमुच में बच पाना बड़ा ही अविश्वसनीय है । हालाँकि आज

भी कभी–कभी सिद्धि या धन प्राप्ति के लोभियों की ऐसी घटनाएँ सुनने में आ ही जाती हैं ।

मित्रों.... ये सब आप सब को इतना विस्तार से मेरे समझाने का मूल अभिप्राय मात्र इतना ही है कि मूर्तिपूजा जैसे धार्मिक मामलों में एक राजा और प्रजा, नवीन अथवा प्राचीन, शहरी या देहाती किसी भी मान्यताओं में कभी ना तो कोई न फर्क रहा है और न आगे कभी रहने की कोई संभावना भी है । यह बिल्कुल सत्य है कि मूर्ति पूजा की आड़ में समाज में बहुत सारे अधार्मिक कृत्यों का प्रादुर्भाव हुआ जिन्हें सँत महापुरूषों ने समय–समय पर बराबर सचेत किया है । यद्यपि मूर्ति पूजा ईश्वर की एक सगुण–उपासना पद्धति के अँतर्गत एक परम वैज्ञानिक प्रयोग है किन्तु इसके पीछे छिपे गूढ़ता की ओर भी हमें ध्यान देना होगा । इस सन्दर्भ में गोस्वामी तुलसीदास जी द्वारा विरचित इन चौपाईयों को यहाँ उद्धत किया जाना उचित होगा :–

" निर्गुण रूप सुलभ अति सगुण जान नहिं कोई ।

सुगम अगम नाना चरित सुनि मुनि मन भ्रम होई ।। "

यहाँ ईश्वर के निर्गुण निराकार स्वरूप की प्राप्ति को तुलसीदास जी ने अति सरल रूप से कहा है जबकि इसके विपरीत सगुण उपासना को काफी भ्रमित करने वाला बताया । आखिर तुलसीदास जी ने ऐसा उल्टा क्यों कहा..... ? इसके पीछे मुझे मात्र एक ही कारण जान पड़ता है कि हम सब उस परम कृपालु ईश्वर की व्यापकता को अच्छी तरह जाने । उसे मात्र किताबों के पन्नों तक सीमित न करें । वो ईश्वर असीम है, आवश्यकता तो इस बात की है कि उसे हम अपनी भौतिक इंद्रियों के माध्यम से दर्श तथा स्पर्शकर आनंदित हो सके । हम केवल उसके निर्गुण निराकार कागजी–रूप मात्र को ही ना जाने । इस प्रकृति में हम उसके चारों ओर का प्रसार भी अपनी इन्हीं आँखों से साक्षात अनुभव करें । इस सन्दर्भ में श्रीरामचरितमानस की इस सुन्दर सी चौपाई जिसमें निर्गुण मार्ग के परम ज्ञानी लोमेश ऋषि के समक्ष भक्ति अथवा सगुण साकार मार्ग के मुमुक्षु कागभुसुँड जी द्वारा एक अति सुन्दर प्रश्न किया गया है । कृपया इस प्रश्न के गहराई की ओर अपना विशेष ध्यान देकर इसका तात्पर्य समझें :–

" सोइ उपदेश करहु कर दाया । निज नैनन देखहु रघुराया ।। "

यहाँ' 'सोइ'' शब्द विशेष है जिसका मतलब है कि मात्र "वही"....। .... उसके अलावा अन्य कुछ भी नहीं । कागभुसुँड जी द्वारा लोमश ऋषि से उपदेश करने के बारे में प्रार्थना की गई है जिसके माध्यम से जानना चाहा गया है कि वे जन सामान्य को समाधि अवस्था की कल्पनातीत अनुभवों में न ले जाकर, इसी लोक में फैले ईश्वर के वैभव को इन भौतिक आँखों से ही दिखाया जाए । हमारे वेद जिसे स्पष्ट रूप से उद्घोषित करते हैं कि वो ईश्वर सरस हैं, आनंद ही नहीं बल्कि परमानन्द है, सुख ही नहीं वरन महासुख है.... " **रसों वैः सः** " .... इत्यादि–इत्यादि....

" जो आनन्द सिन्धु सुख रासी । सीकर ते त्रैलोक सुपासी ।।

सो सुख धाम राम अस नामा । अखिल लोक दायक विश्रामा ।। "

सचमुच में आपका वह अतिप्रिय परम रहमान ईश्वर बड़ा ही अनोखा और अनुपम है । अतः यदि इसे हम अति सँक्षिप्त में कहें तो बात कुल इतनी ही है कि हम उस प्रेमपूर्ण ईश्वर की खोज में कहीं स्वयम और अपने आस–पड़ोस को पूरी तरह नीरस न कर लें । अपने जीते जी अपने आप को ही नरक की यातनाओं में न डाल दें.... जैसा कि वर्तमान काल में हमारे चारों ओर नित दर्शित होने वाले तथा ईश्वर के महान खोज कार्य में लगे से प्रतीत होने वाले तथाकथित साधुओं और भिखमंगों की फौज ने अपना हुलिया बिगाड़ रखा है । ईश्वर की व्यापकता को लेकर इस दुनियाँ में शायद ही कोई धर्म हो जो इस सत्य से इनकार करे । इस सम्बन्ध में ईशोपनिषद का बड़ा प्यारा सा प्रथम सूत्र जिसमें लिखा हुआ है. ..

" ईशा वास्यम इदम सर्वम, यत्किंचित जगत्यामजगत "

अर्थात कोई भी चर अथवा अचर क्यों न हो, कोई भी चीज ऐसी नहीं है जहाँ वह ईश्वर न हो । तुलसीदास जी ने भी "सियाराम मय सब जग जानी" कहकर इसकी ही अभिपुष्टि की है.... उसी ईश्वर को उन्होंने राम कहा है । लेकिन हम राम को मात्र एक राजा मानकर भ्रमित हो जाते हैं । वो राम मात्र अयोध्या नगर का राजा नहीं है वो तो पूरे ब्रह्माण्ड का इकलौता मालिक है.... वो तो केवल अवध का राजा है लेकिन यहाँ ठीक से समझ लें कि आखिर अवध है

कहाँ ? क्या चीज है ये अवध ?...जिसके पीछे सब के सब दीवाने हैं । इस सम्बन्ध में प्रभु श्री राम की ही गूढ़ वाणी में इसकी घोषणा सुने :–

" जद्यपि सब बैकुण्ठ बखाना । वेद पुरान विदित जग जाना ।।

अवधपुरी सम प्रिय नहीं सोउ । यह प्रसंग जानइ कोउ कोउ ।। "

इसी गूढ़–तथ्य को गोस्वामी तुलसीदास जी ने बड़े ही वैज्ञानिक तरीके से हम सब को समझाया है । धर्म क्षेत्र में इतना बड़ा वैज्ञानिक दृष्टांत निश्चित तौर पर बहुत ही कम लोग दे पाते हैं ।

" अवध वहाँ जह राम निवासू । दिवस तहाँ जह भानु प्रकासू ।। "

जिस प्रकार सूर्य का प्रकाश किसी दिवस का मोहताज नहीं होता ठीक "अवध" भी ऐसी पवित्र जगह का पता ठिकाना है जो हर एक चीज में होती है और हर जगह समान रूप से विद्यमान है । इस कायनात के जर्रे–जर्रे में मात्र वही एक रब है जो मात्र उसी अवध में रहता है । यही कारण है कि हमारे महान भारत वर्ष के ऋषियों ने उसे खोज निकालने में सफलता भी प्राप्त कर ली.... उसे दृष्टा–भाव से पूरी तरह अनुभव भी कर लिया.... तत्पश्चात् ही उन्होंने पूरी दुनियाँ में इस परम विज्ञान को बॉटा । आम लोगों को योग की शिक्षा दी । .... दुनियाँ में अत्याधुनिक भाषा सँस्कृत का अविष्कार किया । ....इन्हीं महान कारणों से ही यह देश विश्व–गुरू कहलवाया । इन ऋृषियों ने चाहे नदी, पहाड़, वृक्ष पशु, पक्षी, कंकड़–पत्थर, छोटे–बड़े, पन्डित या चन्डाल, देव–दानव, अक्षर, शब्द, अन्न इत्यादि सब में उसी एक ईश्वर के अस्तित्व के बारे में कहा है. ... और इसी के चलते ही इस दुनियाँ की हर चीज को पूजनीय माना । यही से प्रारंभ हुआ ईश्वर के उस सगुण साकार का मूर्त रूप जिस बारे में गोस्वामी तुलसीदास जी ने श्रीरामचरितमानस में एक बहुत ही अनूठी एवं अति सुन्दर ऋचा उद्धाटित की है :–

"जाकी रही भावना जैसी । प्रभु मूरत देखी तिन तैसी ।। "

....अर्थात यह प्रभु की मूर्ति मात्र मनुष्य की भावना के कारण ही वैसी निर्मित है वरना इस दुनियॉ को रचने वाले ईश्वर को कौन ऐसा होगा जो

उसकी सुन्दरता एवं वृहदता को कोई एक आकार दे सके । गढ़ी एवं अनगढ़ी सभी प्रतिमाएँ उसी ईश्वर की ही हैं । मुसलमानों का एक बहुत ही सुन्दर उसूल है कि वे मात्र अल्लाह के आगे ही झुकें.... अन्य किसी के सामने उनका झुकना पूरी तरह मना है। लेकिन साथ–साथ उन्हें उस पाक जगह को भी ठीक से पहचानना होगा जहाँ वो पूरे मनोयोग से उस खुदा के समक्ष सज़दा कर सकें। ठीक उसी प्रकार जब हम किसी से मिलते वक्त "राम–राम" कहते है या उसे सलाम करते है तो कृपया उसका तात्पर्य भी ठीक से जान लें । उस जीव को नमस्कार के पीछे हम उसके अन्तर में बसे परम चैतन्य रूपी ईश्वर या कहें कि मात्र राम को ही नमस्कार करते हैं.... एक प्रकार से हम उसे पुकारते हैं । कहीं उसे हम कभी गलती से भी भूल न जाएँ इसलिए हम इस प्रक्रिया के तहत राम–राम कहकर उसकी सदा याद बनाए रखते हैं और दूसरों को भी बराबर उस खुदा के बारे में स्मरण कराते रहते हैं ।

ईश्वर की इस व्यापकता के मद्देनजर ही हमारे ऋषियों द्वारा मूर्ति–पूजा की सामाजिक व्यवस्था दी गई है । ताकि चलते–फिरते लोग हर एक चीज में उस ईश्वर को देखें, झुकें और कभी भी उसके बारे में विस्मृत ना हो सकें । लेकिन समय गुजरने तथा इस समाज में लोभी, ढोंगी तथा अज्ञानियों के बोल–बालों की वजह से तरह–तरह के अंधविश्वासों एवं अन्य कई कुरीतियों का जन्म होता गया । आश्चर्य की बात तो यह है कि मूर्ति पूजा के धुर–विरोधी तथा ज्ञान–मार्गी स्वयम गौतम बुद्ध के मृत्यु उपरांत उनके अनुयायियों द्वारा उनकी ही इतनी प्रतिमाएँ बना दी गई जितना कि उन्होंने स्वयम कभी इसकी कल्पना भी न की होगी । यहाँतक कि बुद्ध की प्रतिमाओं के चलते उर्दू भाषा में "बुत" नामक एक विशेष शब्द विरचित हुआ जो आज भी मात्र मूर्तियों के लिए ही प्रयुक्त होता है । इस्लाम–धर्म ने समाज में बुरी तरह फैल चुकी इस सामाजिक बुराई को दूर करने का प्रयास तो किया परन्तु बड़े की दुर्भाग्य का विषय है कि इस्लाम–धर्म के अनुयायी मूर्ति–पूजा के बारे में कबीरदास जी से भी कई कदम आगे निकल गए । कबीरदास जी ने भी तो धार्मिक अंधविश्वास में लिप्त मूढ़ लोगों को समझाने मात्र के लिए कहा था कि :–

" पाहन पूजे हरि मिलें तो मैं पूजूं पहार ।
इससे तो चाकी भली पीस खाए संसार ।। "

अर्थात केवल जड़ता को पूजने से कुछ हासिल होने वाला नहीं है, आपको उस जड़ के भीतर छिपे चैतन्य की पूजा करनी होगी । आपको स्वयम अपना अहँकार विसर्जितकर प्रेमपूर्ण होना पड़ेगा । मात्र पार्थिव–मूर्तियों को तोड़ कर आप अपने तथाकथित धर्म की मूल शिक्षाओं की गहराईयों में छिपे रहस्य के सम्बन्ध में कभी कुछ हासिल न कर सकोगे.... । हाँ यदि इससे कुछ हासिल होगा तो समाज में आपसी घृणा का वातावरण, जहाँ आप सबका ईश्वर भी बेबस होगा, क्योंकि वो मात्र प्रेम पूर्ण ही है । वो कभी घृणा के इस अपवित्र वातावरण में तुम्हारी मदद करने चाह कर भी नहीं आ सकता । और तब आप पूरी तरह अकेले पड़ जाओगे.... फिर मानवता पुनः होगी शर्मसार । कोई उसी ईश्वर के मॅंदिर और मूर्ति को तोड़ने जैसे मूढ़ता पूर्ण कार्य करेगा तो कोई उसी ईश्वर के इबादत वाले पवित्र स्थल में कोई जानवर विशेष काटकर दंगा फैलवायेगा । और तो और दोनों तरफ से इसी मूढ़ता पूर्ण कृत्य को जिहाद या अन्य कोई महान शहादत वाले धार्मिक नाम से मिथ्या–आव्हानित किया जायेगा ।

याद रखें धर्म एक विशुद्ध प्रेम का नाम है जिसमे जीत की प्रक्रिया ठीक विपरीत है । प्रेम में हार को ही जीत माना जाता है । अतः धर्म का युद्ध में परिवर्तन वास्तव में व्यवहारिक रूप से कभी भी सम्भव न हो सकेगा । धर्मयुद्ध अथवा जिहाद शब्द बड़े ही प्यारे तथा आध्यात्मिक मात्र शब्द ही नहीं बल्कि वो शब्दों के पार की उस स्थिति के परिचायक हैं जहाँ मनुष्य खुद को पूरी तरह हराकर उस खुदा के सामने जा खड़ा होता है.... पूरी सम्पूर्णता के साथ.... पूरी तरह पाक–साफ होकर.... पूरी तरह मुसलमान बनकर.... ! कृपया ध्यान दें कि मुसलमान.... यह मनुष्य की एक अत्यन्त ही दुर्लभ अवस्था का नाम है । यह कोई धर्म विशेष का नाम कदापि नहीं है । ये ज्ञान की परम उच्च अवस्था है जिसे हमारे प्राचीन शास्त्रों में पंडित, विप्र, नर, नागर की अवस्था भी कहते हैं और उन सभी के बारे में कहा गया है कि "सभी सयाने एक मत" उनमें सबमें कभी भी किसी भी प्रकार का कोई दुराव संभव ही नहीं है। सब उसी एक परम कृपाशील प्रभु के बंदे.... हर तरफ उसी ईश्वर का फैला हुआ जलवा.... कुछ मूर्त रूप में तो कुछ अमूर्त रूप में ।

मित्रों.... याद रखें वो ईश्वर यद्यपि वहाँ भी दोनों तथाकथित विधर्मियों की आँखों में साक्षात मौजूद था किन्तु वो ईश्वर पहली बार मजबूर हुआ होगा,

उन दिनों तथाकथित विधर्मियों को देखकर । निश्चित तौर पर फूट–फूटकर रोया होगा । उन दोनों की आँखों में परस्पर घृणा का भाव पाकर निःसंदेह वो प्रेम रूपी भगवान सहमा होगा.... भयभीत हो गया होगा और फिर ऐसी स्थिति में भला प्रेमबस्य करूणा अयन वाला वो परम रहमान ईश्वर प्रगट कैसे हो सकता था जबकि उसके प्रगट होने की मात्र एक ही सरल सी शर्त है :–

" हरि व्यापक सर्वत्र समाना । प्रेम से प्रगट होहिं मैं जाना ।। "

वहाँ प्रेम तत्व का सर्वथा अभाव था जहाँ उनके द्वारा मूर्तियों को तोड़ने का कार्य बड़े ही निष्ठुरता के साथ किया गया । वो ईश्वर वहीं मौजूद था किन्तु धार्मिक अंधविश्वास ,अज्ञानता तथा मूढ़तापूर्ण अहँकार की आँखों से वो किसी को दिखाई न पड़ सका । **हरि ऊँ तत सत ।।**

ईश्वर का अवतार

.... सम्भवामि युगे: युगे: !

प्रिय मित्रों.... यह विषय बड़ा विस्तृत एवं रोचक है ! ईश्वर के अवतार को लेकर हमारे बीच अनेकों प्रकार की बड़ी भ्रान्तियाँ विद्यमान है जिनका निराकरण किया जाना उचित होगा । प्रथम तो प्रश्न यह है कि ईश्वर को जब हमने देखा ही नहीं तो उसके अवतार को भला कैसे पहचानेंगे.... क्या चमत्कार देखकर....? शायद हमारी सबसे बड़ी गलती मात्र यही है । चमत्कार के चक्कर में आज भी हमारे समाज के कई मूढ़ यहाँ तक कि बहुत ज्यादा पढ़े–लिखें लोग भी नित्य–प्रायः लूटे और ठगे जाते हैं और तो फिर आपके धर्म की अच्छी–खासी बदनामी भी होती है । कुछ दिवस पूर्व मैंने "ओह माई गॉड" फिल्म देखी.... बहुत अच्छा फिल्मॉकन एवं पटकथा लिखी गयी है । इस प्रकार और भी कई फिल्मों में भगवान को लेकर रोचक एवं मजेदार पटकथाओं का फिल्मॉकन हुआ । लोग इसे फिल्म समझकर इसका आनंद तो भरपूर लेते हैं लेकिन दुर्भाग्यवश इससे कोई सकारात्मक शिक्षा कदापि नहीं ! समाज में विष–बेल की तरह लिपटे तथाकथित धर्म के धुरधरों से ईश्वर के अवतार के बारे में कभी पूछों तो वो आपको भावनात्मक–तौर पर शोषण करने से कतई नहीं चूकेंगे ।

आखिर ईश्वर का अवतार है क्या ? क्या यह सचमुच होता है या फिर किताबी कपोल–कल्पना मात्र ही है । प्रभु–कृपा से आज इस विषय में हम सब चर्चा करेंगे । यह भी हो सकता है कि ईश्वर और धर्म के मामले में मेरे खुद की सोच आपको बहुत ही नास्तिकता पूर्ण लग रही होगी किन्तु यह पूर्ण वैज्ञानिक एवं अंधविश्वासों से अत्यन्त परे होने के कारण आपको ऐसी मिथ्या प्रतीत होगी । वस्तुतः मैं इसके विपरीत परम आस्तिक हूँ। हमारे धर्म–शास्त्र वस्तुतः क्या सँदेश देना चाहते हैं और हमारे तथाकथित व्याख्याकार महोदय क्या कहकर लोगों को सत्य–पथ से विमुख कर देते हैं इसकी मीमांशा किए बिना आपको विषय के बारे में कुछ बताना मैं स्वयम उचित नहीं मानता हूँ। सर्वप्रथम हम अपने तारणहार प्रभु के बारे में प्रयोग में लाये जाने वाले 'अवतार' शब्द को ठीक से जाने.... यह मूलतः संस्कृत भाषा के दो शब्दों 'अव' एवं 'तार' शब्द के योग से बना है । पुनः हम "अव" शब्द को भी ठीक से समझे । "व" शब्द वृद्धि का सूचक है जबकि "अ" उपसर्ग के लग जाने के कारण यह इसके विपरीतार्थी भाव अर्थात "कमतर" भाव को प्रगट करता है या दूसरे शब्दों में कहें कि उसका नीचे–स्तर पर आना । पुनः यहाँ' 'तार'' शब्द उस "तारण–कर्ता" विराट–पुरूष का संकेतक है जो भव–सागर में डूबे लोगों को नीचे से उपर की

ओर तारता (तारण शब्द का ही एक रूप) है । इस प्रकार अवतार का सीधा–सीधा अर्थ हुआ कि उस निर्गुण–निराकार, विराट एवं असीमित तारणहार प्रभु का सीमित होकर नीचे आने की अथवा "कमतर" या सीमित भाव में प्रागट्य होने की अदभुद–घटना ! इस बारे में श्रीमदभगवदगीता में एक बहुत ही सुन्दर श्लोक है :–

" यदा यदा हि धर्मस्यग्लानिर्भवति भारतः

अभ्युथानम धर्मस्य तदात्मानाम सृजाम्यहम ।

परित्राणाय साधुनाम विनाशाय च दुष्कृताम

धर्मसॅस्थापनार्थाय सम्भवामि युगेः युगेः ।। "

मित्रों.... इस श्लोक को लेकर कई विद्वान पुरूषों ने अपने–अपने मति अनुसार भिन्न–भिन्न ऐसी व्याख्याएँ की गई जिससे खासकर हमारे समाज में यह माने जाने लगा कि दुनियाँ में जब कभी पाप की घटनायें अति की सीमा पार करती है तब भगवा वस्त्र–धारी, लंबे जटाधारी तथाकथित साधुओं के फौज की हिफाजत करने, गाय–पशु की रक्षा करने, कुटिल व दुष्ट लोगों का नाश करने तथा धर्म–पताका फहराने भगवान श्री साक्षात स्वयम इस पृथ्वी पर अवतार लेते हैं । और इस प्रकार उनके अवतार को लेकर पाखण्ड का एक नया अध्याय चालू हो जाता है तथा आम भोले–भाले निर्दोष लोगों को इस कुचक्र के जरिए धर्म–भीरू बनाने का प्रयास चालू कर दिया जाता है । इस प्रकार यह आम लोगों की आस्थाओं का शोषण ईश्वर की इच्छा के विपरीत अपने आप में एक गहन पातकीय–कृत्य है । वस्तुतः इस अष्टधा–प्रकृति के दिखने वाले बाह्य–रूप रंग के मोह बंधन में पड़ना ही अधर्म है.... या कहे कि ईश्वर से विमुख होना ।

मित्रों.... गर्मियों के मौसम में घर–घर में प्रयुक्त होने वाले 50–60 रूपये के मानव–निर्मित मटके को तो हम अच्छी तरह ठोक–बजाकर उसकी जाँच करते हैं लेकिन ईश्वर द्वारा निर्मित इस मानव–रूपी घट वाले किसी सँतपुरूष की जाँच क्यों नहीं.... क्या वे नाराज होकर आपको कोई शाप दे देंगे ? इसके पीछे मुझे तो बस यही एकमात्र मूल कारण समझ पड़ता है । हमारे यहाँ यद्यपि "गुरू" का स्थान भगवान से ऊपर दिया गया है और वास्तव में ऐसा ही होता है किन्तु इसका मतलब यह कदापि नहीं है कि वे आपको डरा–धमकाकर

आपसे अपनी मनमानी करवायें । यदि किसी गुरू को क्रोध आ रहा है तो इसका सीधा–सीधा मतलब यह है कि उसका खुद की कामनाओं पर कतई नियंत्रण नहीं है । याद रखे ऐसे कामान्ध गुरू लोगों का तथाकथित शाप भला फलीभूत भी कैसे हो सकेगा जबकि उसको इस पूरे ब्रह्माण्ड में श्रीराम प्रभु का ही विस्तार दिखाई न पड़ सके... ? और जिस गुरू ने कण–कण में उस ईश्वर का दीदार कर लिया है वो भला इस दुनियाँ रूपी नाटक में अपने प्रभु की लीलाओं पर भला उसके अतिरिक्त अन्य किसे शाप देने की त्रुटि कैसे कर सकता है ? इस सम्बन्ध में मुझे भगवान शंकर की वो स्थिति बड़ी प्रीतिकर लगती है जब एक ओर उनके इष्ट–प्रभु ब्रह्माण्ड नायक पुरूषोत्तम श्रीराम स्वयम हैं जिससे कोई भी चीज छिपाना संभव ही नहीं है दूसरी ओर उनका पक्का चेला रावण जो कि उनके ही इष्ट–प्रभु श्री राम का घोर विरोधी है.... और इन दोनों घोर शत्रुओं के मध्य में 'शंकर' सम स्थिति में विराजित है । ना तो उन्होंने कभी प्रभु श्रीराम से रावण को माफ करने का निवदेन किया और ना ही अपने चेले को राम भगवान से पंगा न लेने की कभी हिदायत भी दी । आखिर ऐसा क्यों ? जैसा कि यह सर्वविदित है कि भगवान शंकर सर्व–विद्या तथा ज्ञान के अधिपति हैं व वे स्वयम त्रिकालदर्शी मृत्युँजय–महाकाल हैं। वे चाहते तो अपने चेले को मृत्यु से बचा सकते थे इसके बावजूद भी उन्होंने अपने इस प्रिय चेले को बिल्कुल नहीं बचाया । आखिर ऐसा क्यों ? इसके पीछे का एकमात्र मूल रहस्य उन्हें ज्ञात हो चुका था । उन्होंने उन दोनों के मध्य में "सम" स्थिति के चलते यह अनुभव कर लिया कि उनके दोनों ओर उनके ही प्रिय प्रभु श्रीराम स्वयम ही लीला कर रहे हैं । एक ओर राम के रूप में वो अहंकार रूपी रावण को मारना चाह रहे हैं तो दूसरी ओर वही प्रभु अपने अहँकार का प्रदर्शन कर रावण रूप में वह स्वयम विराजमान है । अतः ऐसी स्थिति में आखिर शंकर जी बिचारे कहें भी तो क्या और भला किससे, जबकि सब ओर उस प्रभु की इच्छा से उनकी स्वयम की ही लीला चल रही हो । अतः इस प्रकरण में शंकर जी ने अपने इस अदभुद अनुभव को श्रीरामचरितमानस के रूप में तुलसीदास जी की इन सुन्दर चौपाई के माध्यम से कहलवाया :–

" सियाराम मैं सब जग जानी ! करहूँ प्रनाम जोरि जुग पानी !! "

अतः सियाराममय इस जगत को जानना ही वास्तविक ज्ञान एवं सम स्थिति को प्राप्त होना है ... जो कि हमें इन भौतिक आँखों के माध्यम से कभी

उपलब्ध न हो सकेगा । इसके लिए हमे या तो भगवान कृष्ण द्वारा अर्जुन को दी गयी दिव्य—दृष्टि की आवश्यकता होगी या फिर कहें कि भगवान शंकर के उस त्रिनेत्र की आवश्यकता होगी जिसके माध्यम से वे सदा समाधि अवस्था को सहज ही उपलब्ध हो जाते हैं और परम शून्यता की अवस्था में अर्थात इसे ही शून्यावस्था के प्रतीक स्वरूप वो पवित्र प्रतीक "0" जिसे हम लिंग अर्थात भगवान शंकर का प्रतीक मानकर और उसकी मूर्त—रूप में भौतिकतः पूजा की औपचारिकता करते हैं, मे अपने अहँकार का विसर्जन कर हर ओर राम ही राम का अस्तित्व जान पाते हैं । एक प्रसिद्ध सूफी गीत मुझे काफी प्रिय है :—

" जब कोई नहीं था तब तू ही तो था ...।

बस तू ही था .... बस तू ही तो था...।। "

अर्थात जब कभी सब ओर उस प्रभु के तू ही तू की "सम" स्थिति होती है, वहाँ न तो मैं बचता है और ना ही कुछ मेरा.... सम्यक समर्पण की स्थिति.... या कहें कि अहँकार का पूर्ण विसर्जन.... परिणामस्वरूप तब दुनियाँ और दुनियादारी कुछ भी नहीं होते । दूसरे शब्दों में कहें कि ज्ञान.... अथवा प्रज्ञारूपी शिव के त्रिनेत्र खुल जाने की स्थिति.... जहाँ द्वैतरूपी दुनियाँ का अद्वैत रूपी राम में "लय" होना अथवा मिल जाना ही वस्तुतः "प्रलय" की वह पुनीत बेला जिसे सूफी फकीर उर्दू भाषा में "फना" होना कहते हैं.... ऐसी अदभुत घटना घटित होती है । यद्यपि शाब्दिक—व्याख्या के अनुसार "सम" शब्द को इस प्रकार भी कहा जा सकता है कि सबसे मध्य में वही एक प्रेमपूर्ण ईश्वर का साक्षात अनुभव । यह "सम" शब्द भी बहुत गूढ़ अर्थ लिए हुए हैं । यह दो शब्दों के मेल से बना है प्रथम शब्द "स" अर्थात ईश्वर को एवं द्वितीय शब्द "म" मूलतः मध्य या कहें कि "केन्द्र" के भाव को संकेत करता है ।

इस प्रकार सम शब्द की सही व्याख्या "समाधि" की अवस्था में ही अनुभव करना संभव है बाकी सब शब्दों के ही सब्ज—बाग मात्र हैं । यहाँ समाधि भी बहुत ही सटीक एवं अत्यंत प्यारा शब्द है.... जिस अवस्था में "सम" का इतना अधिक विस्तार हो जाए जिसके सिरे नेति—नेति न इति.... न इति ही कहने को मजबूर हो जाए.... वस्तुतः वही अवस्था ही समाधि है । इस अवस्था में न तो आप मौजूद रह सकते हैं और न ही आप का कोई भी प्रयास ।

45

मित्रों.... हमने सम स्थिति में बारे में काफी संक्षिप्त में चर्चा की.... अब हम मूल विषय पर वापस लौटें । " समभवामि युगेः युगेः " अर्थात जब किसी भी युग में "असम" अथवा इसे "विषम" अर्थात असमता की स्थिति जब कभी उत्पन्न होती है तब ज्ञान–स्वरूपा हमारी करूणाशील–आत्मा के स्व–धर्म की हानि या कहें की ग्लानि का मात्र उसे ही अनुभव होता है जो वास्तव में सज्जन हो । उस करूणाशील सज्जन पुरूषों को ही "भारत" अर्थात जो "भा" याने कि जो प्रेमरूपी प्रकाश में सदा "रत" या जो सतत लगा रहे हो, कहा गया है । मैं यहाँ फिर से कहता हूँ कि अधर्म से तात्पर्य इस दुनियाँ के बाह्य–रूप रंग के मोह–पाश से आपका तदात्म्य मान बैठना है, और यहाँ कहे गये शब्द पर गौर करें...." ग्लानिर्भवति भारतः " अर्थात यह आत्म–ग्लानि की घटना मात्र प्रेमपूर्ण सज्जन पुरूषों पर ही सम्भव हो सकेगी... हरेक पर यह स्थिति कदापि संभव ही नहीं है और उन्हीं के पाक–साफ हृदय में ही उस पहले से विराजमान ईश्वर का प्रागाट्य हो जाता है । वो कभी चतुर्भुज रूप लेकर कहीं अलग से प्रगट नहीं होता और फिर वो "भारत–पुरूष" ईश्वर के हाथ के यंत्र की तरह परम करूणावान बनकर अलिप्त भाव से प्रेमपूर्ण जो कृत्य करता है उससे ही मनुष्य के 'अभि' में अर्थात भीतर में स्थित तथा संसार सागर में डूबी या कहें की पतित आत्मभाव अर्थात धर्म का उत्थान होता है । " अभि उत्थानाम धरमस्य " या अभ्युतानांधर्मस्य का एकमात्र यही मतलब है....। " तदात्मानाम सृजामम्यहम " अर्थात वहाँ उसकी ही आत्मा रूप में, मैं स्वयम सृजित होता हूँ।

" परित्राणाय साधुनाम ".... ईश्वर द्वारा ऐसे सज्जन अर्थात साधुणाम मात्र को ही हर ओर से (परितः) रक्षा एवं मुक्ति अर्थात त्राणाय का आश्वासन दिया गया है । पुनः "विनाशाय च दुष्कृताम".... प्रथम तो हम इस विनाश शब्द का ठीक से अर्थ जानें क्योंकि प्रभु द्वारा उदघाटित इस श्लोक के आड़ में हम अपने प्रभु की बहुत ही गलत और हिंसक तस्वीर बना बैठे हैं । आज किसी इस्लाम मतावलंबी से पूछो । वो पक्का यही कहेगा कि "अल्लाह परम रहमान है" । हिंदू से पूछो तो झट से वो अपने भगवान का नाम बदल कर कहेगा "अति कोमल रघुवीर सुभाऊ" । फिर हमारे भोलेनाथ तो अत्यंत ही दयालु हैं । लेकिन खुदा ना खास्ता धर्म के नाम पर ये जब ये दोनों मूढ़ कभी आपस में भिड़ते हैं फिर देखो.... एक कहेगा "अल्लाहो अकबर" और दूसरा चिल्लाएगा "हर–हर महादेव....

जय जय श्रीराम....'' फिर चालू हो जाएगी आपसी हिंसा की वो घिनौनी हरकतें शायद उसे कल्पना कर भगवान की रूह भी निश्चित तौर पर काँप जाती होगी । यह कृत्य मात्र मनुष्य की अज्ञानता के कारण ही होती है ।

मित्रों.... मनुष्य अपने शारीरिक इन्द्रियों के माध्यम से भौतिकतः जो देखता है, जो सुनता है, जो स्पर्श करता है उसे सत्य मानने की भूल कर बैठता है । ध्यान रखे यही इन्द्रियाँ मनुष्य के उम्र–परिवर्तन के पश्चात अपनी क्षमताएँ खो बैठती है और सुनने, देखने तथा पहचानने में अनजाने ही त्रुटियाँ कर जाती है । इन्हीं शारीरिक इंद्रियों को हमारा विज्ञान नाड़ी या तंत्रिका–तंत्र कहता है जिसे हम अपनी देशी भाषा में "नस" भी कहते हैं यही "नस" ऐसी चीज है जिसके नशे में हम सदा मूर्छा पूर्ण जीवन व्यतीत कर वस्तुतः उसका नाश कर देते हैं । और वैसे भी भौतिक इन्द्रियों के वशीभूत रहने पर अन्ततः नाश होना तय है । लेकिन भगवान ने कभी भी इस प्रकार के नाश की बातें नहीं की.... बल्कि वो तो सदा विनाश की ही बात करते हैं.... " विनाशाय च दुष्कृताम ".... और वो भी किसका....? केवल और केवल दूषित कर्मों का अर्थात "दुष्कृताम" की अर्थात जो प्रेमपूर्ण नहीं होते । यह विनाश तभी सम्भव है जब हम अपना आत्मिक–उत्थान करना चाहें जो कि चैतन्यता के विकास का ही एक सह–उत्पाद है । अतः अब ये पँक्ति आप को फौरन समझ में आ जाएगी.... धर्मसंस्थापनार्थाय.... **सम भवामि युगेः युगेः....** अर्थात धर्म (आत्मा) की सम–स्थापना को दर्शित कराये जाने के उच्च उद्देश्य हेतु.... मैं ही प्रत्येक युग में "सम" स्थिति को प्राप्त होने पर प्रगट होता हूँ । अर्थात जो कुछ भी ईश्वर के कभी प्रागट्य होने की संभावना है वो मनुष्य के दिलों के भीतर ही मात्र समता जैसी पाक–स्थिति होने की अवस्था में ही होना सम्भव हो सकती हैं....। और मित्रों यही है "सम" भवामि अर्थात सम होता हूँ ... का वास्तविक अर्थ । वैसे तो सर्वत्र ईश्वर का ही प्रसार है बस आपमें वो दिव्य–दृष्टि होनी चाहिए जो उसे देख सके और ईशोपनिषद के प्रथम सूत्र ....'' ईशा वास्यम इदम सर्वम, यत्किंचित् जगत्याम जगत '' का जीवन्त अनुभव कर सके । मित्रों ध्यान रखे वस्तुतः आपके दिलों के भीतर "सम" स्थिति का "आधान" करना ही है आपके जीवन के सभी प्रश्नों का उत्तर एवं कठिन से भी कठिन हर समस्या का सही "समाधान" है । **हरि ऊँ तत सत ।।**

शिवलिंग

मित्रों.... आजकल हिन्दुओं के तथाकथित भगवानों के संबंध में बेसिर–पैर की बातें लिखना एक फैशन सा बन गया है । यह सर्वथा आपत्तिजनक है । इसी अनुक्रम में इसे दुःख न कहकर हम दुर्भाग्यपूर्ण ही कहें कि हमारे ही समाज के बेवकूफ लोगों ने ''शिवलिंग'' के बारे में इतनी घटिया चीज लिखी और सदियों से इसका अन्धानुकरण करवाते चले आ रहे हैं जिससे आम भोली–भाली जनता को यथार्थ से कोसों दूर रख कर उनका वर्तमान में भी धार्मिक–शोषण किया जा रहा है । कई विदेशी लोग भी इसी आधार पर हमारे गौरवपूर्ण धर्म का खुले आम मजाक उड़ाते रहते हैं कि हिन्दु धर्मावलंबी तो ''सेक्स'' की पूजा करते हैं और तो और ''सेक्स'' की पूर्ति हेतु मदिरापान कर, नग्न होकर ''तांत्रिक–क्रियाओं'' को भी वे उचित करार देते हैं ।

मित्रों.... जबलपुर शहर में ही मैंने एक जगह एक तथाकथित स्वामी जी का बहुत विशालकाय रंग–बिरंगा पोस्टर देखा जिसमें उन्होंने आम जनता से लाखों की सँख्या में माटी के शिवलिंग बनाने का आव्हान करते हुए ''यज्ञ'' बताकर लोगों को अनावश्यक ही उलझाए हुए थे । बेचारे लोग भी उनके इस प्रलोभन में आकर कि हो सकता है कि सचमुच उनके इस तथाकथित यज्ञ कार्य से भगवान भोलेनाथ प्रसन्न होकर उनकी कामनाओं की पूर्ति कर ही देंगे.... बिचारे सब के सब अपने घर–द्वार परिवार के कर्तव्यों को तिलांजलि देकर इस ''महान–यज्ञ'' में लगे हुए थे । मेरी भोली–भाली माता जी भी मुझसे चोरी छिपे इस महान यज्ञ–कार्य को करने जाती थी । इन मूढ़ स्वामियों को कौन और कैसे बताया जाये कि ये जो कार्य स्वयम लोगों से करवा रहे है वो तनिक भी धर्म–सम्मत नहीं हैं.... क्योंकि भगवान शिव को कामारि मात्र इसी लिए कहा गया है कि वो उस परम–ज्ञान के स्वयम अधिपति हैं । जिनके ज्ञान रूपी त्रिनेत्र खुलने से काम मूलतः नष्ट हो जाता है.... फिर चहुँ ओर बस राम और राम का अस्तित्व शेष दृश्यमान हो उठता है । अतः भोलेनाथ ''काम'' के अरि या शत्रु के समान हैं फिर भला अपने प्रिय भक्तों के साथ ऐसा कैसे होने देंगे जिससे वो उनके इष्ट प्रभु श्रीराम से ही विमुख हो जाएँ । यद्यपि भगवान शिव के लिए तो शत्रु शब्द का प्रयोग करना कदापि उचित न होगा तथापि आप सब को मात्र समझाने हेतु इस शब्द के प्रतीक के तौर पर मैं इसका प्रयोग कर रहा हूँ। हमारे ही समाज के तथाकथित स्वामियों द्वारा आम–जनता को भगवान शंकर का भयानक रूप दिखाकर और धमकियाँ देकर बारम्बार डराया जाता है ।

"शिव" शब्द का तात्पर्य निकालने के पूर्व ठीक से जाने कि शिव तत्व कहते किसे हैं । शिव वस्तुतः अहँकार के परम–पवित्रता की वो अति उच्च–अवस्था है जहाँ जीव जब कभी भी अपने ईष्ट प्रभु को उपलब्ध होने की योग्यता को सहज प्राप्त हो जाता है । अतः ईष्ट प्रभु अर्थात ईश्वर को संस्कृत भाषा में "सः" से पुकारा जाता है एवं उसके समान होने की क्षमताओं को 'इव" अर्थात 'की तरह' से मिलकर बना है यह प्यारा शब्द "शिव".... जो हमारे परम कल्याण की भावना से ओत–प्रोत होता है । पुनः "लिंग" का वास्तविक अर्थ "प्रतीक या चिन्ह" मात्र ही है । इसे आप अंग्रेजी के शब्द "जेन्डर " से मिलता–जुलता बिल्कुल भी ना माने । इस प्रकार "शिवलिंग" के नाम पर इसे " सेक्स" के रूप में प्रयोग करना तथा लोगों से उसकी श्रद्धा भाव से पूजा करवाना निरामूर्खता ही है । भगवान शिव को "कामारि" कहा भी इसीलिए जाता है जिसका अर्थ "काम को समाप्त करने वाले" ना कि काम की पूजा कराने वाले देव । सर्व विद्याओं के अधिपति भगवान शिव को "बुद्धि" के देवता "श्री गणेश" का पिता इसलिए बनाया गया है कि तत्वतः वे स्वयम " अहँकार तत्व" है । तुलसीदास जी ने भी इसे लिखा है –

" अहँकार शिव बुद्धि अज, मन शशि चित महान । "

अतः शिवम अर्थात प्राणियों का कल्याण मात्र तभी सम्भव हैं जब वो उनके विग्रह अर्थात मूर्ति–प्रतीक "परम–शून्य" जिसकी वो लिंग के संरचना आकार वाले की पूजा करते हैं, को समाधि–अवस्था में स्वयम जाकर उस अनन्त "महाजीवन" को प्राप्त करें जो सदा मृत्यु के पार की स्थिति है और "काल" से परे हैं । और मात्र इसी परम शून्यता की अवस्था में ही आप प्राप्त कर सकते हों मृत्यु पर जयता अर्थात् "मृत्युँजयता" की महान स्थिति । इसे ही मुस्लिम भाई स्वयम को बड़े फख्र से "सुन्नी" (वस्तुतः परम–शून्य की उपलब्धि की अवस्था में.... सुन्नत को प्राप्त होना) कहते हैं । वस्तुतः इसी अवस्था प्राप्त कर लेने के कारण मुस्लिम–बंधु पुर्नजन्म को नहीं मानते । यह पूर्णतया सत्य है कि मनुष्य का बारम्बार जन्म मात्र कामनाओं की पूर्ति के लिए ही होता है और इसके ठीक विपरीत कामनाओं के अभाव में किसी प्राणी का नया दूसरा जन्म होना सम्भव नहीं है । वो मनुष्य सदा के लिए मृत्यु के पार अमरता को प्राप्त हो जाता है । अतः इस वैज्ञानिकता पूर्ण प्रेम–तत्व को जब हम आपस में बाँटें

तभी पूरे विश्व का कल्याण संभव होगा और हम अहँकार रहित "शून्य—आकार" वाले अण्डे की तरह महाजीवन को भीतर में समाहित करने वाले प्रभु के "शिवलिंग रूपी" इस मूर्त स्वरूप को धन्यवाद दें । शिवाय नमः ऊँ । **हरि ऊँ तत सत ।।**

धर्म–क्राँति

मित्रों.... समस्त ज्ञान एवं विद्याओं के विश्वास–रूपी आचार्य एवं प्रभु श्रीराम के अतिप्रिय भगवान शंकर और श्रद्धा रूपी उनकी अर्धांगिनी माँ पार्वती तथा उनके प्रिय पुत्र व बुद्धि–विनायक गजानन श्री गणेश जी की प्रथम वँदना करते हुए मैं तुलसीदास जी द्वारा विरचित श्रीरामचरितमानस की एक परम–पवित्र ॠचा से अपनी लेखनी को आगे बढ़ाने का प्रयास कर सकूँगा :–

" यथा भूमि सब बीजमय, नखत बसत आकास ।

राम नाम सब धर्ममय, जानत तुलसीदास ।। "

इस ब्रह्माण्ड की समस्त चर–अचर चीजें जिसमें अच्छे–बुरे गुणों के आधार पर उनका वर्गीकरण इत्यादि का कतई कोई भेद न करें क्योंकि इन सबके मध्य में बसी हुई आत्मा के आधारभूत नियंता प्रभु श्रीराम से सब के सब इस प्रकार से युक्त हैं जिस प्रकार इस पृथ्वी की कोख के भीतर अच्छे–बुरे, सुन्दर–कुरूप, कोमल–सख्त, मीठे–कड़वे इत्यादि सभी तरह के गुण बीजरूप में छिपे हुए होते हैं एवं अवसर की उपलब्धि होने पर वे सभी साकार–रूप में पुष्पित व फलित होते हैं, मैं ऐसा जानकर उनके अलग–अलग नाम पर सभी बंदगी करने वाले या ना करने वाले समस्त लोगों के लिए इस धर्म– क्रांति का आव्हान करता हूँ।

यहाँ मैं क्रांति शब्द के बारे मे पहले थोड़ा स्पष्ट कर दूँ तो आपको मेरी भावनाओं को समझने में आसानी होगी । क्रांति शब्द से तात्पर्य कोई बाह्य क्रिया–कलाप कतई भी नहीं हैं.... और न ही कोई खून–खच्चर अथवा विद्रोह या समाज में कोई छद्म रूप से द्वेष फैलाने का है बल्कि इस बाह्य जगत के झंझावातो से निजात पाने का प्रयास है । मेरा मानना है कि आप इन सबसे निजात मात्र तभी पा सकते हैं जब आप अपनी "निजता " की तलाश करें । अर्थात आप बाह्य–जगत के फर्श से अपने आन्तरिक आनन्द जगत के अर्श में प्रवेश करने में सफल हो सके । यहाँ ध्यान रखें यह मात्र कुछ सोच–विचार का विषय कदापि नहीं है.... आपको इस हेतु निर्विचार होना पड़ेगा.... पूरी तरह विवेकशील एवं परम चैतन्य व प्रेमपूर्ण होकर जाग्रत होना होगा.... वस्तुतः इस प्रकार के प्रेम–पूर्ण कृत्य को ही मैं क्रांति कहूँगा ।

मित्रों.... जिस प्रकार आकाश में स्थित नक्षत्र हम सबको दूर–दूर और बिखरे हुए से प्रतीत होते हैं किन्तु भीतर वे सभी परस्पर एक अदृश्य भक्ति के तंतु से बंधे हुए हैं ठीक उसी प्रकार सभी लोग या कहें कि पूरी कायनात उस एक ही प्रभु को भिन्न–भिन्न नामों से पुकारते हुए उसकी इबादत में लगी हुई है ।

मैं तो बस आपका एक सच्चा मित्र हूँ । धर्म–क्रांति के सम्बन्ध में मैं बस वही कहूँगा जो कि एक मित्र अपने सगे मित्र से निष्कपट भाव से उसकी सहायता करने के उद्देश्य से कहता है । एक सच्चे मित्र के नाते.... क्योंकि आप मेरे परम–प्रिय हो । अतः इस पवित्र रिश्तों के चलते सर्वप्रथम मै आपको अपने कर्तव्यवश यह सचेत कर दूँ कि आप मेरे स्वयम के अनुभव पर भूलकर भी कभी या फिर आँख मूँदकर विश्वास मत कर लेना । हो सकता है मैं अपने लच्छेदार व्यक्तित्व से आपकी बुद्धि को प्रभावित करने में कदाचित सफल भी हो जाऊँ और आप भी मुर्छावश मेरे सूक्ष्म–मायावी डोर में लिपटकर मुझे ही अपना उद्धारकर्ता अथवा आजकल के फैशन में चल रहे सदगुरूओं की जमात में खड़े कर दें । चाहे कैसे भी आपका ये मन अपने सतत भटकाने वाले विकल्पों की सहायता से आपको भ्रमित करने का यत्न करे.... मुझे आपका उद्धारकर्ता मानने के विकल्पों के अकूत–भण्डारों के साथ त्रुटि करने हेतु आपको बेबस करें, किन्तु आप मात्र इतना ध्यान रखना कि आपको मुक्ति दिलाने में केवल और केवल आप स्वयम ही अपने सहायक होंगे.... अन्य कोई कदापि नहीं । इस सँबंध में श्रीमदभगवद्गीता के छठवें अध्याय के पाँचवे इस श्लोक को ध्यान देकर न सिर्फ इस पढ़ें बल्कि ठीक–ठीक इसे समझने का भी प्रयास करें :–

" उद्धरेदात्मना आत्मानम, ना आत्मानम अवसादयेत ।

आत्मैव ह्यात्मनो बंधुरात्मैव रिपुरात्मनः ।। "

....पुनः इसी अनुक्रम में आद्य–शँकराचार्य जी द्वारा विरचित "विवेक–चूड़ामणि" के 9 वें श्लोक को यहाँ उद्धृत किया उचित होगा कि :–

" उद्धरेदात्मना आत्मानम मग्नम संसारवारिधौ ।

योगरूढ़त्वमासाद्य सम्यग्दर्शननिष्ठया ।। "

अथवा इसे तुलसीदास जी की सरल अवधी बोली में कहें कि :–

" कोउ नहीं सुख–दु:ख कर दाता । निज कृत कर्म भोग सब भ्राता ।। "

अर्थात अपनी आत्मा का आप स्वयम उद्धार करें इसे कभी अवसादग्रस्त न करें, क्योंकि बस यही एक मात्र आपका सच्चा एवं वास्तविक मित्र है । वस्तुतः यही आपकी आत्मा ही सत्य है जिसे प्रभु श्रीराम के अर्धांगिनी माँ सीता की संज्ञा दी गयी है और यही आपकी आत्मा ही आपका सबसे सच्चा एवं वास्तविक सदगुरू भी है, जिसकी आपको जन्म–जन्मांतरों से सतत तलाश है ।

वस्तुतः इस धर्म– क्रांति हेतु मैं दुनियाँ के किसी भी तथाकथित धर्म के पालन में तनिक भी रोधक नहीं हूँ । और ना ही मैं किसी भी वर्ग को कभी किसी धार्मिक–कृत्य के लिए कभी रोकूँगा क्योंकि ये सब तो निश्चित रूप से उस परमात्मा तक पहुँचने के लिए अलग–अलग दिखने वाले वस्तुतः एक पायदान मात्र ही है । आपसे मात्र मै इतना आव्हान करूँगा कि.... ऐ मेरे प्रिय एवं स्नेहिल मित्रों.... तुम स्वयम जाग्रत हो। तुम खुद ही अपनी आँखें खोलों क्योंकि तुम्हारे खुद के जागृति की बजाय किसी अन्य के जागने से तुम्हारा कुछ भी भला नहीं होने वाला । तुम स्वयम देखो उस परमेश्वर की विरचित ये अति सुन्दर दुनियाँ को । यद्यपि तुम्हारी धार्मिक सीढ़ी का हर पायादान अत्यन्त ही महत्वपूर्ण है किन्तु इसका ये मतलब बिलकुल भी नहीं है कि तुम सदा ही अपनी धार्मिक सीढ़ी के किसी एक पायदान को अज्ञानतावश पकड़े रहो । इसे पकड़े रहने से तुम भला अपनी मँजिल की ओर कैसे आगे बढ़ सकोगे । फिर तुम्हें आखिरकार उस ईश्वर के श्रीचरणों को भी उपलब्ध होना होगा । अतः तुम चल पड़ो उस राह में जो तुम्हें सदा स्वाभाविक रूप से प्रेम–पूर्ण अनुभव होये.... अपनी खुद की राह चुनो.... तुम खुद अपनी राह देखो और निकल पड़ो अपनी एकाकी यात्रा में । यहाँ एकाकी से मेरा तात्पर्य यह कदापि नहीं है कि तुम ईश्वर द्वारा विरचित इस सुन्दर सी दुनियाँ को ही छोड़ दो अथवा अज्ञानतावश कोई विशेष रंग या तरह की कोई विचित्र सी अथवा आकर्षक ड्रेस पहनकर अथवा वेष बनाकर या फिर भिखमँगों की तरह तथाकथित सन्यासी बनकर एक प्रकार से आत्म–हत्या कर लो अथवा मूढ़तावश जँगल–पहाड़ जैसे निर्जन स्थल में उस सर्व–व्यापी ईश्वर को ढूँढने चले जाओ.... जबकि तुम्हारे ही खुद के भीतर वही

खुदा अर्थात साक्षात ईश्वर विद्यमान है । कबीरदास जी की इन पंक्तियों के एक–एक शब्दों को कृपया अति सावधानी पूर्वक पढ़ें :–

" कस्तूरी कुंडल बसे मृग ढूढें बन माहि ।

ऐसे घट घट राम है दुनिया देखे नाहि ।। "

" मोको कहाँ तू ढूंढे रे बंदे ... मैं तो तेरे पास में

ना मैं मँदिर..ना मैं मस्जिद ना काबे कैलाश में ।। "

मित्रों.... एकाकी शब्द से मेरा सीधा–सीधा तात्पर्य उस एक विराट ब्रह्म या ईश्वर अथवा खुदा या रब के साथ एकाकार को उपलब्ध होना है, मात्र इस के अतिरिक्त अन्य कुछ भी नहीं । यह हम ठीक से जाने ले कि 'सच्चा ज्ञान' मात्र ईश्वर का साक्षात्कार है.... इसके अतिरिक्त अन्य तथाकथित समस्त ज्ञान को हम 'मिथ्या–ज्ञान' ही समझे तो ही यह अल्प ज्ञान भी हमारे लिए कल्याणप्रद व मंगलकारी होगा । इस अनुक्रम में थोड़ा और अधिक स्पष्ट कर दूँ कि मिथ्या का ये अर्थ कदापि नहीं है कि वो गलत ज्ञान है । इसका अर्थ केवल उस अपूर्ण ज्ञान से है जो हमारे शारीरिक स्थूल एवं सूक्ष्म इंद्रियों से ज्ञात होता है जिसे प्रत्येक मनुष्य भिन्न–भिन्न स्थिति में भिन्न–भिन्न तरीके से पृथक अनुभव कर सकता है । 'मिथ्या ज्ञान' मनुष्य के मन और बुद्धि की उपज मात्र है जबकि ईश्वर अत्यन्त विराट होने के कारण हम सब की 'लघुबुद्धि' के दायरे से सर्वथा अत्यन्त ही परे हैं ।

अतः यदि हमें उस विराट ईश्वर को सचमुच में जानना है तो हमें अपनी बुद्धि की चतुराई को ठीक वैसे छोड़ना पड़ेगा जैसे हम प्रत्येक रात्रि में सोने के वक्त मन के विचारों को पूरी तरह त्याग कर स्वयम को नींद के हवाले कर देते हैं । मित्रों.... अनजाने में ही हमारे द्वारा प्रति रात्रिकाल में किया जाने वाला यह भी एक प्रकार का तुच्छ किन्तु महत्वपूर्ण किस्म की श्रेणी के अंतर्गत समर्पण ही है अन्यथा इसके अभाव में हम ठीक से सो भी नहीं सकते । जिस प्रकार अच्छी नींद के अभाव में जीवन दुखों से युक्त हो जाता है ठीक उसी प्रकार "ठीक से जागरण" की भी एक पृथक एवम आनन्ददायक विधि है जिसे मनुष्य के चित्त में स्थित उस चेतन–तत्व की चौथी अर्थात तुरीय अवस्था कहा जाता है । यह उस

ब्रह्म के साक्षात्कार की प्राथमिक और वास्तविक सीढ़ी है । मात्र उस सीढ़ी पर छलाँग लगाने पर ही वह हमें सहज ही उपलब्ध हो सकता है । इस हेतु आप में मात्र इतनी पात्रता आवश्यक होगी या फिर कहें कि इस सीढ़ी पर केवल वहीं पैर रख सकता है जो वास्तव में सच्चा–प्रेमी हो । अर्थात जो सचमुच में इस दुनियाँ के विषयात्मक द्वंद्व से बाहर अर्थात अपने ही भीतर की ओर छलाँग लगा सकता हो । इस बाह्य–जगत के द्वंद्व से अपने अन्तर में विराजमान धर्म या कहें कि आत्मा में क्रांति या फिर अपनी तथाकथित आत्मा में सीधा–सीधा जम्प और यही है.... धर्म–क्रांति । परम–अहिंसा की ओर अवध की स्थिति, कोई रक्त–पात नहीं । इस प्रेम रस में सना हुआ निर्दोष आत्मा वाला जागृत मनुष्य । ....और वस्तुतः यही है श्रीमदभगवदगीता में वर्णित गूढ़ सा प्रतीत होने वाला "स्वधर्म" का वास्तविक अर्थ....। प्रेम दिल का विषय है, मस्तिष्क का नहीं इसीलिए सन्तों ने हमेशा मानुषिक–बुद्धि को ताक पर रखने का जोर दिया हे किन्तु इसका आशय अंधविश्वास का तनिक भी ना होकर परम विश्वास मात्र से निकालना विवेकपूर्ण होगा । ईश्वर परम करूणावान एवं प्रेम का अनन्त सागर है । तुलसीदास जी ने भी लिखा है कि :–

" रामहिं केवल प्रेम पियारा । जान लेहिं जो जानानि हारा ।। "

एवम् एक अन्य स्थान पर तो उन्होंने अपने प्रभु के लिए बड़ा ही गज़ब, क्रॉतिकारी तथा विचित्र सा लिख डाला है ...

" मिलहि न रघुपति बिनु अनुरागा ! किए जोग जप ज्ञान बिरागा!! "

अतः वास्तविक–ज्ञान प्राप्त करने की प्रक्रिया में हमारी अपनी चातुर्यशाली बुद्धि का विसर्जन पूर्णतः अनिवार्य एवं परम वैज्ञानिक कदम होगा ! मेरा इस जगत के लोगों से मात्र इतना ही आह्वान है....अपनी आँखे खोलो.... अब चारों ओर नूर अर्थात प्रकाश रूपी ईशा ही ईशा विद्यमान है ! वहाँ भला मोह रूपी निशा (न+ईशा) कैसे हो सकती है....? यही तो आपका ब्रह्म–मुहूर्त है ! ....सभी धर्म इसे अलग–अलग नाम से, भाषा से अपने प्रिय लोगों को जगाने हेतु नित संदेश देते है ! कोई इसे अजान तो कोई इसे जागरण कहता है ! वस्तुतः है

सब वही एक.... तुरीयावस्था की प्राप्ति का उपाय.... क्योंकि हम चतुर लोग यद्यपि अपने आप को जगा हुआ मानते तो है किन्तु वास्तविक तौर पर हम सब मूर्छित अवस्था में ही है, ठीक वैसे ही जैसे स्वप्नावस्था में हमें अपनी जाग्रत स्थिति का तनिक भी ज्ञान, भान अथवा बोध नही होता ! बस यही है मेरी अभिकल्पित धर्म–क्रॉति....! यही है असली जेहाद.... धर्म–युद्ध की शुरूआत ! सर्वप्रथम हम जाग्रत होवे.... इसके लिए आवश्यक होगा कि हम सब सर्वदा प्रेमपूर्ण हों ! इस सम्बन्ध में मेरे काव्य–सँग्रह "जाग रे बौरे" की कुछ पँक्तियों को यहाँ उद्धृत करना उचित प्रतीत हो रहा है :–

" मोह–रात्रि में सोने वालों
जागो भई भोर सुहानी रे
ईश कृपा मिली मानुष काया
परमानन्द मुहानी रे !
उठ "अज" को "जान"
है यही "अजान"
मस्जिद कहे रोज़ बिहानी रे ! !
जाग रे बौरे मनवा मोरे
दो पल की ज़िंदगानी रे ।। "

इस चेतन की जागृति के लिए हम इस मानव–तन में रहने वाले उस परम तत्व अपनी आत्मा को प्रेम रूपी अजान या पुकार से जगाना ही पड़ेगा ! याद रखें कि यह प्रेम किसी बाहय–जगत में प्रदर्शित किए जाने वाले किसी भी मिथ्या प्रेम के समान कतई नही होगा ! यह प्रेम आकाश से तारे तोड़ लाने जैसे मिथ्या आश्वासन या फिर किसी की याद में सॅगमरमर के विश्व–प्रसिद्ध मजार बनवाने का कोई वादा भी नहीं करता ! वस्तुतः ये प्रेम आपको बाहर दिखने वाले अनुभवों से आपको कदापि नजर नही आ सकता ! इसे जानने और समझने के

लिए आपको अपने अहँकार का पूर्ण समर्पण करना ही होगा ! इस सम्बन्ध में कबीरदास जी की यह पँक्ति आपको सही संदेश देती है।

" कबिरा यह घर प्रेम का खाला का घर नाहि !

सीस दिए और भूमि पड़े सो पैठे घर माहिं !! "

यहाँ सीस देने का अर्थ अपने अहँकार के समर्पण या कहें कि विसर्जन मात्र से है....! याद रखें कि यह क्रिया भौतिक रूप से किसी मनुष्य या पशु के शिर को काटकर उसके धड़ से अलग करने की मूढ़तापूर्ण किसी भी क्रिया से दूर–दूर तक कदापि सम्बन्ध नहीं रखता है। यह शीश मात्र तभी दिया जाना सम्भव हो सकेगा जब आप पूरी तरह प्रेमपूर्ण हो सके । .... यहाँ हम शीश समर्पित करने में भी तनिक सतर्कता बरतें क्योंकि हमारे इतिहास में अपने मात्र एक शीश को बचाकर समस्त शीश भगवान शिव को समर्पित करने वाला भी एक राक्षस–राज रावण हुआ है। वह भी अपने अति सूक्ष्म अहँकार रूपी शीश को बचाने के कारण ही उस शिव जैसे परम कृपालु भगवान से अमृतत्व को प्राप्त न कर सका ! और तो और उस मूढ़ ने अपने न मरने का वरदान भी प्राप्त किया तो ब्रह्मा से जो स्वयम इस स्थिति को अप्राप्त है....! यदि उस मूढ़ ने अपने न मरने की बजाय अपने सदा जीने का वरदान भगवान शंकर से माँगा होता तो रावण की कहानी कुछ और ही होती ! वह गलती से भी कभी अपने प्रिय प्रभु श्रीराम से ही भिड़ने की मूढ़ता कदापि न करता ! बल्कि इसके विपरीत वह सदा प्रेम पूर्ण होता.... उसके द्वारा सीता हरण जैसा मूढ़ता कृत्य कदापि नही किया जा सकता था.... बल्कि वो स्वयम के अहँकार का प्रेम पूर्ण विधि से हरि श्रीराम के कर कमलों द्वारा हरण करवाने की प्रार्थना ही करता ! और यही होती उसके धर्म–क्राँति को सार्थक करने वाला परिणाम.... परम–जागृति की उपलब्धि.... उस अमृत–रूपी राम की उपलब्धि ! **हरि ॐ तत "सत"!**

ईश–निन्दा

मित्रों.... इस दुनियाँ में बात–बात पर बखेड़ा खड़ा करने के व्यापार में संलग्न तथाकथित धार्मिक लोग सदा इस बात की तलाश में ही मशगूल रहते है कि उन्हें धार्मिक–उन्माद फैलाने का कोई न कोई मुद्दा मिलता रहे। कभी धर्म–ग्रन्थों में छेड़खानी का मौका हो, या ईश्वर की प्रतिमा–चित्र या फिर उनके धार्मिक–ढॉचों से सम्बन्धित कोई बात हो वहाँ ईश–निंदा का ऐसा तर्क प्रस्तुत किया जाता है जैसे यदि वो व्यक्ति अथवा संस्थान इस दुनियाँ में न होते तो बड़ा ही अनर्थ हो जाता । उनका तथाकथित धर्म पूरी तरह ही नष्ट हो जाता.... शायद परम–रहमान ईश्वर भी अपनी निन्दा को सहन ही नहीं कर सकता था ! ऐसे लोग उस परम करूणाशील प्रभु की कृपालुता पर भी एक बड़ा प्रश्न–चिन्ह लगवाने में नहीं चूकते !

जरा ठन्डे दिमाग से सोंचे कि "ईश–निन्दा" क्या सम्भव भी हो सकती है ? इस प्रश्न के उत्तर के लिए हमें अपने ही भीतर जरा गहरे में उतरना होगा ! इस मानव–शरीर में दिल और दिमाग की भौतिक स्थिति एवं उनके आपसी सम्बन्ध पर नज़र डालने पर यह स्पष्ट होगा कि मनुष्य के भीतर उसका अहँकार मनुष्य के सुषुप्तावस्था से जागने के उपरान्त मस्तिष्क के माध्यम से प्रगट होकर दिल पर सदा हावी होने का प्रयास करता ही रहता है ! मनुष्य का दिल हमेशा उसके दिमाग के नीचे स्थित होने के बावजूद भी सदा अपने समर्पण के विशेष गुणों के कारण ही उच्च–अवस्था को प्राप्त होता है ! दिल प्रेम का स्त्रोत है जबकि मस्तिष्क सदा दौड़–भाग में ही लगा रहता है । वह कभी भी कही विश्राँतिपूर्ण होकर कभी सच्चा प्रेम कर ही नहीं सकता ! वस्तुतः सच्चा प्रेम तो निरविचार का श्रद्धा–रूपी ईश्वरीय पुष्प है जो कि दिल के परम–शान्त सुन्दर–उपवन में ही खिल सकता है ! विचार शब्दों से व्यक्त हो सकता है

जबकि प्रेम शरीर के रोम–रोम से ! दिल की अभिव्यक्ति परम–शुद्ध एवं भाषातीत होती है इसलिये इसे पूरी कायनात नजरों से ही समझ जाती है और यही क़ारण है कि दिल को परम–पवित्र माना जाकर इसमें ईश्वर की उपस्थिति को हर धर्म में मान्यता दी गयी है.... कही इसे स्वर्ण, कहीं पाक, कहीं खालिस, कहीं साफ–सूफ....!

मित्रों.... अब हम निन्दा के सम्बन्ध में थोड़ा विचार करे.... आखिर ये निन्दा है क्या बला.... और इसकी उत्पत्ति का मूल कारण क्या है ? श्रीमद्भगवद्गीता में भी लेख किया गया है ।

" या निशा सर्वभूतानाम तस्याम जागृतः सः संयमी !! "

वर्तमान में संस्कृत–भाषा का प्रचार–प्रसार न होने के कारण हम इस सम्बन्ध में सरल अवधी भाषा में तुलसीदास जी के द्वारा इसी आशय में लिखे इस चौपाई को सावधानी पूर्वक अवलोकन करें ।

" मोह निशा सब सोवन हारा ! देखहि स्वपन अनेक प्रकारा !! "

" एहि जग जागहि जामिनी जोगी ! परमारथ परपंच वियोगी।। "

अर्थात अज्ञानता रूपी मोह ही वस्तुतः हमारे मन–मस्तिष्क को भ्रमित कर देने वाली एक रात्रि के समान है जिसमें लोग इस बहुमूल्य जीवन को स्वप्न की भॉति जी कर पूरी तरह नष्ट कर देते है.... अर्थात उनके जीवन में कभी सुबह की किरण प्रस्फुटित हो ही नहीं पाती! वे इस मोह–रात्रि में सोते ही रहते है। हमारे यहाँ सोने को "नींद" या "निंदिया" शब्द से सम्बोधित किया जाता है ! अतः ये निन्दा शब्द भी इसी नींद की या कहें कि अजाग्रत अवस्था की अथवा इस जगत की द्वैत या त्रैत–अवस्था का ही बोधक है जिसमें उसके द्वारा

अचेतनापूर्ण अथवा अप्रेमपूर्ण कार्य किया जाता है.... जबकि जागृति की अवस्था तो सदा ही इसके विपरीत अद्वैत मात्र की स्थिति का ही नाम है ! अज्ञानता रूपी निंदा केवल और केवल विचारों या शब्दों की सीमा के भीतर ही सम्भव हो सकती है जो कि मनुष्य के दिमाग तक सीमित है, जबकि ईश्वर निरविचार एवं शब्दातीत होने के कारण हम सब के सामर्थ्य या शुद्ध देशी भाषा में इसे कहें कि वो हमारी औकात के बाहर की चीज है ! अतः इस कायनात में कभी भी कहीं भी और किसी भी कृत्य द्वारा "ईश–निंदा" कभी सम्भव नहीं है, जो ये मूढ़ता–पूर्ण कृत्य करता है वो अपने अहँकार के मिथ्या–तुष्टि–मात्र के ऐसा करता प्रतीत होता है ! जैसा कि ईश्वर के क्षेत्र में द्वैत का सर्वथा अभाव होता है अतः परम एकान्त की अवस्था में भी "ईश–निंदा" की कहीं भी कोई गुंजाईश का सवाल ही नहीं !

"ईश–निंदा" के फेर में लोग भावुकतावश ईश्वर अथवा धर्म की रक्षा करने की दिशा में अज्ञानता पूर्ण गलत कदम उठाते रहते है जिसके नतीजतन दुनियाँ में और भी अशान्ति पैदा होती है ! यदि हमारे किसी भी कर्म से कभी कोई अशान्ति अथवा विक्षोभ की कोई घटना घटती है तो इसका सीधा–सीधा अर्थ यह हुआ कि हम निश्चित तौर पर ईश्वर से दूर करने वाले किसी अधार्मिक–कृत्य को करने में संलग्न है.... तत्काल हमारे सतर्क होने का एलार्म बज चुका है ! इसलिए शान्त होकर हम जरा ठन्डे दिमाग से सोंचे कि इस भावकुता तथा अज्ञानता केअंधकार में हम अपने ईश्वर को क्यों इतना कमजोर मानकर स्वयम आगे आकर उसके बीच–बचाव जैसे अत्यन्त मूढ़तापूर्ण करते है.... ? यदि हमें कुछ करना चाहिए तो सिर्फ उस मूढ व्यक्ति को सद्–बुद्धि प्रदान करने के लिए ईश्वर से प्रार्थना मात्र ! ॐ शान्तिः शान्तिः शान्तिः अर्थात वह ईश्वर "ॐ" ही परम शाँति है और परम शाँति के सन्देश सम्प्रेषित करने के कारण लोग इस्लाम को "अमन" का धर्म कहते तो है पर हम इसे मात्र

अज्ञानतावश मस्तिष्क के तर्को–वितर्को के कारण पराया धर्म मानने को विवश है ! यहाँ उर्दू का ''अमन (अ +मन)'' शब्द बहुत ही प्यारा शब्द है जो स्पष्ट दर्शाता है कि जहाँ मन अथवा मस्तिष्क का अभाव हो । यही अवस्था ''उन्मनी'' और परम शाँति की अवस्था कहलाती है ! यहाँ एक और मजे की बात है कि अंग्रेजी भाषा में मनुष्य को ' एम.ए.एन ' कहते है जिसकी मूल उत्पत्ति भी इसी ''मन'' शब्द की विशुद्ध देन है और यही मनरूपी मनुष्य दुनियाँ में अपने मस्तिष्क की विध्वंषक–शक्तियों के कारण चारों ओर उत्पात मचाते हुए अशाँति को सदा जन्म देता रहता है ! इसलिए धर्म कभी मस्तिष्क का विषय ना होकर तत्वतः दिल का ही होता है, अतः इसे ठीक से समझे और परस्पर प्यार करें !

हरि ॐ तत ''सत''!

आध्यात्म क्या है ?

मित्रों.... मेरे एक मित्र ने आध्यात्म की चकाचौंध से प्रभावित होकर आज ऐसा कुछ पूछा जिस बारे में मैं आप सब को सचेत करना आवश्यक समझता हूँ । इस शब्द के कुचक्र रूपी मायाजाल में फँसकर कई परिवार मूढ़तावश उजड़ जाते हैं.... घर में कलह होने लगती है । दुर्भाग्यवश इस कलहपूर्ण स्थिति को आज के तथाकथित सँतपुरूष लोग आग में घी डालने का काम करते हुए हमें इसे कुछ यूँ समझाते हैं कि आप पर ईश्वर की कृपा होनी चालू हो गयी है और घर–परिवार, रिश्तेदार इत्यादि सब के सब स्वार्थी एवं साक्षात माया है, पूरी दुनियाँ ही मिथ्या है.... आदि शँकराचार्य ने भी तो यही कहा है । ये दुनियाँ ही साक्षात महाठगिनी महामाया है । यही महामाया ने आपको अपने रिश्तेनातों के मकड़जाल में बुरी तरह फँसाया हुआ है । अतः आप इन सब माया को पूरी तरह त्यागकर सन्यस्त हो ही जाओं.... और इसी अनुक्रम में वो हमारे कभी समझ में ना आने वाली सँस्कृत भाषा के 8–10 श्लोक ऐसे फटाफट बोलते चले जाते हैं जैसे मानों वो स्वयम ही भगवान कृष्ण के अवतार हो और अपने मुखारविंद से भगवदगीता का उपदेश अपने प्रिय सखा अर्जुन को दे रहे हों । और इसी मूढ़ता में हम बिना अपने विवेक का इस्तेमाल किए, इससे भी कहीं और ही बड़े उनके खोखले शब्द–रूपी माया के महाजाल में फँसते चले जाते हैं ।

याद रखें ये माया साक्षात ईश्वर की शक्ति है जिसमें निःसंदेह ही आपका पुरूषार्थ सदा पराजित होगा.... वास्तव में आप तब तक जीत ना पाओगे जब तक आप ईश्वर के सम्मुख पूरी तरह हार कर स्वयम के अहंकार का पूर्ण विसर्जन ना कर सको । ईश्वर को हार चढ़ाने का भी यही मूल रहस्य है ।

वस्तुतः आध्यात्म सँस्कृत भाषा के दो शब्द "अधि" एवं "आत्म" शब्द के योग से बना है जिसका सीधा–सीधा मतलब होता है, अपने आत्मा की अधिकता । आपकी अपनी पवित्र आत्मा जो कि इस दुनियाँ के विषय वासनाओं एवम् भोगों में इतनी अधिक संकुचित हो चली है.... उस पवित्र आत्मा का आप इतना अधिक विस्तार कर लें कि आप संकीर्णता अथवा कहें कि छूद्रता (सूक्ष्मता) से विराट–स्थिति में परिवर्तित हो कर परम विराट स्वरूप वाली करूणाशील आत्मा (परमात्मा) से उसका एकाकार कर लें । ईश्वर को स्वयम के अहंकार के सर्मपण करने की यह क्रिया कहीं भी की जा सकती है और इसके लिए घर–द्वार छोड़ना निराबेवकूफी ही होगी.... क्योंकि....

" हरि व्यापक सर्वत्र समाना । प्रेम से प्रगट होंहि मै जाना ।। "

मित्रों.... ये सदा ध्यान रखें कि हमारे लोक के तथाकथित त्रिदेव–भगवान ब्रह्मा, विष्णु एवं महेश नदी, जॅगल, पहाड़ इत्यादि ना जाने क हाँ–कहाँ रहते हैं लेकिन वे सभी अपनी बीवी–बच्चों को सदा अपने साथ ही रखते हैं । भगवान राम ने भी यही किया और तो और भगवान कृष्ण तो 16108 पटरानियों को एक साथ रखने के बावजूद भी ब्रह्मचर्य को सहज उपलब्ध हुए.... और भी कई उदाहरण हैं जहाँ प्राचीन काल में ऋषिगण भी अपने परिवार सहित रहकर ईश की साधना और आराधना साथ–साथ करते रहे हैं । इसी क्रम में सतयुग में राज–घराने में पले–बढ़े मनु–सतरूपा जो कि त्रेतायुग में भगवान राम के मात–पितृ कौशल्या एवं दशरथ के रूप में पुनः जन्म लिए, वे भी इतनी कठोर तपस्या करने के बाद भी अगले जन्म में पति–पत्नि के रूप में पुनः संयुक्त हुए । अतः कुल मिलाकर जो चीजें अर्थात घर–द्वार बीवी–बच्चे छोड़ने की क्रिया जब भगवान स्वयम करना पसंद नहीं करते हैं, तो क्या हम सब उन कठिन और बेहूदगीपूर्ण कृत्य को करते हुए भगवान राम और उनके माता–पिता से भी स्वयम को श्रेष्ठ साबित कर अपने अहँकार को और आखिर किस घटिया–स्तर तक बढ़ाना चाहते हैं ?

याद रखें यही अहँकार हमारे और ईश्वर के बीच की दूरी निर्मित करने वाला मूल कारण है । यद्यपि हमारे देश में घर–द्वार छोड़कर जाने को लेकर तथाकथित–सन्यासी इसे अपने अहँकार की पुष्टि का मजबूत साधन बना लेते हैं । तथापि स्वयम वो खुद भी अतृप्त होकर सारी उम्र इसी दुनियाँ में हमारे बीच भटकते ही रह जाते हैं । अन्ततः वे हमारे ही आश्रय पर पलते–बढ़ते हैं । अतः हमें उनके इस तथाकथित वैराग्य से भूलकर भी प्रभावित होने की कतई कोई आवश्यकता नहीं है । हाँ... उनसे सीख अवश्य लेना होगा कि इतना करने पर भी उन्हें इस दुनियाँ के सामने हाथ पसारने की नौबत पड़ रही है । क्या भगवान चाहता तो उनकी कोई मदद नहीं करता ? मैंने मथुरा, उज्जैयिनी एवं अन्य कई पवित्र एवं बड़े मंदिर के तथाकथित पुजारियों को भगवान के दर्शन हेतु दूर–दूर से आए श्रद्धालुओं से, उन्हीं भगवानों के समक्ष बड़े बेशर्मी से भीख माँगते देखा है । आप वहाँ जो भगवान को पैसा अर्पित करते हो इस बारे में

कभी आपने सोचा है कि आप उन्हें पैसा चढ़ाकर क्या हासिल करना चाहते हो ? क्या पैसे का ब्याज सहित वापसी के उद्देश्य से किया जाने वाला यह कोई इन्वेस्टमेंट तो नहीं ? या फिर आप राम रतन धन के समक्ष इस भौतिक धन की तुच्छता को स्वीकार करते हुए इसे त्यागने की हिम्मत करते हो ? जहाँ तक मेरा अनुभव है कि हम दूसरे विकल्प की ओर शायद सोचने की दृष्टि भी नहीं रखते । फिर क्या सचमुच व हाँ भगवान आपका पैसा और प्रसाद बैठे खाते हैं ? भगवान वस्तुतः मनुष्य की भावनाओं के भूखे हैं वो शबरी के जूठे बेर को भी बड़े शौक से और प्रेमपूर्ण ग्रहण करते हैं । अतः आध्यात्म के चक्कर में भगवान के नाम पर किसी अंधविश्वास में कतई ना पड़ें क्योंकि :–

" जाकी रही भावना जैसी । प्रभु मूरत देखी तिन तैसी ।। "

मात्र अपनी भावना को उस स्तर पर शुद्ध एवं पवित्र करें जिससे कि एक निर्दोष बालक की भाँति आपकी "आत्मा" पवित्रता को उपलब्ध हो जाए । केवल और केवल निर्दोष बालक की भाँति.... उसका ना तो कोई शत्रु है और ना ही कोई मित्र.... वो सदा ही आनन्द से सरोबार रहता है । फिर सांसारिक कर्म को भी ये मान कर ही करें कि मैं अपने प्रिय ईश्वर के समक्ष और उसी ईश्वर के लिए अपनी पूर्ण प्रसन्नता के साथ इसे कर रहा हूँ । इस प्रकार की पवित्र भावनाओं से आप और आपके द्वारा किए जाने वाले सभी कर्म निश्चित रूप से अपने आप ही पवित्र हो जाएँगें । श्रीमद्भगवदगीता में बताया गया कर्मयोग, राजयोग, भक्तियोग इत्यादि सब कुछ बिना ही प्रयास के आपके द्वारा सतत होने लगेगा यदि आप एक निर्दोष बालक की भाँति पूर्ण सहज और सरल हो जाएँ । ...एक निर्दोष बालक की भाँति सहज होने का उपाय ही वास्तव में "हज–यात्रा" है । इस हेतु आप सियाराम की उपस्थिति हर चीज में अनुभव करें चाहे वो कितनी बुरी से बुरी भला क्यों ना हो । और यही हमारी आत्मा का उस परमात्मा से तत्काल एकाकार कराने का सबसे सरल और सहज उपाय है । आज बस इतना ही । **हरि ॐ तत सत.... ।।**

धर्म और हिंसा

मित्रों.... धर्म के नाम पर खून–खच्चर, हिंसा.... तथाकथित हिन्दुओं में महाभारत, राम–रावण युद्ध, देव–असुर संग्राम.... इसी प्रकार तथाकथित मुसलमानों में भी काफिरों से युद्ध, जेहाद, शिया–सुन्नी के बीच आपसी मारकाट, तथाकथित यहूदियों का भी मुस्लिम, ईसाइयों के प्रति कुछ ऐसा ही व्यवहार.... आखिर क्या सचमुच में शुरू से ही सभी तथाकथित धर्म आपसी हिन्सा के सम्बन्ध में एक ही जैसी शिक्षा देते चले आ रहे है या फिर हमारे सोच–समझ में कही कोई भारी त्रुटि तो नहीं ?

मित्रों.... आपने भी यह अवश्य पढ़ा होगा कि ''दया'' धरम का मूल है और परम दयावान है मात्र वह ईश्वर और प्रत्येक धर्म का मूल है प्रेम ! यदि प्रेम करने में ही कहीं कोई लड़ाई, दंगा–फसाद इत्यादि अप्रिय घटना घटित होने लगे तो ये पक्का मान ले कि आप का रास्ता यह कदापि नही हो सकता और आप निश्चित तौर पर पर किसी अन्य गलत रास्ते पर आ चुके हो ! प्रश्न यह है कि धर्म की रक्षा के लिए आपस में लड़े, हिंसा करो और धर्म की राहों में नासमझ बच्चों की तरह लड़ाई–झगड़ा करना इत्यादि क्या ये सब धार्मिक रूप से जायज है....? अतः जब कभी ऐसे अप्रेमपूर्ण निर्देश परोक्षतः अपरोक्षतः किसी धार्मिक गुरू द्वारा या किसी भी धार्मिक–ग्रन्थ में जायज ठहराये गए हो तो कृपया तत्काल सतर्क हो जाए। अतः ऐसी स्थिति में या तो आपका विवेक निश्चित तौर पर शून्य हो चुका है अथवा आप उसे समझने में कहीं न कहीं कोई बहुत बड़ी गलती कर रहे है ! इस प्रकार इस विषय में धार्मिक–ग्रन्थ की वास्तविक व्याख्याओं के सर्वथा विपरीत आपकी तथाकथित अप्रेमपूर्ण व्याख्या निश्चित तौर पर कागजी व व्यवहारिक ही होगी !

प्राचीन काल से चला आ रहा प्रश्न.... अति गम्भीर एवं चिंतनीय है.... क्या दुनियाँ के सारे सभी तथाकथित धर्म इतने कमजोर हैं कि मनुष्यों की रक्षा के बगैर उनका जीवित रहना सम्भव नहीं है ? ....तो वर्तमान परिस्थितियों के परिपेक्ष्य में तथा परम दुर्भाग्यपूर्ण रूप से उसका उत्तर " हाँ" के अतिरिक्त अन्य कुछ दिया जाना उचित नहीं होगा ! तथाकथित धार्मिक–सँतो, धर्म–गुरूओं ने भी इस हिंसा को परोक्षतः सतत बढ़ावा ही दिया है ! वस्तुतः "धर्म (धर+रम)" का वास्तविक अर्थ ऐसी "चीज" या कहें कि तत्व से है जिसने न केवल इस दुनियाँ अपितु इस ब्रह्माण्ड की हर अच्छी एवम बुरी से बुरी चीज को समान रूप से "धारित" करते हुए उन सबके मध्य में " स्वयम रमा हुआ है "वह तत्व" कुछ और नही बल्कि "सबका प्रिय वही एक परमात्मा" ही है।

जिस प्रकार प्रत्येक "चुम्बक" में दो अलग–अलग सिरे होते हैं और बगैर इसके चुम्बक का ना तो कोई अस्तित्व हो सकता है और न ही फिर कोई उर्जा अथवा बल ! ठीक उसी प्रकार इस दुनियाँ में प्रत्येक चीज के " दो सिरों अथवा पहलुओं" का होना स्वाभाविक है ! यदि चुम्बक के दोनों सिरे आपसी श्रेष्ठता के लिए सतत् लड़ते ही रहकर अपनी उर्जा का क्षय करें तो ये दुनियाँ की सबसे बड़ी मूढ़ता ही होगी ! चुम्बक के प्रत्येक सिरों की अपनी पृथक–पृथक श्रेष्ठता है ! इसे और अधिक स्पष्ट करने हेतु यहाँ हमे केंचुवे का उदाहरण अति प्रासंगिक होगा । जिस प्रकार उसके दो मुख और दो लिंग होने के बावजूद भी वस्तुतः वह एक ही जीव होता है ठीक इसी प्रकार "दुनियॉं" का शाब्दिक मतलब "दु" अर्थात् दो और "नीया" याने युक्त अपने आप में स्पष्ट करता है कि यहाँ प्रत्येक चीज के "दो पहलु निश्चित तौर पे होंगे ! अतः हम इन "दो" के चक्कर से उपर उठें और जाने कि आखिर कौन ऐसा तत्व है जिसके लिए ये दोनो पहलू एक से है ?

वह तत्व ऐसा है जिसके जानने की प्रक्रिया में किसी संघर्ष की आवश्यकता नहीं होती । इस हेतु बस अपने अहँकार के समर्पण या कहें कि विसर्जन मात्र की ही जरूरत है ! और इस प्रकार उस परम कृपालु ईश्वर को जानने की प्रक्रिया का नाम ही दुनियाँ से जिहाद, वैराग्य, धर्म का मार्ग, धर्म–**युद्ध** आदि.. इत्यादि कहलाता है ! इस "धर्म–युद्ध" का सिर्फ एक ही परिणाम होता है उस एक ईश्वर की प्राप्ति । किसी ने उसे राम, अल्लाह, वाहे गुरू, रब्बा, खुदा, परमात्मा, परम–पिता आदि–आदि भिन्न नामों से पुकारा है । वह जो परम कृपालु, रहमवान–दयालु और आनन्द एवं ऐश्वर्य का विराट सागर है, और जहाँ एक छोटी से छोटी चीटी के जान की भी चिंता उस ईश्वर को बराबर बनी रहती है ! अतः "धर्म (परमात्मा)" को बगैर जाने उसके नाम पर किसी भी प्रकार की हिंसा करना विशुद्धतः " पागलपन" के अतिरिक्त अन्य कुछ भी नहीं कहा जाना उचित होगा ! धर्म सबसे प्रेम करना सिखाता है हिंसा कदापि नहीं **! हरि ॐ तत "सत"!**

आलस्य अथवा आध्यात्म की उच्च स्थिति

' इश्क ने ग़ालिब हमें निकम्मा कर दिया,

वरना हम भी आदमी थे

काम के "

मित्रों.... ग़ालिब का यह अति–प्यारा तथा मशहूर ''शेर'' प्रायः जगह–जगह बड़े शानोशौकत से इस्तेमाल किया जाता है किन्तु मिर्जा गालिब ने जब इसे लिखा होगा तब उनकी मन–स्थिति क्या होगी जो वे इतना प्यारा 'शेर' लिख गए । इस बारे में हम कभी भी तनिक भी ख्याल नही करते ! गालिब सही अर्थो में तथाकथित सभी धर्म एवम उसके मूल में बसे उस परमेश्वर को जानने के निकट लगभग पहुँच ही चुके थे। बस एक झीना सा अन्तर उनके और ईश्वर के बीच शेष बचा था ! ....और वह भी केवल उनके और उनकी माशूका के बीच भौतिक फ़र्क समझे जाने के कारण मात्र से ही ! इसे अध्यात्मिक भाषा में ऐसा कहें कि उनके अहँकार के पूर्णरूप से विसर्जन ना होने पाने मात्र के कारण....! बस उस एक अति–अल्प दूरी ने इतिहास में इन्हें एक सूफी दरवेश होने से महफूज़ कर दिया वरना इस प्यारी सी दुनियाँ में ग़ालिब नाम का एक अलग ही मदमस्त सूफी–फकीर होता !

मित्रों.... मिर्जा गालिब ने इश्क़ को सही अर्थो में न सिर्फ समझा है अपितु पूरी गहराइयों में जिया भी है ! इसी कारण उनके शेर और गज़लों में प्रेम की गहराईयों में ही पाए जाने वाले वो समस्त अद्बितीय मोती साफ छलकते नजर आते हैं । हर धर्म के लोग उनकी वाणी में अपने स्वयम के प्रेम एवम उसके विरह की अभिव्यक्ति के भाव को सहज रूप से पा लेते है ! वस्तुतः प्रेम दिल की भाषा का नाम है और ये वो भाषा है जिसे सारा अस्तित्व अपनी गहराइयों में इसे ठीक–ठीक समझता है ! चाहे पेड़–पौधे हो अथवा पशु–पक्षी इत्यादि ही क्यो न हों ! दिल की भाषा को कहने के लिए मात्र भाव के प्राबल्यता की आवश्यकता है बजाय के भाषागत शब्दों के चयन के....! प्रेम मौन और फक्कड़पन की मस्ती में अधिक झलकता है.... यही मस्त स्थिति ही हमारे आराम की स्थिति है !

"वरना हम भी आदमी थे काम के" .....वस्तुतः इस दुनियाँ में आदमी की उत्पत्ति का मूल कारण सेक्स न होकर "काम" है जिसे कामनाऍं कहना ज्यादा उपयुक्त होगा और इन्हीं कामनाओं के चलते मज़बूरीवश यह मनुष्य कुछ ना कुछ सतत करता ही रहता है! और यह वो मूल कारण है जिससे मनुष्य अपने आप से पल–प्रतिपल दूर होता चला जा रहा है ! इन्हीं कामनाओं के चलते मनुष्य ने आज इतनी अधिक सॅख्या में नकली मुखौटे खुद ओढ़ रखे है! वो स्वयम अपने अस्तित्व को ही भूल चुका है, यहाँ तक कि उसे अपना वास्तविक चेहरा भी याद नहीं रहा ! जब वो खुद को ही नहीं पहचानता.... तो भला खुदा को कैसे पहचानेगा ?

आज मनुष्य "आराम हराम है" जैसा बकवास पूर्ण नारे देना पसंद करने लगा है । आराम को आलस्य का नाम देकर उसने ना सिर्फ दूसरो का जीना हराम किया हुआ है बल्कि खुद भी हैरान और परेशान होकर जगह–जगह घूमता नजर आता है ! वस्तुतः घूमता तो केवल वो ही है जिसको कभी पूर्ण–तृप्ति हुई ही नहीं या दूसरे अर्थो में जिसका पेट सही अर्थो में भरा ही नहीं है ! तृप्त मनुष्य ही आराम पसंद करता है । आज के समय में सभी वैज्ञानिक एवम चिकित्सक भी अच्छे स्वास्थ्य तथा कार्यो में दक्षता हेतु पर्याप्त आराम करने की लिखित सलाह भी देते हैं !

वस्तुतः मनुष्यों के भीतर सूक्ष्म–रूप से छिपी कामनाये ही वो एक रक्तबीज रूपी राक्षस है जिसकी प्रत्येक बूँद में पुनः उसी क्षमता के अनेक रक्तबीज रूपी राक्षस प्रगट करने की असीम क्षमता है । इन्हीं राक्षसी वृत्ति अथवा "शैतानी वृत्ति" के कारण आम–आदमी इस जगत के अज्ञान में निरंतर फिरकियों की भॉति "फिर" अर्थात घूम रहा है ! उर्दू भाषा में ""काफिर" शब्द ऐसे ही "शैतानी वृत्ति" के लोगों के लिये प्रयुक्त हुआ है जो ईश्वर को भूलकर

अथवा छोड़कर इस अज्ञान रूपी मायावी– दुनियाँ में नित्य ''फिर'' रहे हैं एवं उनके कारण सम्पूर्ण जगत में चारों ओर भीषण अशान्ति एवम उपद्रव का माहौल बना हुआ है ! वस्तुतः इसी कारणवश इस्लाम में 'काफिर' को समाप्त करने हेतु आदेश है । मनुष्यों की समस्त कामनाओं के मूल में अज्ञानता रूपी '' सूक्ष्म–मन'' छिपा हुआ है जिसकी उत्पत्ति का कारण हमारी बुद्धि की चालाकी है और अन्ततः जिस का मूल कारण हमारे अहँकार के अलावा और भी कुछ है ही नहीं ! इस प्रकार जब तक कि हमारा अहँकार विसर्जित ना होगा उस प्रेम रूपी परमात्मा से हमारा साक्षात्कार सर्वथा असम्भव है, चाहे हम कितना यज्ञ–हवन, पूजा–पाठ, तीर्थ यात्रा, दान–पुण्य, सेवा इत्यादि का ढोंग, उपक्रम या दिखावा करे! बल्कि ऐसे ढोंगपूर्ण कृत्यों से उलट हमारा अहँकार और भी कई गुना पुष्ट या कहें कि शक्तिशाली हो जायेगा तथा ईश्वर से दूरियॉ पुनः कई गुना ज्यादा बढ़ जाएँगी ! सन्त तुलसीदास जी ने भी इस ''काम'' के बारे में कईयों जगह लिखा है यथा कि :–

'' अरथ ना धरम ना काम रूचि, गति ना चह हूँनिरवान !

जनम–जनम रति राम पद , यह वरदान ना आन !! ''

अर्थात जहाँ काम है वहाँ राम अर्थात सच्चा प्रेम अनुभव में नहीं आता है । वहाँ केवल और केवल जड़ता ही अनुभव की जा सकती है और इस प्रकार समस्त झगड़ा–फसादों के मूल कारणों में आप इस जड़ता रूपी मूढ मतिधारी अहँकार को ही दोषी पाएँगे !

श्री रामचरितमानस के सुन्दरकाण्ड में हनुमान जी के एक प्रसंग में यह आया है कि ''राम काज कीन्हे बिनु, मोहि कहाँ विश्राम '' ! यहाँ राम–काज का सीधा तात्पर्य खुद के भीतर खोई हुई प्रेममयी उस सीता माँ का अन्वेषण करना है ! इसके लिए नकली स्वर्ण अर्थात सोने के समान चमकने वाले शरीर रूपी

इस बाह्य–लंका का दहन करना होगा और अंत.. में .. यहाँ इस अंत शब्द का मतलब का व्यक्ति के अन्तःकरण से है... राम प्रभु के आगमन से उस अहँकार रूपी रावण के सपरिवार उन्मूलन के उपरान्त ही हनुमान जैसा कोई परमभक्त या सिद्ध–पुरूष ही परम–विश्राम को उपलब्ध हो सकेगा ! अतः विश्राम अथवा आराम या विराम बिना राम के सम्भव ही नहीं ! मैं तो ताल ठोककर कहता हूँ कि जहाँ राम नहीं है वो सब "हराम" है और फिर बिना राम के आराम कहाँ ?

मित्रों.... यहाँ यह पुनः स्पष्ट करना अनिवार्य होगा कि आराम और आलस्य में बहुत बड़ा फर्क है । आराम मनुष्य के स्वभावगत–आत्मिक वृत्ति है जबकि आलस्य एक मानसिक वृत्ति तथा दौर्बल्यता की श्रेणी के अन्तर्गत है ! ईश्वर को अकर्ता मात्र इसलिए कहा गया है कि वो गुणातीत एवम परम चैतन्य है । वो स्वयम कुछ नहीं करता बल्कि उसकी उत्प्रेरणा से उसके परितः कार्य सम्पादित करने वाली आदि–शक्ति "प्रकृति" है जो सतत चलती और हमसब से कार्य करती और करवाती रहती है । उसका नाम "प्रकृति" प्रभु की उपथिति में "कृत्य" करने की वजह से ही पड़ा !

उर्दू भाषा में "प्रेम" के लिए दो शब्द बहुत प्रचलन में है पहला शब्द है "मोहब्बत" ....जिसका मूल सँस्कृत भाषा का शब्द "मोह+वत" है ! "मोह" को हमारे यहाँ अज्ञान की संज्ञा दी गयी है और "वत" से तात्पर्य "की तरह" होता है । अतः जो व्यक्ति इस मायावी दुनियाँ के प्रेम के चक्कर में या "मोह वत" होकर अज्ञानियों की तरह व्यवहार करने लगे उसी का नाम "मोहब्बत" दिया जाना उचित होगा, जबकि दूसरा शब्द है.... "इश्क" ....सचमुच यह बहुत ही प्यारा शब्द है!

" ईश बिना ये इश्क अधूरा,

बेखुदी में भी होश हो पूरा !

मयरवाना तेरे दिल में बन्दे,

खोजे तू क्यों गली–मोहल्ला !

अल्लाह, अल्लाह, अल्लाह, अल्लाह

मयखाने में मचा है हल्ला !!....

....मेरे काव्य **"इबादत का मयखाना"** का एक अंश!!

मित्रों.... कैसा भी प्रेम क्यो ना हो जिसमें ईश्वर का साक्षात्कार ना हो वो प्रेम नहीं बल्कि "वासना" है । वासना अर्थात जहाँ ईश्वर के "वास" करने की स्थितियॉ न होवे और यही संकेत ईश के बगैर "इश्क" हेतु यहाँ लेख किया गया है ! वस्तुतः इसी इश्क में ग़ालिब निकम्मा हुआ जान पड़ता है ठीक वैसे जिस प्रकार कोई भक्त जिसने अपने समस्त क्रिया–कलापों को ईश्वर से युक्त करते हुए अर्थात 'निष्काम प्रेम की स्थिति में "अपने कर्ता–भाव वाले अहँकार तत्व को पूर्णतः विराम दे चुका हो । ....और फिर उसके विसर्जन होने के उपरांत सब ओर केवल एक तत्व ही विस्तरित बच रहता है.... "ईश्वर" और चारों ओर फैला उसका जलवा.... और यही वास्तविक ज्ञान है जिसे मात्र ध्यान अथवा समाधि की स्थिति में साक्षात अनुभव किया जा सकता है ! यही अनुभव है गूंगे का गुड़ चखना.... सिखों का अमृत चखना... मुसलमानों का हज.... वेदों की नेति–नेति, ज्ञानी–ऋषियों का मौन इत्यादि....! आज बस इतना ही, थोड़ा विराम दे दूँ अपने प्रिय इन हाथों को और आपकी प्रिय आँखों को ! **हरि ॐ तत "सत"**!

शूद्र

मित्रों.... आज हमारे बीच समाज में तथाकथित ''शूद्र'' शब्द को लेकर अनेक प्रकार की भ्रान्तियॉं व्याप्त है। अतः यह उचित प्रतीत हो रहा है कि इसके बारे में भी आपसे विचारों का आपसी–विनिमय किया जाये । इस शब्द के कारण हमारे बीच में तथाकथित स्वार्थी तत्वों द्वारा वैमनस्यता के विष बीज का जिस प्रकार से खतरनाक एवं सुदृढ़ रोपण किया गया है उसका निर्मूलन किया जाना लोक कल्याण में हमारा प्राथमिक एवं अनिवार्य सामाजिक कर्तव्य होगा । वस्तुतः शूद्र कोई जाति नहीं बल्कि '' सँस्कृत भाषा'' के ''छुद्र'' शब्द जिसे हिंदी भाषा में हमसब 'छोटा' अथवा 'तुच्छ' भी कहते हैं, का ही अपभ्रँश है । ये तथाकथित शूद्र कोई और लोग नहीं बल्कि हमारे ही सगे छोटे वो भाई–बंधु हैं जो कि पूर्व में घर परिवार के लोगों की सेवा में सतत निरत रहते थे । सेवा ही उनका धर्म हुआ करता था और तो और आज भी सेवा ही उनका धर्म–शास्त्र है। ये छोटे तथा हमसब की सेवा करने के कारण हमसब के अत्यंत प्रिय भी हुआ करते थे, वे आज अचानक इतने अप्रिय क्यों हो गए ? इसके पीछे छिपे कारणों को आज जानना अति आवश्यक होगा । शूद्रों के बारे में मेरे अनुभव निम्नानुसार हैं :–

यह कि हमारे प्राचीन धर्म–शास्त्रों में ''विराट–पुरूष'' अर्थात ईश्वर के मुख को ब्राह्मण, भुजाओं को क्षत्रिय, उदर को वैश्य तथा चरण को शूद्र निरूपित किया गया है ।

1. यह कि हमारे किसी भी प्राचीन धर्म–शास्त्रों में उस ''विराट–पुरूष'' या ईश्वर के किसी भी ॲंग को कभी भी और कहीं भी अछूत अथवा अस्पर्शनीय कदापि नहीं माना गया है ।
2. यह कि हमारे सभी प्राचीन धर्म–शास्त्रों में ''ईश्वर'' के चरण मात्र के वँदन या भक्ति को ही सर्वश्रेष्ठ माना गया है ।
3. यह कि हमारे सभी सँतों ने प्रभु के चरणों की ही महिमा का गायन किया है ।
4. यह कि श्रीरामचरित मानस ग्रँथ में प्रभु राम के चरण–स्पर्श से अहिल्या का उद्धार, केवट, भरत, लक्ष्मण, हनुमान जी, विभीषण, अंगद इत्यादि लोगों का प्रभु राम के चरण के प्रति अनन्य अथाह प्रेम हम सभी के लिए प्रेरणास्पद है । मित्रों.... इन लोगों में कई तथाकथित उच्च्च जातियों से होने के बाद भी प्रभु के चरणों की सेवा में निरंतर लगे रहते हैं । अतः जब प्रभु

के चरण अछूत व अस्पर्शनीय नहीं हैं तो तथाकथित शूद्रों को क्यों अछूत और अस्पर्शनीय माना गया है ?

5. यह कि हमारे धार्मिक ग्रन्थ"श्रीमदभगवदगीता" में श्रीकृष्ण ने स्पष्ट कहा है कि "चातुर्वर्णम मया सृष्टि गुण कर्म विभागशः" इसमें श्रीकृष्ण ने "मया" अर्थात अपने अहँकार वाली "सृष्टि" को ही चार वर्णों में वर्गीकृत किया है ना कि मनुष्यों की तथाकथित किन्हीं जातियों को । मित्रों.... "मया" तत्व मूलतः हम सभी मनुष्यों के भीतर अनिवार्यतः रहता ही है । अतः यह जाति–वर्गीकरण की नई कहानी कहाँ से प्रारॅभ हुई यह गहन–खोज का विषय है । साथ ही साथ मेरा यह स्पष्ट मानना है कि प्राचीन काल में हमारे अति विवादास्पद धर्म–ग्रन्थ मनुसंहिता के वर्णनानुसार शूद्रों के कानों में हमारे किन्हीं भी धर्म–शास्त्रों की परम–पवित्र ऋचा के पड़ने पर उनके कानों में पिघला सीसा भरना पूर्णतः अधार्मिक, धर्म–शास्त्रों की मिथ्या–व्याख्या है तथा अपने आप में एक गहन घृणित, पातकीय, अतिराक्षसपूर्ण व घोर निंदनीय–कृत्य है । यह निःसँदेह अमानवीय कृत्य है जिसे कि पागलपन के अलावा कुछ अन्य कदापि नहीं कहा जा सकता है ।

मेरे अनुसार जब प्रभु श्रीराम को मर्यादा पुरूषोत्तम माना जाकर हमारा समाज अपने प्रत्येक आदर्श के मध्य उन्हें स्थापित करता है तो उनके द्वारा किए गए आचरणों को मानने में आखिर हमारा दोहरा मापदन्ड क्यों ? भक्त निषाद, केवट, शबरी, जटायु को गले लगाने वाले प्रभु श्रीराम से हम आपसी समता की सीख क्यों नहीं लेते ? क्या हम भगवान श्रीराम के द्वारा प्रतिस्थापित आदर्शों से अपने को भिन्न व श्रेष्ठ मानने लगे हैं अर्थात हमारी मान्यता के अनुसार भगवान तो गलत हो सकता है लेकिन हम सब ज्ञानी पुरूष कभी गलत नहीं हो सकते हैं ।

मित्रों.... मेरा ये स्पष्ट मानना है कि शूद्रों पर पूर्व काल में उतने कभी अत्याचार नहीं हुए जितने आज उनके बारे में मिथ्या प्रचारित किया जाता है । लोगों के मल अथवा विष्ठा उठाया जाना पूरी तरह अंग्रेजों की ही देन है क्योंकि इसके पहले हमारे पूर्वज खुले मैदानों में सुदूर "दीर्घ–शॅका" के लिए जाया करते थे जहाँ से उनके मल–मूत्र को उठाये जाने का प्रश्न ही नहीं उठता । यद्यपि

समाज में आज भी हम अपने प्रिय लोगों के मल–मूत्र प्रेमवशः साफ करते हैं किन्तु उसमें कोई ऐसा तुच्छ भाव लाना उचित नहीं होगा । हाँ ये अवश्य है कि कमजोर एवं छोटे तबके के लोगों पर सतत अत्याचार आज भी जारी है और आगे भी होता रहेगा । ऐसे में हमारे शासक वर्गों का यह परम–कर्तव्य होता है कि उन सब निर्बल लोगों का "संरक्षण" किया जाये बजाय कि किसी विवादास्पद आरक्षण के विषरूपी समाज–भक्षी कानून लागू करने के । इससे समाज में फिर अनिवार्य रक्तबीज–रूपी वही कुरीतियाँ पैदा होंगी जिसे मिटाने के लिए वर्तमान की विवादास्पद आरक्षण–नीति का प्रावधान किया गया है । क्या आप समझते हैं कि निकट भविष्य में बढ़ती जनसंख्या तथा प्राईवेटाइजेशन के चलते इस देश की सरकार सरकारी नौकरियों में यदि शत–प्रतिशत आरक्षण भी लागू कर दे तो क्या सभी लोगों को सरकारी नौकरियाँ दे देगी ? निःसंदेह यह व्यवहारिक रूप से सम्भव ही नहीं है । अतः हम सभी समाज के लोगों का यह नैतिक दायित्व है कि राजनीति की बिसात पर फैले समाज में आपसी वैमनस्यता को त्याग कर भविष्य के षड्यंत्र से बचे और अपने प्यारे देश का संरक्षण करें ।

हरि ऊँ तत "सत" ।

सागररूपी सँत
महापुरूष....
क्या सचमुच में खारा है ?

मित्रों.... मीठी नदियों के सतत समाहित होने के बावजूद भी सागर पर खारा बने रहने का आरोप लगाना क्या उचित होगा । क्या आप को मालूम है कि हम–सब के मध्य में मौजूद वीतराग सँत महापुरूषों द्वारा वैराग्य धारण करने के बाबजूद भी ठीक उसी प्रकार हमारे प्रति परम अनुराग का सम्बन्ध रखते हैं । जैसा कि हम सब लोग सागर को सदा से मर्यादित माना जाकर उसकी प्रशँसा करते है। इतिहास में भी पर्याप्त साक्ष्य है कि इस सागर के तट पर मर्यादा पुरूषोत्तम प्रभु श्रीराम ने स्वयम इनसे तीन दिनों तक अनुनय–विनय किया था इसके बाद यद्यपि श्रीराम ने उन पर क्रोधित होकर उनपर अपने धनुष–बाण तान दिया तथापि वे अपनी मर्यादा से विचलित नहीं हुए । ये राजा सगर के वँशज जोकि श्रीराम के ही पूर्वज थे इसके बावजूद इन्होंने प्रभु श्रीराम को अपने मर्यादा की सीमा का सम्मान बनाये रखने का एक "कर्मयोग" के महत्व का पाठ पढ़ाया जिसे कहीं न कहीं हम ठीक से समझने में निःसंदेह त्रुटि कर रहे हैं । यद्यपि सागर ने रास्ता तो दिया, किन्तु उसमे नल और नील नामक दो वानर शिल्पियों तथा पूरी वानर–सेना के द्वारा किया गया कर्म ही मुख्य कारण था । इसी प्रकार सागर–मंथन की कथा का हम उदाहरण लें । सभी देव और दानवों के द्वारा एकसाथ अमृत पाने को भी सागर ने इनकार किया । यदि सागर ने चाहा होता तो बिना समुद्र–मंथन किए वो समस्त छिपे हुए 14 रत्नों को देवता या दानवों को बगैर किसी मेहनत–मश्क्कत के दे दिया गया होता । लेकिन सागर ने ऐसा न करके आलस्य को बढ़ावा देने वाले कृत्यों पर अंकुश लगाने का परोक्ष संदेश दिया है.... किन्तु कर्म और पुरूषार्थ करने पर उसने परिणाम–स्वरूप अमृत भी प्रदान कर दिया । श्रीरामचरितमानस में तुलसीदास जी ने इसी आशय का संदेश लक्ष्मण जी के मुखारविंद से स्वयम राम को एक ताने के रूप में कहलवाया है :–

" कादर मन कर एक अधारा । देव देव आलसी पुकारा ।। "

अतः मर्यादा की इस प्रतिमा को जिस कुल में मर्यादा पुरूषोत्तम राम प्रगट होते है, निःसंदेह परम अदभुत है । मित्रों.... सागर पर हम सब अपनी नासमझी के कारण कुछ भी मूढ़तापूर्ण आरोप जड़ देते हैं लेकिन कृपया सागर का हम पृथ्वी वासियों से प्रेम तो देखिए..... ये अपने उदर अग्नि में अनेकों ज्वालामुखियों को आसवन–विधि की प्रक्रिया में खारे पानी को दग्ध कर उस पानी के वाष्प को अंतरिक्ष में सतत भेजकर ऐसी–ऐसी जगह वर्षा कराई जाती

है जहाँ कोई नदियॉ भी नहीं जा पाती हैं । अर्थात रेगिस्तान जैसी विषम–स्थल में भी बारिश के मेघ उनकी पुकार सुनकर शत प्रतिशत शुद्ध जल बरसा देते हैं । ध्यान रखें सभी मीठे पानी वाली नदियाँ जो मानव तथा अन्य प्राणियों की प्यास बुझाती हैं उनका जल भी वर्षा के जल के समान शुद्ध नहीं होता और वस्तुतः उनमें आने वाले पानी का वास्तविक मूल–स्त्रोत उन समुद्र के द्वारा उत्पन्न किए गये वही बादल ही हैं जिसके कारण ही वे अपनी कृतग्यता प्रगट करने हेतु अपने उत्पन्न करने वाले कारण में वे सभी नदियॉ पूरे अहोभाव के साथ समर्पित हो जाती है । अतः उन्हें कभी खारेपन संबंधित शिकायत की कभी कोई अज्ञानता ही नहीं होती ।

हमारे शास्त्रों में स्पष्ट लेख है कि **यथा पिंडे तथा ब्रह्माण्डे**.... अर्थात जैसा इस शरीर के भीतर अष्ट–महातत्वों यथा कि पृथ्वी, आकाश, वायु, जल,अग्नि, मन, बुद्धि, अहँकार और इन सब के अंत में आत्मा की अनुपातिक उपस्थिति है । ठीक उसी अनुकम में ब्रह्माण्ड में भी ये सभी तत्वों का अनुपात विद्यमान है । शरीर–विशेषज्ञों या वैज्ञानिकों ने इसे भौतिक रूप से सिद्ध भी किया है । हमारे शरीर में पाये जाने वाले जल का अनुपात 80 प्रतिशत है तो इस पृथ्वी पर भी उपस्थित जल का ठीक यही अनुपात है । ठीक इसी प्रकार मनुष्य के शरीर में किसी भी अंग में सुई चुभोने पर निकलने वाले रक्त की भॉति इस पृथ्वी की शिराओं में बहने वाली जल की शुद्ध नलिकाऍ भी इसी सागर का ही विस्तार है जो माननीय वैज्ञानिक आइजक न्यूटन के द्वारा प्रतिपादित पृथ्वी के गुरूत्वाकर्षण के नियम के विपरीत भी नीचे से ऊपर की ओर बहता है चाहे किसी पेड़ के तनाओं में या फिर किसी उच्च पहाड़ी के शीर्ष–शिखर पर कल–कल बहता झरना ।

मित्रों.... हम सब प्रायः अस्पतालों में देखते हैं कि जब कोई भी गम्भीर–पेशेंट इलाज कराने के लिए जब कभी भर्ती होता है, सर्वप्रथम उसे डाक्टर बंधु एक बॉटल जिसे ड्रिप कहते है तुरंत लगा देते हैं । आखिर इस बॉटल में ऐसा क्या होता है कि कोई कैसा भी पेशेंट हो सभी को यही बॉटल लगती है । इस बॉटल में एक द्रव्य होता है जिसका नाम है सैलाइन या सरल–भाषा में कहें कि नमक–युक्त पानी । जिस प्रकार हमारे शरीर के सही एवं उचित संचालन के लिए हमारे नर्वस–सिस्टम का ठीक से चलना आवश्यक

है और उसके लिए अति–आवश्यक है हमारे दिमाग में सोडियम बैलेंस का होना जोकि इस "सैलाइन"' से ही मेंटेन होता है..... इसके अभाव में पेशेंट का बचना या बचाना मुश्किल हो जाता है । विद्युत–क्षेत्र के वैज्ञानिकों के अनुसार शुद्ध जल विद्युत धारा का सबसे बड़ा कुचालक है अर्थात इसमें से होकर कोई भी विद्युत धारा नहीं बह सकती । अतः यदि इसमें से विद्युत धारा को प्रवाहित करने की आवश्यकता है तो इसमें नमक इत्यादि लवण घोलना ही होगा । ठीक उसी प्रकार हमारे मस्तिष्क एवं शरीर के तंत्रिका–तँत्र में भी अतिसूक्ष्म–विद्युत धारा बहती है इसे डाक्टर अपने भिन्न–भिन्न उपकरणों से नाप भी सकते हैं और इस सूक्ष्म–विद्युत धारा का आधार है "सेलाइन" ।

विश्व–स्तर पर वर्ल्ड हेल्थ ऑर्गनाइजेशन द्वारा जारी मुहिम में यह बताया जाता है कि जिन क्षेत्र में उलटी–दस्त की बीमारी में आवश्यक दवाई के प्रबंधन ना होने तक रोगी को नमक–शक्कर का घोल रोगी को निश्चित रूप से दिया जाए । इसमें शक्कर का अंश मुख्यतः रोगी को नमक–युक्त पानी को पीने में होने वाली व्यवहारिक दिक्कतों के कारण ही दिया जाता है । अतः सागर में भी मौजूद यही खारापन ठीक हमारी पृथ्वी में अदृश्य रूप से बहने वाली विद्युत तरंगों के लिए अति आवश्यक है जो कि प्राकृतिक उर्जा के अनन्त सागर का एक छोटा सा अंश है । इन सबके बावजूद समुद्र आत्म–प्रशंसा से बचने के लिए ही स्वयम को खारा बनाए रखता है.... ठीक यही विशेषता प्रत्येक वीतरागी महापुरूषों की भी होती है । वे भी समाज में अनेक अच्छे–बुरों के मध्य बिना किसी भेद–भाव के सबके साथ अनुराग एवं संवेदना पूर्ण जीवन जीते हैं किन्तु स्वयम को अलिपायमान तथा सागर की तरह नीरसता सा दिखावा करते हैं इन सबके बावजूद भी उनके रोम–रोम में रामरस के महासागर का अमृत सदा छलकता ही रहता है । आज बस इतना ही **। हरि ऊँ तत सत ।।**

संसार एक परिवर्तन

मित्रों.... संसार का नाम परिवर्तन क्यों कहा गया है....? प्रायः परिवर्तन का अर्थ हम अंग्रेजी भाषा के ''चेन्ज '' शब्द को मानते हैं पर सँस्कृत भाषा में परिवर्तन शब्द का अर्थ ''परिः + वर्तन '' है जिसका अर्थ साफ–साफ है कि किसी सापेक्ष के चारों ओर अर्थात परितः वर्तना या घटना का घटित होना अथवा घूमना। जीवन वस्तुतः ''जीव–रूपी आत्मा'' ही वो ''अपरिवर्तनशील अक्ष'' है जिसके परितः मन रूपी विचारों का समूह सदैव घूमता रहता है और इन्हीं संकल्पों–विकल्पों के कारण ही मनुष्य कोई भी कर्म करने को उद्यत होता है और जहाँ भी कोई कर्म अथवा कार्य हुआ उसका कोई न कोई नतीजा अवश्य ही आएगा :–

'' करम प्रधान बिस्व कर राखा ।

जो जस करहिं सो तस फल चाखा ।। ''

यदि नतीजा आपके पक्ष में है तो ' जिमि प्रति–लाभ लोभ अधिकाई' ' की स्थिति निर्मित होती है और यदि मनुष्य ने एक बार भी लालच का विष चखा तो उसका पूरा जीवन ही विषाक्त हो जाता है । इस प्रकार वो मनुष्य जीवन के विषयों में ''गुड़ की माँखी'' बन बुरी तरह लिपटा हुआ अपने जीवन को एक जुआरी की भाँति बर्बाद कर डालता है । इसके ठीक विपरीत स्थिति में यदि कार्य का नतीजा आपके विरोध में है तो भी मनुष्य का अहँकार उसे ललकारता है । पुनः वह सँकल्पों–विकल्पों के जोड़, घटाने, गुणा, भाग इत्यादि कर्मों में लग जाता है और इन्हीं नए समीकरणों के कारण ही मनुष्य पुनः कर्म करने को उद्यत होता है । इस प्रकार कर्मों के हानि–लाभ के दोनों फल संसार–सागर के हिलोरों के मध्य उसे जबरन धकेल देते हैं और आप जन्मों–जन्मों तक इन विषय रूपी कामनाओं के ज्वार–भाटे में सतत् डूबते–उतराते ही रह जाते हैं । इसी का नाम भव अर्थात बार–बार होने का विशाल–सागर अथवा संसार है । इसी कारण वश संसार को परिवर्तनशील अथवा परिवर्तन ही संसार का नियम अर्थात जोड़, घटाना, गुणा, भाग इत्यादि कहा जाता है **। हरि ऊँ तत सत ।।**

सत्यम शिवम सुन्दरम

मित्रों.... बड़े ही दुर्भाग्य की बात है कि लोग आज तक "सत" और "सत्य" के आपसी भेद को स्वयम ठीक से समझ ही नहीं पाये है और इस बारे में वे अनाप–शनाप बयान देते रहे हैं जिसके कारण आम–लोगों का इस विषय में भारी भ्रम अब तक बना हुआ है । और तो और वे दूसरों को भी ऐसे भ्रम में डाल देते हैं जहाँ लोग ये समझते हैं कि जब इतने बड़े महात्मा, सँत या व्यक्ति ने कहा है तो सचमुच में सही कहा होगा । इस सत्य को लेकर आज आपका पुरातन भ्रम तोड़ा जाना मैं अति आवश्यक मानता हूँ ।

"सत" का तात्पर्य उस तत्व से है जो उसके भीतर में की गहराईयों में सूक्ष्मतः मौजूद रहता है, जैसे "अदरक", नींबू, भाँग, पुदीना, इत्यादि, कई चीजों में बहुत अन्दर मौजूद ऐसा सत या कहें अर्क जिसे अति सूक्ष्मता पूर्ण बारम्बार कूटने अथवा पीसने पर ही निकाला जाना सम्भव हो किन्तु वह तत्व मशीनों के माध्यम से निकालना सम्भव न हो सके । आपने भी अनुभव किया होगा कि मशीन में बनी चटनी और घर के सिलबट्टे से पिसी हुई चटनी के स्वाद में कितना बड़ा फर्क होता है । ठीक उसी तरह आपने होली के त्यौहार में यह देखा होगा कि भाँग पीने वाले लोग उसी भाँग को घंटे–घंटे भर सिलबट्टे में पीसते रहते हैं । और यह सत्य है कि जो भाँग जितनी ज्यादा पिसी जाए वह उतनी ही नशीली होती जाती है.... आखिर क्यों....? ऐसा सिर्फ इसलिए कि उस भाँग का बड़ी देर बाद "सत" निकलता है । उत्तर–भारतीयों के होर्लिक्स नाम से प्रसिद्ध "सत्तू" नामक खाद्य–पदार्थ भी बड़ा लोकप्रिय है, यह चने को भूँजकर उसे बारीक चक्की में पीसकर बनाया जाता है । अतः "सत" नाम का तत्व हमारे लिए अन्वेषण के योग्य हैं । यूँ तो महात्मा गांधी ने स्वयम मरते समय "राम" नामक उस तथाकथित सत्य रूपी शब्द का उच्चारण किया किन्तु वाणी रूप में प्रगट अथवा व्यक्त होने पर आखिर में वह भी असत्य ही हो जाता है । हमारे शास्त्रों में भी उल्लेखित एवं उदघोषित है कि :–

" भवति सत्यम न वक्तव्यम ।

व्यक्तव्यम अनृतम भवेत ।। "

अर्थात सत्य सदा ही छिपा रहता है वह कभी व्यक्त होता ही नहीं और यदि कहीं ऐसा होता हुआ प्रतीत होता है तो वह निश्चित तौर पर असत्य ही है । अतः मन, वचन अथवा कर्म को सत्य की संज्ञा देना कदापि उचित नहीं होगा । मृत्यु की दुखदाई बेला में उच्चारित किए जाने वाले वाक्य को क्या आपने कभी ठीक से सुना है ? "राम नाम सत्य है" ... वस्तुतः लोग इस कड़वे सत्य का सामना करने से डरते हैं। क्या आपने कभी अपने अमृत जीवन के इतने प्यारे सूत्र को कभी अन्वेषित करने का तनिक भी ईमानदारी पूर्ण प्रयास किया है ? इसका उत्तर निश्चित रूप से नहीं में ही होगा । यही कारण है कि प्रत्येक मनुष्य हर जन्म में ये सदा से चूकता रहा है और इसी का दुष्परिणाम है जन्म–जन्म का बंधन.... चौरासी लाख योनियों में आवागमन का अनन्त चक्र । इसे आदिशँकराचार्य की वाणी में यूँ कहा गया है:–

"पुनरपि जन्मम पुनरपि मरणम्,

पुनरपि जननी जठरे शयनम ।

भज गोंविदम भज गोविंदम

गोविंदम भज मूढ़ मते ।। "

वस्तुतः ये राम का नाम अथवा और भी स्पष्टरूप से कहा जाये तो "प्रणव या अनहद नाद या श्रुति या आकाशवाणी, सतनाम, खुदा का पैगाम इत्यादि कई भिन्न–भिन्न नामों से पुकारा जाने वाला अलौकिक शब्द ही "सत्य" है, जो समस्त चर–अचर में हर जगह, हर काल में सदा से विद्यमान रहा है और आगे भी रहेगा । ....ये सब अच्छी बुरी चीज में समान रूप से अस्पर्शित या

अलिपायमन भाव के साथ सदा ही मौजूद होता है । हमारी दृष्टि ही अज्ञानतावश भेद कर इसकी सम्प्रभुता को मात्र अच्छी चीजों तक ही सीमित करने का मूढ़ता पूर्ण प्रयास करती है । श्रीरामचरितमानस की इन चौपाई को जरा ध्यान से समझे :–

" हरि व्यापक सर्वत्र समाना । प्रेम से प्रगट होहिं मैं जाना ।।"

अर्थात ईश्वर या सत्य के प्रगट होने की मात्र एक ही शर्त है.... प्रेम, ... और वह भी ऐसा पवित्र प्रेम जिसमें कोई बाह्य दिखावा न हो । याद रखें कि इस मायावी दुनियाँ में भी हम जिस किसी से भी तथाकथित प्रेम करते हैं उससे हम कभी असत्य कहने की सोच भी नहीं सकते.... प्रेमवश कई बड़े–बड़े अपराधी भी अपने अपराध अति सहजता से कबूल लेते है । माननीय श्री बिनोबा–भावे के समक्ष चम्बल घाटी के बड़े ही खूँखार डाकुओं का समर्पण करना अपने आप में इसका एक सुन्दर दृष्टांत है । प्रेम सब चर–अचर के अंत का भाव है और यही है "सत" । सबके अंतःकरण में मौजूद कल्याणकारी शिवम–तत्व.... जिसके त्रिनेत्र ज्ञान–चक्षु से ये सारी सृष्टि दिखती है.... सियाराम मय.... । अपने इष्टदेव का चारों ओर हर चीज में मनोहरी विस्तार सुन्दर.... अति सुन्दर.... सुन्दरम ।

मित्रों.... सदा याद रखें.... दुनियाँ में तथाकथित रूप से मुख से बोले जाने वाला सत्य वस्तुतः "असत" की श्रेणी में ठीक उसी प्रकार का है जैसे हमारे बाइबिल, कुरान, वेद–शास्त्र आदि इस दुनियाँ के तथाकथित विज्ञान को पूरी दृढ़ता पूर्वक अज्ञानता मानकर उसकी आलोचना करते हैं । अतः इस प्रकार के असत श्रेणी के तथाकथित "सत्य" के कारण इस पूरी दुनियाँ में सभी लोग परेशान है । अतः जब सत्य कल्याणकारी भावनाओं से अयुक्त हो तो जान ले कि हमें किसी को भी ऐसा कहना उचित न होगा.... उस वक्त आपका प्रेम पूर्ण असत्य वाचन भी निश्चित तौर पर सत्यम व सुन्दरम ही होगा । **हरि ऊँ तत सत ।।**

चरणामृत का गूढ़ रहस्य

मित्रों.... आपने सुना ही होगा प्रभु श्रीराम के चरणों की महिमा.... सभी सन्त पुरूषों ने बड़े ही प्रेम से इसकी स्तुति भी किया है । माँ–अहिल्या को चरण–स्पर्श, केवट का चरण–धोना, भरत का चरण–पादुका से प्रेम, प्रभु के चरण से माँ–गँगा का उद्‌गम, इसी माँ–गँगा को भगवान शिव द्वारा अपने मस्तक में धारण करना, हनुमान जी द्वारा सदा श्रीराम के चरणों में ही अपना शीश झुकाए रखना.... इत्यादि कई घटनाऍं हमें सोचने पर विवश कर देती है कि.... आखिर ये "चरण" है क्या चीज.... और इसका इतना महत्व क्यों है ? एक तो हमें अपने भगवान का ही कोई पता–ठिकाना नहीं है ऐसे में हमें उनका चरण कहाँ और कैसे प्राप्त होगा ! फिर हम चरण ही क्यों चाहते हैं.... चाहते तो भगवान के अन्य अंग–रूप भी माँगे जा सकते हैं.... आदि–आदि ! मित्रों ऐसे प्रश्नों का उत्तर यद्यपि बहुत ही सरल है किन्तु हम अपने भीतर इसे जानने का कभी भी कोई ईमानदारीपूर्वक प्रयास न तो करतें हैं और न ही इस हेतु कभी वास्तव में हम कभी इच्छुक रहे हैं !

प्रायः हम सब "चरण" को मात्र मनुष्य अथवा किसी प्राणी मात्र का पैर ही समझने की त्रुटि करते रहे है ! यह शब्द सँस्कृत भाषा के "चर" शब्द की ही व्युत्पत्ति है ! "चरण" ....जिसका अर्थ है चलने की क्रिया से सम्बंधित ! चलना भौतिक हो अथवा मानसिक दोनों का इसी चर–शब्द से गहन–सम्बन्ध है ! भौतिक–रूप से चलने हेतु हमें पैरों की जरूरत होती है जबकि मानसिक–रूप से चलने के लिए जो क्रिया होती है वो अति सूक्ष्म होती है ! और हम उसे "विचार" कहते है ! इन्हीं विचारो का समूह एक कूड़े–कर्कट के रूप में हमारे मस्तिष्क में सतत् एकत्रित होता जाता है । जो व्यक्ति इन विचारों के जंजाल में फँसकर अपना अमूल्य जीवन बर्बाद कर डालता है मेरे मतानुसार मात्र उसे ही "बिचारा" या दया का पात्र मानना उचित होगा ! इस प्रकार हम विचारों के समूह को ही अपना–अपना अनुभव मानने का मिथ्या– अहँकार पाल लेते है ! ....

और इसी विचार–समूह का नाम है ''मन'' जो इस शरीर के भीतर ही भीतर दो अतियों अर्थात दो ध्रुवों के बीच निरंतर कामनाओं के वशीभूत होकर सतत् चलता ही रहता है । यह न तो कभी थकता है और ना ही कभी यह तृप्त हो सकता है ! आदि शॅकराचार्य ने इस बारे में बहुत सुन्दर लिखा है :–

'' अंगम गलितम पलितम मुण्डम

दशन विहीनम जातम तुण्डम

वृद्धो याति गृहीत्वा दण्डम

तदपि न मुन्नचति आशा पिण्डम

भज गोविंदम.. भज गोविंदम

गोविंदम भज मूढ मते....।।''

चरण का एक और सरल नाम है ''पद'' ! मित्रों याद रखें हमारे देश में जितने भी भक्त हुए हैं उन्होंने अपने–अपने नाम से कई काव्यों के अनमोल मोती हमारे समाज को वरदान–स्वरूप दिया है । कभी आपने सोचा है.... मीरा के पद, कबीर के पद, सूरदास के पद इत्यादि के बारे में ! कृपया ध्यान देवे ये भक्त रसयुक्त उस ईश्वर के चरणों का गान कर अपने आप को सदा आनन्द से सरोबार रखते हैं.... क्योकि ईश्वर के बारे में हमारे उपनिषद स्पष्ट घोषित करते हैं.... ''रसो वै : स :'' ....अर्थात वह ईश्वर रस से युक्त है ! वो सरस है.... और इस सरस से युक्त हमारी प्रज्ञा ही ''सरस्वती'' है जिसके हाथों में वो वीणा है जिससे इस ब्रह्माण्ड में नित प्रति ओंकार रूपी अस्तित्व के अनहद नाद की झँकार सुनकर हमारे जीवन में एक अत्यन्त ही मधुर रस का अचानक प्रागट्य होता है ! वह रस दिन प्रतिदिन हमारे अंतरतम में निरन्तर घुलता ही चला

जाता है और हम खुशी से बावलों की तरह नाच उठते हैं । कभी मीरा नाची, कभी कोई सूफी फकीर तो कभी वैसा ही कोई और बड़भागी ! और.... यही है वो रस.... अमृत....! अतः इस अति मधुर रस को प्रदान करने की प्रार्थना लिए हम ईश वॅंदना के पूर्व हम माँ–सरस्वती की आराधना करते है।

अतः इन महान–भक्तो के काव्य– गँगा मे प्रयुक्त ''पद' शब्द काव्य–जगत के ''पद्य'' शब्द का ही अपभ्रंश है जिसका अर्थ है रसयुक्त और चलायमान ऐसा काव्य जहाँ हमारा मन परम–आनन्द तथा शाँति की सहज अवस्था को प्राप्त हो जाता है ! ... अर्थात आपने लोहे से लोहे को काटा । ये नित चलने वाला मन उसे सुनकर ऐसा अभिभूत हुआ कि उसका अस्तित्व ही समाप्त हो गया ! और जहाँ मन विसर्जित हुआ वहाँ आपको परम सच्चिदानॅंद ईश्वर की उपलब्धि हो जाती है ! विचारों की नित चलायमान अवस्था को शमन करते हुये ऋषि –मुनियों द्वारा निर्विचार समाधि की अवस्था में ईश्वर को प्राप्त कर लिया जाता रहा है ! अतः दुनियाँ का अभिप्राय चलने से है जबकि प्रभु के चरण का अभिप्राय इसके विपरीत रूकने की क्रिया से है ! इसलिये प्रभु को हम ''राम'' नाम से संबोधित करते है जिसका सीधा–सीधा अर्थ है पूरी तरह रूक जाना । परम विश्राम की अवस्था.... हर हलचल से अति दूर ! भगवान शिव भी इन चरणों की रज रूपी चन्द्रमा धारण कर मृत्युँजय–महाकाल कहलाए.... अर्थात मृत्यु पर स्थायी जय.... इस छोटे से जीवनकाल का महाकाल में परिवर्तन.... और यही है प्रभु की पूजा के प्रसाद–स्वरूप मिलने वाला अमृत रस.... श्रद्धा पूर्वक धारण करने योग्य.... एक अनन्त महाप्रसाद.... चरणामृत.... और यही है इसके पीछे आवृत सदियो का अनुपम–रहस्य ! **हरि ॐ तत "सत"!**

" ढोल गवाँर शूद्र

पशु नारी ।

ये सब

ताड़न के अधिकारी ।। "

मित्रों.... यह विषय प्रारंभ से ही अत्यन्त रोचक किन्तु तथा परम विवाद का मुद्दा रहा है और आज भी है । परम पूज्यनीय सँत श्री तुलसीदास जी के द्वारा लिखित इस चौपाई को लेकर हमारे समाज के प्रबुद्ध–कहलाने का दंभ लिए व्यक्तिरूपी व मोह–अज्ञान के पाश में जकड़े पशु श्रेणी के कतिपय तथाकथित विद्वानों ने इसकी आलोचना करते हुए श्री तुलसीदास जी के बारे में न जाने क्या–क्या तक कह डाला । तथाकथित विद्वान कहलाने की मूढ़तापूर्ण होड़ में आम जनता के मध्य अपनी तथाकथित विद्वता का ढपोल–शॅख बजाने में कभी कोई चूक नहीं की ।

मित्रों.... इसका प्रथम दुष्परिणाम यह रहा कि भारत की कुल जनसंख्या में से 50 प्रतिशत नारी वर्ग की जनसंख्या सँत श्री तुलसीदास जी के विचारों की भीतर ही भीतर सख्त आलोचक बन गयी । याद रखें माता को प्रथम गुरू एवं ईश्वर से प्रथम होने का दर्जा मात्र इसलिए प्राप्त है कि वो न सिर्फ सॅपूर्ण परिवार के स्वार्थों की तुष्टिदायिनी है बल्कि उसकी शिक्षायें व उपदेश हमारे मानव संस्कारों को बीज रूप से सदा अभिप्रेरित करते रहते हैं । अतः माता के संस्कार रूपी बीज इस प्रकार हमारे समाज के अन्य पुरूष वर्ग में भी उनके भीतर ही भीतर पल्लवित, पुष्पित एवं फलित हो गए कि वो भी यह सोचने को मजबूर हो गए हैं कि शायद इस दुनियाँ के इसी मानव समाज में पले–बढ़े सँत तुलसीदास जी ने कही किसी गलती से ऐसा लिख दिया होगा । और तो और परम दुर्भाग्यपूर्ण स्थिति ऐसी निर्मित हुई कि कुछ उच्च जातियों के अधिकार–प्राप्त कतिपय अहॅकारी लोगों ने इसी चौपाई का सहारा लेते हुए तथाकथित "शूद्र–वर्ग" के कमजोर लोगों की शास्त्र–सम्मत सरे आम पिटाई भी चालू कर दी । उनके परिवारजनों के समक्ष उनका वो हाल कर दिया जिससे कि इसकी प्रतिकिया स्वरूप आपसी घृणा का वातावरण इस पूरे समाज में एक नासूर की तरह व्याप्त हो गया । प्रातः स्मरणीय परम पूज्यनीय सँत श्री तुलसीदास जी भी दुर्भाग्यवश तथाकथित शूद्रों के घोर–विरोधी सँत घोषित कर दिए गए । ईश्वर की परम कृपा से आज वही तथाकथित "शूद्र–वर्ग" के कमजोर लोग उन्हीं उच्च जातियों के लोगों पर मोहग्रस्त होकर वैसा ही अत्याचार करने पर तुले हुए हैं.... अर्थात "जो जस करहीं सो तस फल चाखा" ।

प्रकृति का सतत परिवर्तन होना यही शाश्वत नियम है और इसी से दुनियाँ और दुनियाँदारी चलती रहती है । पुनः कुछ लोगों ने स्त्रियों को चुड़ैल, कलंकिनी, अज्ञानी, नरक का द्वार, मूर्ख, तिरिया चरित्रम ओर न जाने क्या–क्या अनाप–शनाप वाक्य–वमन करते हुए हमारे संस्कारित समाज के नारियों की भी शास्त्र–सम्मत सरे आम पिटाई चालू कर दी । कृपया ध्यान देवे ये वे ही लोग हैं जो समाज में तथाकथित संस्कारों का ज्ञान बाँटने का धन्धा करते चले आ रहे हैं । उन्हीं से जरा पूछो तो वे ही आपको बड़े फख्र से बतायेंगे कि :–

" यत्र नारी पूज्यन्ते, तत्र रमन्ते देवता " ।

नारी–पूजा की यह शास्त्र–सम्मत विकृत विधि इन्हीं बेवकूफ–विद्वानों द्वारा ईजाद की गयी है.... और यही तरीका है उनके मर्दानगी के सरे आम प्रदर्शन का । इस प्रकार हमारे अनमोल संस्कारों का तेजी से पतन भी इसी चौपाई की नासमझी के कारण ही हुआ है ।

मित्रों.... मैं अति–प्रशंसक हूँ पश्चिम बँगाल के समाज–सुधारक राजा राम मोहन राय का जिन्होंने नारी की आत्मा का दर्द अपने अंतःहृदय में अनुभव कर "सती–प्रथा" जैसे घृणित कृत्यों के लिए अंग्रेजों से कानून बनवाया । आज भी हमारा तथाकथित धार्मिक वर्ग सीता माता अथवा माँ उमा के अग्नि–स्नान की तारीफ व समर्थन करने से बाज नहीं आता । लगता है इन जैसे मूढ़–बुद्धि के दक्ष तथाकथित धार्मिक विद्वानों के मूढ़तापूर्ण आचरण के कारण ही शायद त्रेतायुग में भगवान राम तथा महादेव शंकर भी बेबस हो गए हो । अतः जो काम ये दोनों बेचारे देव नहीं कर पाये उसे कराने में लगता है कि उनके द्वारा राजा राम मोहन राय से निःसंदेह सहायता उसी प्रकार ली गई होगी जैसे लंका विजय में वानरों की.... और शायद यही कारण होगा जब तुलसीदास जी को भी यह लिखना पड़ा होगा कि :–

" स्वामी से सेवक बड़ा जो निज धर्म समान ।

राम बाँध उतरे जलधि, उसे कूद गए हनुमान ।। "

परम पूज्यनीय सँत श्री तुलसीदास के अनमोल साहित्य में नारी को भी इन्हीं मूढ़–बुद्धि के विद्वानों ने अत्यन्त विवादास्पद पहलू बनाने में कोई कसर

नहीं छोड़ा और समाज में प्रातः स्मरणीय सँत शिरोमणि तुलसीदास जी को नारी विरोधी भी घोषित कर दिया गया । यद्यपि यह भी पृथक से एक विस्तृत चर्चा का विषय है किन्तु मेरा यह स्पष्ट मत है कि उनके पूरे साहित्य में कहीं भी ऐसी नारी विरोधी बातें लिखी ही नहीं गई है । जिन बेवकूफ–विद्वानों को उनकी उच्च–स्तर की बातें यदि समझ में ना आ रहीं हों वे मुझ तुच्छ से इस बारें में तनिक ज्ञान अर्जन कर लें तो यह समाज तथा उनके स्वयम के हित में कल्याणकारी होगा ।

मित्रों.... अब हम इस चौपाई के वास्तविक अर्थ को जाने । चौपाई का प्रथम शब्द ''ढोल'' बहुत प्यारा शब्द प्रयुक्त हुआ है जिसका अर्थ है अनेकों प्रकार की ध्वनि का समुच्चय वाला वाद्य यन्त्र । इस वाद्य–यन्त्र को कोई भी जानकार अथवा निरा जानकार भी बजा सकता है । यह ढोल शब्द वस्तुतः तथाकथित विद्वान तथा खोखले विचारों के धनी लोगों के लिए ज्यादा उचित प्रतीत होता है । ऐसे विद्वान लोग जो शब्दों के बाह्य–स्वरूपों की उनके मस्तिष्क की क्षमताओं के आधार पर मात्र तरह–तरह के सतही व्याख्या करने में माहिर हों जबकि उनके भीतर ही भाव रूपी ज्ञान अथवा प्रेम रूपी तत्व की भारी रिक्तता अथवा पोलापन विद्यमान हो । इस प्रकार इन शब्द–ताल के पीछे छिपे, कारण स्वरूप उस परम–शून्य रूपी परमात्मा को ताड़ लेना आवश्यक है जोकि हर चर–अचर में शून्य रूपी शब्द स्वर समूह से नित्य पुकारता रहता है और आप सदा से उसे सुनने में चूक करते जा रहे हैं । यही है उपरोक्त चौपाई में ढोल की वास्तविकता ।

दूसरा शब्द ''गवाँर''.... यह भी अवधी–भाषा का बहुत ही प्यारा शब्द है । सामान्यतः हम इसका अर्थ ऐसे व्यक्ति–विशेष के लिए करते हैं जो विवेकशून्य हो या पूरी तरह मूढ़ता पूर्ण आचरण करे । उसके इस विवेकशून्य आचरण के कारण वो अपने जीवन में कई ऐसे महत्वपूर्ण अवसरों का लाभ उठाने की बजाय स्वयम को क्षति पहुॅचाने वाला कदम उठा लेता है । कई मौके यूँ ही गवाँ देता है । हमारे कई प्राचीन–शास्त्रों में भी इस मानव–देह को अत्यन्त दुर्लभ तथा ईश कृपा से प्राप्त वरदान कहा गया है....

" बड़े भाग मानुस तन पावा । सुर–दुर्लभ सब ग्रन्थन गावा ।। "

वस्तुतः जीवन का असली पुरूषार्थ मात्र इसी में है कि हम इस मानव तन के जीवित रहते ही हमारे ''सोहम'' के मूल स्वरूप रूपी राम–रतन धन को प्राप्त हो जाएँ जिसे कि हमने विचार–संकल्पों की मूढ़ता के कारण अब तक गवाँ दिया मान बैठे हैं । इस प्रकार हमारी चैतन्यता को विस्मृत करने के पीछे इन भौतिक इंद्रियों से तादात्यम स्थापित कर लेना है । वस्तुतः इंद्रियों के आचरण–रूपी गुड़ में हमारे मन रूपी माखी का सतत गड़े रहना ही ''गवाँरता'' है । अतः हमे अपने इस मन के आचरण को ताड़ना भी अत्यंत आवश्यक है ताकि समय रहते हम मन सहित समस्त इंद्रियों से परे उस परम चैतन्य तत्व की ओर अग्रसर हो सकें ।

तीसरा और अति तीक्ष्ण शब्द ''शूद्र''.... इसका अर्थ भी लोगों ने त्रुटिपूर्ण निकालकर समाज मे बहुत ही अनर्थ कर दिया गया । ये सदा याद रखें कि श्रीरामचरितमानस अवधी भाषा में लिखा गया एक बहुत ही अद्भुत ईश्वरीय वरदान स्वरूप ऐसा ग्रन्थ है जिसका विरोध काशी के पॅडितों ने भी किया था । यहाँ तक इसे नष्ट करने का भी असफल प्रयास किया गया इसका महज कारण था कि इस ग्रन्थ का देव–वाणी सँस्कृत भाषा में नहीं लिखा जाना । यहाँ तक भी ठीक है स्वयम तुलसीदास जी जो सँस्कृत भाषा के अच्छे जानकार थे उन्होंने भी कई बार इसे देव–भाषा सँस्कृत में लिखने का प्रयास किया । लेकिन उनका यह प्रयास ईश्वर की इच्छानुसार सदा असफल हुआ । उन्हें यह ईश–प्रेरणा हुई कि वो इसे अवधी भाषा में ही लिखें क्योंकि उस समय अवधी–भाषा जन–सामान्य की प्रचलित भाषा थी और जिन्हें सँस्कृत–भाषा का सही–सही ज्ञान भी नहीं था । अतः इन्हीं कारणवश सँस्कृत भाषा के ''छुद्र'' अर्थात छोटा–तुच्छ को शूद्र लिखा गया है । मित्रों.... बड़ा और छोटा होना भौतिक रूप से तभी मापा जा सकता है जब वो हमें प्रत्यक्ष दिखायी दें किन्तु बिना उनके दृष्टिगोचर हुए उन्हें मापा नहीं जा सकता है । अतः ऐसी स्थिति में मन के छुद्र विचार भला कैसे पता किए जा सकेंगे । अतः तुलसीदास जी ने उन्हें ताड़ने को कहा है ताकि वे हमारे इन्द्रियों के माध्यम से वे विपरीत, अकल्याणकारी तथा समाज विरोधी तुच्छ–कर्मों में परिवर्तित न होने पाये ।

ऐसे ही मूढ़ बुद्धि के दक्ष तथाकथित धार्मिक–विचारों वाले विद्वान मनुष्यों को जो दिखने में तो मानव–शरीर वाले हो किन्तु अपनी मंद बुद्धि एवं अहँकार

के कारण अविवेकपूर्ण होकर मोह के पाश–बँध में पशुवत अपनी विद्वता का मूढता पूर्ण प्रचार करने में आलोचना के उस छूद्र स्तर पर गिरकर समाज को अनजाने में बेहद नुकसान पहुँचाते रहते हैं । उन्हें भी शूद्र एवं पशुओं की श्रेणी में रखा गया है । जबकि इसके विपरीत सभी पशु मनुष्य को नुकसान नहीं पहुँचाते हैं । और कई पशु तो ऐसे भी हैं जिससे हमारी मानव जाति और भारत की गौरवशाली सँस्कृति आज भी जीवित बनी हुई है । वस्तुतः मनुष्य के भीतर छिपी इसी पशुता को ताड़ने के लिए तुलसीदास जी ने स्पष्ट लिखा है ना कि नजरों से देखे जाने वाले किसी पशु के बारे में ।

मित्रों.... अंतिम तथाकथित विवादास्पद अति विस्तृत शब्द है ''नारी''। कृपया अवधी–भाषा की कोमलता, एवं मधुरता को ध्यान में रखें । जैसा कि श्रीरामचरितमानस में इस भाषा के चयन के बारे में पहले ही आपको संक्षिप्त बताया जा चुका है । इस भाषा की मधुरिमा में चुभने वाले ''ड़'' शब्द का प्रयोग अत्यन्त न्यूनतम या कहें कि लगभग नहीं होता है । अतः ''ड़'' के स्थान पर हम ''र'' का ही प्रयोग करते हैं । इस प्रकार यह ''नारी'' शब्द वस्तुतः हमारे मानव शरीर के ''नाड़ी '' तंत्रिका–तंत्र का ही अपभ्रंश है । शरीर में दिखने या ना दिखने वाली कोई भी व्याधि होने पर ''वैद्य'' सर्वप्रथम नाड़ी–परीक्षण करते हुए उसका मूल कारण ज्ञात करता है तत्पश्चात ही उसके सम्यक उपचार की विधि अपनाता है । मित्रों.... नारी शब्द की सम्यक व्याख्या के लिए मेरे ''जाग रे बौरे'' काव्य सँग्रह में ''नारी–तत्व दर्शन'' को आप देख सकते हैं । सँक्षिप्त में कहें कि तुलसीदास जी के अनुसार उपरोक्त सभी चीजों को केवल वही ताड़ सकता हो जो वास्तव में सही जानकार हो जिसे हर चीज विदित हो अर्थात जो वैद्य हो । अतः अपने मन, बुद्धि एवं अहँकार की तुच्छ सोच को विराट होने की दिशा में उन्मुख करे । **हरि ऊँ तत सत ।।**

" पराधीन

सपनेहूं सुख नाही "

मित्रों.... माननीय बाल गंगाधर तिलक का यह नारा स्वराज्य हमारा जन्म सिद्ध अधिकार है और मैं इसे पाकर रहूँगा.... यह सुनने में बहुत ही प्रिय नारा है स्वतन्त्रता लेकिन समझने में अत्यन्त ही दुरूह है । यह पूर्णतः सत्य है कि मनुष्यों में स्वतँत्रता पाने की ललक जन्मजात होती है और हर मनुष्य चाहता है कि वो हर प्रकार के बंधन से तत्काल मुक्त हो जाएँ.... चाहे वह अपने ही प्रिय माँ–बाप अथवा सगे–सम्बंधियों का प्रेम–बन्ध नही क्यों ना हो । और इसी भावना के वशीभूत होकर हमारे देश में गजब का स्वतन्त्रता संग्राम हुआ । ऐसा स्वतन्त्रता संग्राम मात्र इसी देश में नहीं बल्कि दुनियाँ के कई देशों में भी ऐसा ही हुआ और आगे भी ऐसा ही स्वतन्त्रता आन्दोलन सतत चलता ही रहेगा । हर व्यक्ति के द्वारा अपने व्यक्तिगत स्वार्थोवश स्वतंत्रता प्राप्ति के इस शैतानी चाल से आज पूरा घर–परिवार, समाज, प्रदेश, देश, और सँपूर्ण दुनियाँ जगत हैरान–परेशान हैं । याद रखें तुलसीदास जी ने अपने एक चौपाई में कुछ ऐसा लिख दिया जिसे हम अपनी बुद्धि के तुच्छ स्वभाव के चलते समझ ही न सके और अपनी ढपली से अपना एक ऐसा नया राग अलापना प्रारम्भ कर दिया जिसे सुनकर आम आदमी के मन को गजब का सुकून मिलता है.... स्वतन्त्रता.... स्वतन्त्रता और पूर्ण स्वतन्त्रता । चौपाई इस प्रकार है :–

'' पराधीन सपनेहूं सुख नाही '' ....।

इस चौपाई को ठीक से समझने के लिए हमें दो शब्दों के अन्वेषण की आवश्यकता होगी । पराधीनता का अर्थ जानने के पूर्व हमें इसका पहला शब्द ''पर'' और इसके विपरीत दूसरा शब्द हें ''अपर या कहें कि स्व'' को भली–भाँति जानना होगा । ''पर'' शब्द इस '' प्रकृति'' के प्रथम अक्षर ''प्र'' का ही सँक्षिप्तरूप या कहें कि अपभ्रँश है जिसका अर्थ होता है कोई दूसरा अथवा कुछ भिन्न.... । दूसरा शब्द यह स्वयम घोषित करता है कि वो प्रथम अथवा मूल नहीं हैं । वस्तुतः दूसरा शब्द प्रथम या पहले का ही विस्तारित रूप है अर्थात द्वितीय होने की घटना के लिये प्रथम की उपस्थिति अति अनिवार्य रहेगी । अतः यह प्रथम या एक है क्या ? पहले इस पर सँक्षिप्त चर्चा कर लिया जाना उचित होगा ।

सभी तथाकथित धर्मों का यह मानना है कि सबका ईश्वर, मालिक, सांईं, भगवान, अल्लाह, रब्बा, परम–पिता ही वस्तुतः एक है और वो हर जगह हर काल में निष्पक्ष भाव से हमारे सभी कर्मों का साक्षी व दृष्टा है । वो ईश्वर अत्यंत ही करूणावान, कृपाशील, दयालु, शरणागत की रक्षा हेतु कृत–सँकल्पित और अत्यंत रहमान इत्यादि.... इत्यादि..... इत्यादि है । ....इस सम्बन्ध में मुझे मेरी माँ द्वारा बचपन में एक प्यारी सी कहानी सुनाई गयी थी, जिसे सॅक्षिप्त में यहाँ उल्लेखित करना उचित होगा । कहानी इस प्रकार है कि एक सूने बियावन स्थान में एक बरगद का बड़ा पेड़ था जिसमें एक बहुत खतरनाक ब्रह्म–राक्षस रहता था । वो स्थान चूँकि समीप के गाँवों का एकमात्र रास्ता था अतः उस पेड़ के पास से होकर गुजरना सबकी मजबूरी थी । ब्रह्म–राक्षस रास्ते से गुजरने वाले हर व्यक्ति से मात्र एक ही यही सवाल करता.... गिनती के अंक प्रारंभ से कहो.... जैसे ही लोगों ने गिनती का प्रथम अंक "एक" का उच्चारण किया उतने में उस ब्रह्म–राक्षस ने हर उस व्यक्ति को तत्काल ही मार डाला । इस प्रकार दिल–प्रतिदन घटित होने वाली इस घटना से ग्राम के लोग जब भारी भयभीत और परेशान हो गए तो वे एक समझदार और बुजुर्ग व्यक्ति के पास गए । उस बुजुर्ग व्यक्ति ने सोचा कि मेरी तो उमर लगभग खत्म ही हो चली है चलो कुछ दूसरों के लिए इस शरीर को होम कर दें शायद कुछ बात बन जाए । वो चल पड़ा और उसी स्थान पर उसे वही ब्रह्म–राक्षस मिला उसने उस बूढ़े आदमी से पुनः वही प्रश्न किया ।

मित्रों वो अनुभवी बूढ़ा आदमी इस अति सामान्य प्रश्न को सुनकर बड़ा हैरान हुआ । बहुत सरल सा प्रश्न था । लेकिन फिर उसने सोचा कि इस प्रश्न में कोई राज न छुपा हो । ....उस बूढ़े आदमी ने अपना दिमाग दौड़ाया पर उसे कुछ भी उत्तर समझ में न आया.... वह कुछ बोल न सका । मौत को सन्निकट देखकर उस बूढ़े ने अपने प्रभु राम का नाम जैसे ही उच्चारित किया उसे सुनकर वो ब्रह्म–राक्षस तत्काल शाप–मुक्त हो गया । उसने उस बूढ़े आदमी को धन्यवाद और आशीष दिया और कहा कि इस जीवन में कोई भी कार्य या कैसे भी सरल अथवा कठिन प्रश्न इत्यादि क्यों न हो हमें सबसे पहले प्रभु राम का ही स्मरण करना चाहिये ।

मुझे तो ध्यान में हैं कि हम पूर्वजों को भी गिनती करते देखते थे वे भी एक संख्या को एक न कहकर राम कहा करते थे । आज भी ऐसे लोग शायद होंगे जो इसे कहते तो हैं लेकिन इसका मर्म नहीं जानते हैं । मुस्लिम–भाई भी अपने सभी कार्य अल्लाह के नाम से बिस्मिल या प्रारँभ करते हैं जो वस्तुतः वही बात है.... बस भाषा मात्र का ही अन्तर है । इसके बावजूद उन तथाकथित धार्मिक लोगों द्वारा दुष्प्रचारित कुतर्कों पर तनिक ध्यान दें.... फलाँ धर्म शैतान का है, फलाने लोग विधर्मी या काफिर, म्लेक्ष, अनार्य या असुर श्रेणी के है.... आदि–आदि । और दुःख की बात यह है कि इन सबमें इतना उच्च–ज्ञान होने के बाद भी उनके इस प्रकार अज्ञानता की बातें करना यह इंगित करता है कि अब भी उनकी बुद्धि तोता रटन्त श्रेणी वाली ही है । निश्चित ही वे सब के सब सर्वथा अनुभवहीन ही है अन्यथा ऐसी मूढ़ता पूर्ण बातें कोई जानकार इन्सानकभी भी नहीं कर सकता है । उदाहरण के तौर पर जैसे कोई माँ अपने ही जुड़वा लडकों को सही–सही पहचानने में कभी गलती नही करती भले ही उनके पिता या फिर रिश्तेदारों या अन्य लोगों को उनकी एकरुपता से बार–बार भारी धोखा या भ्रम होता हो ! ठीक इसी प्रकार पूरी दुनियाँ में ईश्वर या उसे धर्म का ही पर्याय कहना ही उचित होगा जोकि पूरी तरह अच्छी–बुरी सभी चीज में समान रुप से सदा ही विद्यमान है ! हम उस ईश्वर को पहचानने में निश्चित ही कोई बड़ी भूल कर रहे हैं.... थोड़े देर के लिए ही सही यदि ये मानो कि बुरी चीज में ईश्वर का निवास न हो तो आपके सभी वेद वाक्य यथा कि :–

" एको ब्रह्म द्वितीयों नास्ति"

.....या फिर...

" ईशावास्यम इदम सर्वम यतकिंचिंत जगत्याम जगत

तेन त्यक्तेन भुंजीथाम मा गृधः कस्य स्विद धनम ।।"

"सर्व अखिलम ब्रह्म"

.....या फिर...

सियाराम में सब जग जानी । करहु प्रणाम जोरि जुग पानी ।। "

.....या फिर...

" हरि व्यापक सर्वत्र समाना । प्रेम से प्रगट होहि मैं जाना ।। "

...इत्यादि.... इत्यादि ।...फिर तो ये सब के सब झूठे या असत्य वचन कहलायेंगे । यद्यपि वेद वचन कभी भी असत्य हो ही नहीं सकते यदि कभी और कहीं ऐसा होते प्रतीत होते हों तो ये निश्चित समझ लें कि हमारी तुच्छ बुद्धि कहीं न कहीं इसे समझने में कोई बहुत बड़ी गलती कर रही है । अतः यह गाँठ बाँधकर रखें कि केवल अच्छी चीज में ही नहीं बल्कि बुरी से बुरी हर चीज में भी उस ईश्वर का अलिपायमान भाव से अस्तित्व या उपस्थिति निश्चित तौर पर होती है । और हमें आखिरतः उसे ही तो जानना है जोकि "स्व" के अनुभव के बगैर असम्भव है । आखिर यह "स्व" क्या बला है जिसके न जानने के कारण से ही आज पूरी दुनियाँ आपस में शत्रुता भाव लिए आपस में ही जूझ रही है । यहाँ पुनः तुलसीदास जी कि इन महत्वपूर्ण चौपाई कि ओर आपका ध्यान चाहूँगा :–

"पर" बस जीव "स्व" बस भगवन्ता । जीव अनेक "एक" श्रीकन्ता ।। "

मित्रों.... यहाँ "पर" और "स्व" शब्द की अद्भुत व्याख्या की गयी है अर्थात दूसरे के बस में होने पर वो ही जीव अनेक श्रेणियों में बँट जाता है जबकि "स्व यानि खुद या कहें कि आत्म में रमण" करने पर वही मनुष्य उस परम ईश्वरीय ज्ञान को उपलब्ध हो जाता है, मुस्लिम भाई इसे ही पवित्र रमजान या रामदान नाम से जानते हैं । इस "स्व" का अस्तित्व आज यहीं और अभी वर्तमान में ही है । अतः इसका ज्ञान होना ही अमृत रूपी चाँद का दीदार अर्थात दर्शन है और इसे ही संस्कृत भाषा में "इदम" कहते हैं जिसे हमारे ही मुस्लिम भाईयों ने "ईद" कहकर इसे ही परम–आनन्द इसे ही हिंदू भाई अति आनन्द या खुशी को ही सत्चिदानन्द के नाम से पुकारते है, का पवित्र पर्व माना है और प्रतीक के तौर पर बड़े हर्ष और उल्लास से इसे मनाते हैं । यह "स्व" यद्यपि सभी प्रकार के बन्धनों से मुक्त हैं किन्तु यह अपने आप में स्वयम एक ऐसा प्रेम रूपी आकर्षक बँध है जिसे समता रूपी " सम्बन्ध" का ईश्वरीय–दूत ही जाने ।

"स्वतन्त्र" शब्द में "तँत्र" शब्द अंश अपने आप में "तँतु" या बाँधनेवाला धागा या सीधे–सीधे कहे कि 'इस मानव–तन रूपी बँधन से मुक्त अर्थात त्राण होने का उपाय मात्र है । ईश कृपा से देव–दुर्लभ इस मानव तन पाने पर हम

उस परम ईश्वरीय ज्ञान को जानने की क्षमता को सहज ही पा जाते हैं । वह ज्ञान जो देवताओं अर्थात इन शरीर की मन सहित सभी इन्द्रियों के परे का साक्षात ईश्वरीय ज्ञान है और इन्द्रियातीत इसी परम ज्ञान को वेद, कुरान, बाइबल, इत्यादि सद्–ग्रथों ने नेति–नेति आदि–इत्यादि कहकर उनका बखान किया है ।

अतः स्वतन्त्रता उस परमानंद ईश्वर का अनुभव ज्ञान मात्र है.... कोई उच्छ्रंखलता कदापि नहीं, जिसे पाने के लिए सामान्यतः मनुष्य इस प्रकृति के अधीन भौतिक वस्तुओं में सदा आशान्वित रहता है । यही वस्तुतः पराधीनता है जहाँ वस्तुतः सुख है ही नहीं केवल मृग मरीचिका की भाँति इसके होने का एहसास मात्र ही होता है....। और यही असली दुखों की खान है.... इसलिए सही कहा है " पराधीन सपनेहुँ सुख नाही " अर्थात इस प्रकृति के फन्दे में यदि हम सुख की तलाश करें तो यहाँ यह स्वप्न में भी दुर्लभ है । इसलिए स्वतन्त्रता जीव की वो चाह है जैसे जल की बूँद किसी समुद्र की तलाश कर रही हो....। प्रकृति में दिखने वाला यह प्रेम उसे रेगिस्तान की तपती हुई बालू में मृग–मरीचिका के सदृश्य भ्रमित तो कर सकता है लेकिन उस आभास होने वाले जल का वस्तुतः कोई अस्तित्व होता ही नहीं । जल के बूँद रूपी प्रत्येक जीव का सागर सा विस्तृत विराट ईश्वरीय–स्वरूप है जिसकी तलाश उसे जन्मों–जन्मों से है । अतः इसी सुख की आशा में वो प्रकृति के बंजर स्थान में अपने जन्म–जन्म की तृष्णा के शमन हेतु सागर की तलाश करता रहता है जो कि उसे किसी भी जन्मों में मिल नहीं सकती । अतः यदि उसे अपनी तृष्णा का सचमुच में शमन करना है तो उसे राम के स्वरूप की ओर सम्मुख होना पड़ेगा.... । इसके लिए उसे प्रकृति की पराधीनता त्यागना ही होगा जिसका वो प्रयास सदा तो करता है लेकिन उस जीव की दिशा ही विपरीत होती है । तुलसीदास जी ने अपने श्रीरामचरितमानस की इस चौपाई में ऐसा स्पष्ट ही लिखा है कि :–

" सम्मुख होई जीव मोहि जबहि । जन्म कोटि अघ नासहि तबहि ।। "

अर्थात जब कोई जीव मुझ सा सम दृष्टि को, वस्तुतः इसे ही मुख का सम होना या सम्मुख होना कहते हैं, उपलब्ध हो जाता है तो उसके सभी प्रकार के पुराने पापों का पूरी तरह निर्मूलन हो जाता है **। हरि ऊँ तत सत ।।**

अन्त मति.. सा गति

मित्रों.... ! ये बहुत ही प्यारी एवम अति सुन्दर ऋचा है.... यहाँ इस बात पर विशेष ध्यान देने की आवश्यकता होगी कि प्रायः हम सब "अन्त " शब्द की व्याख्या मनुष्य के जीवन के तथाकथित अन्त अर्थात मरणासन्न अवस्था की करते अथवा समझते है.... यद्यपि तुलसीदास जी ने इस बारे में वस्तुस्थिति को पूर्णतः स्पष्ट किया है किन्तु सामान्य बुद्धि के व्याख्याकारों ने इसका और अधिक अनर्थ कर दिया :–

" जनम–जनम मुनि जतन कराहीं । अन्त राम मुख आवत नहीं ।। "

इस ऋचा की सामान्य एवम प्रसिद्ध जनश्रुत–व्याख्याओं के अनुसार ऋषि–मुनि भी जन्मों–जन्मों तक तप करते हुए राम नाम स्मरण करने का यत्न करते है लेकिन इसके बावजूद भी उनकी मृत्यु के समय उनके मुख से राम नाम निकलता ही नही है ! तब इन ऋषि–मुनियों से कहीं बेहतर तो हमारे देश के प्रिय श्री मोहनदास करमचन्द गाँधी रहे जो गोली लगने की अति पीड़ा की अवस्था में भी मुख से "राम" का नाम लेने में सफल हुए ! इसी मूढ़तापूर्ण परम्परा के पालन में हम सब किसी व्यक्ति की मृत्यु के उपरॉत एक आवाज में मिलकर राम नाम स्मरण करने का उपक्रम करते हैं । सार्वजानिक रूप से "राम नाम सत्य है " का नारा लगाकर मुर्दे के निर्जीव कानों में सन्देश सम्प्रेषित करने की पुनः मूढ़ता करते हैं । यहाँ सबसे मजे की बात यह है कि इस नारे को मनुष्य स्वयम तो बोलता है किन्तु इसे सुनकर भी नहीं सुनता.... क्योंकि यह नारा तो मात्र उस बेचारे मुर्दे को सुनाने के लिए ही उसके द्वारा तेज स्वरों में औचचारिकतावश बोला गया होता है ! अतः इस परिपेक्ष्य में यहाँ "अन्त " शब्द के वास्तविक व्याख्या की पुनः नितांत आवश्यकता है !

वस्तुतः 'अन्त' शब्द' 'बाहय' शब्द का विपरीत है ! वास्तव में सामान्य मनुष्य इस बाहय– संसार में जो भी चीज तलाशता है, वस्तुतः वो मात्र है ईश्वर

का सम्पूर्ण ऐश्वर्य.. जिसे वह देखते हुए भी नहीं देखता क्योंकि इसे इन भौतिक–चक्षु अर्थात आँखों से देखने के पूर्व उसे सम्पूर्ण ज्ञान के दृष्टा भगवान शंकर के उस त्रिनेत्र ज्ञान–चक्षु की परम आवश्यकता होगी.... जो वे अपनी भौतिक आँखे बन्द कर सदा समाधि अवस्था में प्रभु श्रीराम के ऐश्वर्य का नित दर्शन लाभ प्राप्त करते हैं और अपनी आँखों को पुनः खोलने पर इस दुनियाँ में अपने ईष्ट प्रभु श्रीराम को पुनः अपने ही चारों ओर पाते हैं चाहे उनका शिष्य रावण जैसे दुष्ट राक्षस या भूत–पिशाच इत्यादि जैसा क्यों न हो । वे सदा एक भोले–भाले बच्चे की तरह निष्कपट भाव से अपने ईष्ट प्रभु श्रीराम को सदा समर्पित रहते है। इन्हीं कारणों से वे प्रभु श्रीराम को अति प्रिय है ! क्योकि उनके लिए फूल और काँटे, सुन्दर और कुरूप, पापी और पुण्यात्मा, विष और अमृत, आकार या निराकार, स्त्री या पुरूष, मनुष्य या जंगली पशु इत्यादि किसी में भी और कहीं भी कोई भी भेद या अन्तर नहीं है क्योकि सभी रचनाएँ उनके प्रिय प्रभु की ही है ! सभी कण–कण में उनके उसी प्रभु की सत्ता का विस्तार है.... इन्हीं कारणों से इन्हें भोला शंकर भी कहा जाता है !

अतः समाधि अवस्था में जाकर प्रभु श्रीराम के ऐश्वर्य का दर्शन लाभ प्राप्त करने के अतिरिक्त बाह्य–जगत में मनुष्य कुछ भी उपाय कर ले, इसके बावजूद भी वो प्रभु श्रीराम के ऐश्वर्य पाने हेतु जन्मो–जन्मों तक भी हर सम्भव–असम्भव प्रयास करने पर भी कभी सफल न हो सकेगा.... और जन्म–मृत्यु के प्रकृति–चक्र में सदा गति करता ही रहेगा ! तुलसीदास जी ने भी इस बारे में हमारा और अधिक मार्गदर्शन किया है।

" जाकी रही भावना जैसी ! प्रभु मूरत देखी तिन तैसी !! "

अष्टधा–प्रकृति के तीन गुणों यथा सात्विक, राजसिक और तामसिक से लिपायमान होने के कारण मन, बुद्धि और अहँकार सदैव ही गतिशील रहते है । वस्तुतः गति ही समस्त प्रकार के दुर्गतियों के मूल में है ! अतः हम यदि मन, बुद्धि और अहँकार के वशीभूत होकर कोई भी कार्य करें तो अन्ततः हमारा अहँकार ही पुष्ट होगा ! परिणाम स्वरूप हम कर्ता–भाव को उपलब्ध होंगे और अन्त में यही हमारा अहँकार ही परमानन्द स्वरूप सत्चिदानन्द प्रभु से मिलने में सबसे बड़ा बाधक रहेगा ! अतः गति वो ही करते है जहाँ कुछ अभाव होता है तथा जिनमें कामनाएँ शेष होती है। इसे यूँ भी समझ ले कि जिसका पेट पूर्णतः भरा होता है वो अन्य कार्य करने के बजाय आराम करने को प्राथमिकता देता है ! उसे दौड़ना भागना कतई पसंद नहीं होता । यही आराम शब्द ही प्रभु श्रीराम के ऐश्वर्य का स्पष्ट संकेत देते है ! मनुष्य का प्रकृति की विभिन्न चीजों के पीछे इस प्रकार दौड़ना भागना पूर्णतः अज्ञानता का द्योतक है ! सामान्य मनुष्य का मस्तिष्क उसके मन और बुद्धि के अनुसार ही संचालित होता है जो कि इस अष्टधा–प्रकृति का ही महत्वपूर्ण अंग है अतः गति करना उनकी स्वाभाविक नियति भी है.. एवं गति का मूल कारण ''अभाव'' का होना है ! ईश्वर स्वयम ''भाव'' है और उसमें कहीं कोई ''अभाव'' होता ही नहीं वो तो हर जगह एक समान मौजूद है ! भगवान शंकर के शब्दों को तुलसीदास जी ने भी इस प्रकार उभारा है :–

'' हरि व्यापक सर्वत्र समाना ! प्रेम से प्रगट होंहि मैं जाना !! ''

इसे हम कुछ इस प्रकार समझे कि ईश्वर के प्रगट होने की मात्र एक शर्त, यहाँ शर्त शब्द भी यद्यपि अनुपयुक्त है क्योकि प्रेम में कोई किसी प्रकार के शर्त की बातें लिखना निश्चित रूप से पूरी तरह बेवकूफी भरी बातें ही होंगी.... और वो प्रेम ना होकर कोई आपसी समझौता के अलावा और कुछ भी न होगा !

तथापि आपको समझाने के लिए, प्रेमपूर्ण होकर समर्पण की अवस्था में आने पर ही उस परमात्मा का प्रागट्य सम्भव है ! प्रेम विशुद्धतः दिल का विषय है मस्तिष्क का कदापि नहीं ! ....दिल कभी मानव–मस्तिष्क के तर्कों–वितर्कों पर भरोसा नहीं करता । यद्यपि यह कोई अन्धविश्वास नहीं है किन्तु अपने परमात्मा रूपी 'भाव'' के कारणवश श्रद्धा एवम परम विश्वास के वशीभूत होकर ही ऐसा करता है ! तुलसीदास जी ने भी यह स्पष्ट लिखा है – ''भाव बस्य भगवान....'' भाव मनुष्य के अंतःस्थल अर्थात दिल में ही मौजूद है और उसे प्राप्त करने के लिए कोई कस्तूरी–मृग के गति की नहीं अपितु नाभि अर्थात मनुष्य के दिल में स्थिरता की आवश्यकता है ! इस हेतु.... कर्ता नहीं अपितु अकर्ता की स्थिति प्राप्त करने की आवश्यकता है जो केवल व्यवहारिक रूप में समाधि अवस्था की उपलब्धि होने पर ही फलित होता है ! .. जहाँ मति और गति दोनो दूर–दूर तक होते ही नहीं ! इस प्रकार हमे उपलब्धि होती है पूर्ण विश्राम अथवा निर्वाण की अवस्था ! मति और गति इन दोनों झंझटों से मुक्ति.... इस जीवन के थकान–पूर्ण कार्यो से सदा के लिये मुक्ति.... '' मै पायहुँ विश्राम या.... परम शान्ति की अवस्था ''अर्थात मोक्ष ! आज बस इतना ही... **हरि ॐ तत ''सत''!**

अंधविश्वास - निर्मूलन सामाजिक - प्रखंड

अपराध का मूल बीज
एवं
इसका सम्यक निदान

मित्रों.... अपराध के कृत्य को ठीक से जानने के लिए सर्वप्रथम हमें किसी भी प्रकार के बाह्य–कृत्य अथवा घटित घटना के लिए उत्तरदायी उसके मूल कारण की गहराईयों मे जाना होगा । इसका सबसे प्राथमिक एवं महत्वपूर्ण पहलू हमारे आहार के सम्बन्ध में निहित है । हमारे द्वारा आहार ग्रहण करने के पीछे का सामान्य–कारण शरीर को उर्जा की प्रतिपूर्ति मात्र है ताकि वो पुनः बाह्य–जगत के कार्य भली भाँति संपन्न कर सके । यह एक सामान्य सी बात है लेकिन इसका मूल कारण असामान्य है । मनुष्य द्वारा आहार ग्रहण करने की घटना मनुष्य के मन के भीतर कामनाओं का परिणाम है जिसके परिणाम स्वरूप वो मन की गहराईयों में छिपे उन सॅकल्पों को कार्य–रूप में परिणित कर सके । इन्हीं कारणों वश हमारे प्राचीन शास्त्रों में आहार की शुचिता पर ध्यान देने हेतु विशेष रूप से कहा गया है :–

" जैसा होगा अन्न, वैसा होगा मन । "

यहाँ आहार शब्द को मात्र कोई भौतिक खाद्य–पदार्थ मानने की गलती कतई ना करें.... आहार से तात्पर्य हमारे चारों ओर मौजूद ऐसे समस्त विषय जिसे हमारे शरीर की भौतिक इंद्रियों के साथ–साथ सूक्ष्म इन्द्रियाँ भी "आहरित" करती हैं । प्राचीन काल में भोजन ग्रहण करने में गोपनीयता बरतना मात्र इन्हीं कारणोवश ही सांकेतिक रूप में था ताकि कोई बाह्य तथा–अप्रेम पूर्ण तत्व अनजाने में हम में प्रवेश न पा सके । हमारा आहार अन्न के रूप में उस सात्विक ब्रह्म–उर्जा को प्रेमपूर्ण ग्राह्य कर सके ताकि उसका परिणाम भी प्रेम से ओत–प्रोत रहे । अन्न को हमारे प्राचीन शास्त्रों में "ब्रह्म"' का दर्जा दिया जाना इसी का परिणाम है । इसलिए हमारी सँस्कृति में प्रेमपूर्वक भोजन बनाने से लेकर उसे आदर सहित परोसने तथा प्रेमपूर्ण खिलाने से लेकर उसे देर तक चबा–चबा के रसास्वादन तथा भोजन के प्रशंसा करने की परम वैज्ञानिक व्यवस्था है ताकि खाने के उपरांत इसके पाचन के लिए आवश्यक रासायनिक–हार्मोंस भी स्वाभाविक रूप से स्रावित हो इसके पश्चात उस व्यक्ति का आचरण भी निःसंदेह प्रेमपूर्ण ही होगा ।

मित्रों.... मूलतः हमारे दाँत पाशविक प्रवृत्ति के परिचायक होते है । अतः भोजन को अच्छी तरह चबा–चबा के इत्मीनान एवं देर तक खाने से न केवल मनुष्य को पूर्ण तृप्ति का अनुभव होगा बल्कि मनुष्य का पाशुविकतारूपी

क्रोध–तत्व पूर्णतः शाँत होता है । इस विधि से भोजन ग्रहण करने के उपरांत 1–2 घंटों के अल्प–विश्राम से मनुष्य झूठे–कामनाओं की दौड़–भाग से स्वतः दूर होकर आराम को ज्यादा तरजीह ठीक उसी प्रकार ही देगा जैसे पेट भरे होने की अवस्था में जंगल का राजा शेर कभी शिकार नहीं करता । वस्तुतः मनुष्य के खाली पेट होने की अवस्था ही अपराध को स्वतः निमंत्रित करती है । सरकार को चाहिए कि वो हर व्यक्ति या नागरिक को समय–समय पर उचित भोजन उपलब्ध कराने की ठोस व्यवस्था करे जिससे निश्चित ही उसके अपराध की मानसिकता में भी बहुत बड़ा परिवर्तन देखने को मिलेगा । मित्रों दुर्भाग्य का विषय है कि आज तक श्रीमद्भगवदगीता में "युक्त आहार" एवं युक्त विहार में "युक्त" शब्द ही व्याख्या अत्यंत गलत दिशा में की जाती रही है । इस सम्बन्ध में ईशोपनिषद के प्रथम श्लोक की भूमिका प्रासंगिक है :–

" ईशावास्यम इदम सर्वम यतकिचिंत जगत्याम जगत

तेन त्यक्तेन भुन्जीथाम मा गृधः कस्य स्विद धनम ।। "

अर्थात इस दुनियाँ अथवा कायनात में कोई ऐसी जगह नहीं है जहाँ उस ईश्वर का निवास नहीं है । यहाँ तक कि हर भोग विलास की वस्तु में भी उसी ईश्वर का वास है । अतः कुछ भी भोग ग्रहण करने के पूर्व हमें पूर्ण अहँकार रहित होकर उस ईश्वर को अहोभाव समर्पित करना उत्तम एवं विवेकपूर्ण होगा । अतः श्रीमद्भगवदगीता में "युक्त आहार" में प्रयोग हुए "युक्त" अर्थात जुड़ा हुआ शब्द से सीधा तात्पर्य है कि हम कुछ भी ग्रहण करें उसे "ईश्वर से संयुक्त" जाने । भोजन रूपी भौतिक अन्न को ईश्वर का प्रसाद मानने के पीछे यह भी एक विशेष कारण है । प्रसाद में प्रयुक्त "साद" शब्द का भी अर्थ होता है "खुशी अथवा आनन्द" । बाद में उर्दू भाषा में भी इसका इसी अर्थ में प्रयोग हुआ । आप सब को यह जानकर आश्चर्य होगा कि "शादी" में भी प्रयुक्त शब्द "साद" का ही अपभ्रंश है । इस प्रकार "साद" के कमी की अवस्था का पर्याय ही "अवसाद"' है, जिससे ग्रस्त होकर मनुष्य भिन्न–भिन्न रूप में अपराधों की ओर अग्रसर होता है । अतः इस परिपेक्ष्य में जब हम आहरित होने वाली समस्त विषयों में उस "सत" रूपी ईश्वर का दर्शन करने लग जायेंगे तो निश्चित रूप से हमारा सम्पूर्ण आहार तथा आचरण दोनों पूरी तरह "सात्विक" संस्कारों वाला होगा । ऐसे ईश्वरीय अनुभव के मिठास से न केवल हम उस

'परा' विद्या के लोक में विराजित प्रेमपूर्ण ईश्वर को अपने परितः हर समय और हर ओर मौजूद पाकर सदा आनंदित बने रहते हैं बल्कि इसके परिणामस्वरूप हमारे परितः रहने वाले अन्य मनुष्य भी हमारे साथ–साथ प्रसन्नता का अनुभव करते हैं ।

मित्रों.... इसके ठीक विपरीत जब हम "अयुक्त आहार" ग्रहण करते हैं तो यह अप्रेमपूर्ण होने के कारण "अपरा प्रकृति" में धारित्र होता है और वस्तुतः यही से "अपराध" की शुरूआत होती है । प्रकृति का जड़ता में किये गए कार्य सदा विकार्य अथवा विकार पूर्ण होंगे और ये स्वीकारयुक्त कदापि ना होंगे । वस्तुतः प्रेमपूर्ण ना होना ही अपराध की असली जड़ है । "अपरा" का अर्थ ही है जड़ता युक्त प्रकृति अर्थात दुनियादारी । इसे और साफ–साफ समझ लें कि हमारा मूढ़ता के साथ जुड़ना.... ऐसे में आपका सदबुद्धि या विवेक के बारे में सोचना भी सम्भव ना होगा ।

विचार मन का विषय है जबकि प्रेम हृदय का । यहाँ हृदय शब्द का अर्थ मानव–शरीर का अंग है "हार्ट" कदापि नहीं है । हृदय मनुष्य के अन्तरतम का वो केन्द्र बिंदु है जहाँ दया, करूणा एवं प्रेम रूपी ईश्वर सदा से विराजित है । वहाँ मन, विचार, शब्द, शास्त्र–ग्रन्थ के आडम्बर इत्यादि सब की पहुँच हो ही नहीं सकती । यही कारण है कि मानव–मस्तिष्क में प्रेम तत्व नहीं होता.... वहाँ होगी तो सिर्फ क्षणिक "वासना" । यहाँ मजे की बात यह है कि "वासना" का भी शाब्दिक अर्थ है कि जहाँ प्रेम का "वास (रहना)" ना होवे । अतः वासना मनुष्य के कामनाओं का ही परिवर्तित रूप है । इन्हीं कारणों से मन द्वारा किसी भी हालत में प्रेम किया जाना कभी भी तरह से सम्भव ही नहीं हो सकता.... हाँ इसका दिखावा जरूर किया जा सकता है जिसके फन्दे में प्रायः लोग धोखे का शिकार बनते रहते हैं और अन्त में ठोकर खाने पर उनमें विद्वेष या घृणा की भावना बलवती होकर उन्हें अपराध करने को प्रेरित करती है । इस प्रकार तथाकथित–प्रेम की पूर्व धारणानुसार या इच्छानुसार अथवा मनमाफिक परिणति ना होने पर तरह–तरह के वीभत्सपूर्ण तथा रोंगटे खड़े कर देनेवाले अपराध प्रायः हम दैनिक सुनते और देखते ही रहते हैं ।

यद्यपि बुद्धि इस अति चँचल मन का स्वामी है किन्तु इसे दुनियाँ की माया कहना ज्यादा उचित होगा कि मानव–मस्तिष्क द्वारा मना करने के बावजूद

122

भी मन वो सबसे प्रभावशील तत्व है जो कभी किसी की बात मानता ही नहीं । यदि यह कहीं समझौता भी करे तो ये निश्चित तौर पर जान लें कि आगे वह इसका मूल ब्याज सहित आपसे इतना अधिक वसूल कर लेगा कि तब आप को लगेगा कि इस समझौते में वस्तुतः हमारी ही हार हुई है । मूलतः मन का प्रसार ही संसार है और यही हमारा मन ही हमारे मनुष्य अथवा पशु–पक्षी इत्यादि भिन्न–भिन्न रूप में नित परिवर्तित होने की मुख्य वजह है । अतः इसमें कामनाओं के अनुसार मन के भीतर समस्त गुण पूर्व से ही संचित हैं चाहे मनुष्य अथवा पशु–पक्षियों इत्यादि के । इसे हमारे शास्त्रों में भी " यथा मति तथा गति " कहकर अत्यन्त सँक्षिप्तरूप में बहुत ही बड़ी व्याख्या की जा चुकी है । इसी परिपेक्ष्य में श्रीरामचरितमानस की एक अन्य बहुत ही सुन्दर एवं प्यारी चौपाई है जिसके माध्यम से विभीषण ने अपने भाई रावण को समझाने का प्रयास किया है :–

" कुमति सुमति सबके उर रहहिं । वेद पुराण नाथ अस कहहिं ।। "

जहाँ सुमति तह सम्पति नाना । जहाँ कुमति तह बिपति निदाना ।। "

आँग्ल–भाषा में आदमी को मेन कहते ही इसलिए हैं कि उनके पुरखों को यह अच्छी तरह मालुम था कि मनुष्य की उत्पत्ति का मूल कारण उनका "मन" ही है । वस्तुतः मन अच्छे और बुरे विचारों के समुच्चय अर्थात कलेक्शन के अतिरिक्त अन्य कुछ है भी नहीं । दुनियाँ में प्रत्येक आदमी के दो रूप होते हैं एक रूप सकारात्मक देवता का और दूसरा नकारात्मक राक्षस जैसा । इसी कारणवश कोई मनुष्य किसी के लिए जितना बड़ा देवता होता है तो दूसरे है तो दूसरे मनुष्य के लिए वही आदमी उतना बड़ा राक्षस । मन में उपस्थित "विचारों" का मूल कार्य है चलना । "चर" सँस्कृत भाषा का शब्द है जिसका हिंदी में अर्थ होता है चलना । विशिष्ट रूप से चलने के कारण ये "विचार" शब्द में परिणित हुए । मेरा यह भी पूरी तरह एवम विश्वास पूर्ण मानना है कि दुनियाँ में अति विचार करने वाले से बड़ा कोई "बेचारा" है ही नहीं । मनुष्य की निद्रा अवस्था में भी यह मन विचारों के रथ पर सवार होकर बराबर चलता ही रहता है ।

विचारों के सँयोग की परिस्थितियॉं मनुष्य का तद्कालिक आचरण तय करती हैं । मन के विचारों के प्रागट्य के लिए मौजूद परिस्थितियों की अहम भूमिका होती है । अतः मनुष्य को किसी दुर्घटना के लिए उत्तरदायी ठहराने के पूर्व उसके आस–पास की मौजूद परिस्थितियों का भी पर्याप्त विश्लेषण किया जाना पूर्ण वैज्ञानिक एवं विवेकसन्गत कदम होगा । मनोवैज्ञानिकों ने भी यह निष्कर्ष निकाला है कि बहुत से अपराधी भी अपराध करने के पश्चात् यह सहसा तथा सहज विश्वास नहीं कर पाते हैं कि ये घिनौना अपराध उसके हाँथों से कैसे हुआ....? अतः कोई घटित अपराध एक मानसिक असँतुलन की अवस्था है जिसका पूर्ण वैज्ञानिक तौर से उसका निदान होना चाहिए, ना कि दमन की गन्दी मानसिकता से इसकी प्रतिक्रिया में कुछ ऐसा करना चाहिए जिससे मानव जाति के लिये पुनः कोई कलंक उत्पन्न हो । अपराध नियन्त्रण की यह प्रक्रिया यद्यपि अत्यंत ही प्रामाणिक एवं ठोस हैं किन्तु इसमें तत्काल प्रभाव या परिणाम की आशा करना हमारी भूल होगी । श्रीराम जैसे धैर्यपूर्ण एवं मर्यादा पुरूषोत्तम प्रभु के इस संदेश में एक महत्वपूर्ण घोषणा की गई है :–

'' विनय न मानत जलधि जड़, गए तीनि दिन बीत ।

बोले राम सकोप तब, बिनु भय होय न प्रीति ।। ''

अतः समाज की जड़ मानसिकता में प्रेमपूर्ण संस्कार उत्पन्न करने में कानून, प्रशासन व अनुशासन का भी सख्त होना अनिवार्य है । हमें विदेशी न्याय की व्यवस्था वाले कोर्ट–कचहरी कानून एवं जेल कदापि नहीं चाहिए... अपितु हमें प्रज्ञाशील व्यक्तियों की पँचायत चाहिए । यहाँ मेरा पँचायत शब्द से तात्पर्य शासन द्वारा जगह–जगह खोले गए सरकारी दफ्तर और उनकी सेवा अथवा औपचारिकता से कदापि नहीं है । कृपया इसे ठीक से समझ लेवें । पृथ्वी, अग्नि, जल, वायु और आकाश जैसे पंच–महाभूतों को समानरूप से धारण करने वाले विवेकशील लोगों के भीतर से उनकी शाँत अवस्था में अपने–आप उठने वाली ''ईश्वरीय–आयतों अर्थात ईश्वरीय–आवाज'' का ही नाम पंचायत है और इस सच्चे न्याय की व्यवस्था से सस्ता, त्वरित एवं बेहतर निर्णय कहीं भी नहीं हो सकता है।

इस देश के लिए यह परम–दुर्भाग्य पूर्ण किन्तु अति कड़वा सत्य है कि आजकल के कोर्ट–कचहरी एवं जेल व्यवस्था ही मूलतः अपराध को और अधिक

फैलाने में परम सहायक साबित हो रहे हैं । वर्तमान में कानून के हाँथ छोटे एवं गरीब, कमजोर लोगों तक ही पहुँच रखते हैं । कानून के मामले में हमें निरपेक्ष होना पड़ेगा । इसके लिए चुनाव आयोग की भाँति एक पृथक, शक्तिशाली एवं स्वतन्त्र आयोग बनाना उचित होगा । सिपाही को उस नमक के दरोगा की तरह होना पड़ेगा ताकि कोई कितना बड़ा आदमी क्यों ना हो उसके कान पकड़ने में कानून के हाँथ छोटे ना पड़ें या इसमें उसे कोई दिक्कत या लिहाज ना हो ।

मित्रों प्रेम में कभी भी बल का प्रयोग हो ही नहीं सकता । अतः प्रेमपूर्ण अवस्था में अपराध असम्भव है । अपराध का ग्राफ दिन–ब–दिन बढ़ने के पीछे हमारे देश की मूल सँस्कृतभाषा का विस्मरण है जिसके अभाव में आज आँग्ल–भाषा इतनी अधिक प्रभावी हो गयी है कि कानून की व्याख्या केवल शब्दों तक ही सीमित हो गयी है । मेरा यह पूरी दृढ़ता के साथ मानना है कि आँग्ल–भाषा मात्र आपसी बाह्य–सम्पर्क की भाषा है जबकि संस्कृत, हिंदी अथवा उर्दू भाषा आपके दिमाग के साथ–साथ दिल के अंतरतम में प्रवेश करने की प्रबल क्षमताओं से युक्त है । ....अतः इस देश के शासकों का यह मूल–कर्तव्य है कि वो इस देश में सर्वप्रथम आँग्ल–भाषा बोलने हेतु सख्ती के साथ प्रतिबन्ध वाला कानून तत्काल लागू करें । यहाँ स्पष्ट करना उचित होगा कि किसी भाषा के ज्ञान हेतु प्रतिबन्ध कदापि उचित नहीं है जिस प्रकार चीन, जापान या रूस इत्यादि देशों के लोग अँग्रेजी नहीं बोलते ठीक वैसा ही इस देश में भी होना चाहिए । वर्तमान में हिंदी भाषा पूरे देश में बोली और समझे जाने योग्य हो चुकी है इसलिए उसे हर क्षेत्र में अनिवार्य करना आवश्यक होगा । चूँकि हिंदी भाषा सँस्कृत जैसी विश्व–ख्याति, परम वैज्ञानिक, अति प्राचीन ग्रँथों के रचना के समय भी व्याकरण युक्त अत्यँत समृद्धशाली देव–भाषा के अत्यधिक निकट है जिसके नाम का उच्चार ही हममें सद्व्यवहार एवं सुसंस्कृत होने की प्रेरणा देता है । अतः ये भाषा निश्चित तौर पर हमारे समाज में वसुधैव कुटुम्बकम का प्रेमपूर्ण संदेश सदा ही देंगी ....और जहाँ प्रेम होगा वहाँ सदा ही ईश्वरीय करूणा का प्रकाश मौजूद रहेगा...वहाँ भला अपराध का अँधकार कैसे हो सकता है । **हरि ऊँ तत "सत"** ।।

भ्रष्टाचार

मित्रों.... आजकल भ्रष्टाचार शब्द जन–जन के जुबान से निकलने वाला बड़ा ही साधारण सा शब्द हो चला है । इस देश में ''माननीय अन्ना हजारे के आन्दोलन'' के पश्चात यह शब्द और भी मुखर हो चला है । हकीकत यह है कि पूरी दुनियाँ के लोग वस्तुतः स्वयम के द्वारा किए जाने वाले भ्रष्टाचार की बजाय दूसरों के द्वारा किए जाने वाले भ्रष्टाचार से काफी त्रस्त हैं । सभी देश–विदेश की सरकारें भी इसे रोकने के लिए तरह–तरह की कई एजेन्सियॉ बना–बना कर हैरान और परेशान हैं । इसका जितना इलाज किया जाए ये रोग उतना ही बढ़ता चला जा रहा है । आखिर ये खत्म क्यों नहीं हो रहा है । इसके मूल कारणों को ठीक से जानने के अभाव में इस दिशा में किए जाने वाले हमारे हर प्रयत्न सदा ही निष्फल रहेंगे..चाहें जनलोकपाल से भी कठोर कानून क्यो न बना दिये जायें । मित्रों.... मेरा यह पूरी दृढ़ता के साथ मानना है कि जनलोकपाल वस्तुतः एक बेहद खतरनाक ,समाज विरोधी ,अव्यवहारिक , तथाकथित तालिबानी तथा किताबी सिद्धान्त की तरह है जो भविष्य में इसी समाज के निर्दोष व्यक्तियों लिये भस्मासुर बन जायेगा । इस कानून से तो भ्रष्टाचार और भी खतरनाक स्तर तक निश्चित तौर पर बढ़ जायेगा । अतः हमें इस बारे में पूर्णतः सजग होना ही होगा।

वस्तुतः ''भ्रष्टाचाररूपी रक्तबीज'' के समूल विनष्टीकरण हेतु ''सदाचार'' का पात्र आवश्यक है....। याद रखें कि जब माँ कालिका ने रक्तबीज के संहार हेतु क्रोध में अपना कदम बढ़ाया, उनके लोक–हित से जुड़ा यह कदम भी त्रुटिवश समस्त ज्ञान व विद्याओं के अधिष्ठाता–अधिपति भगवान शिव के हृदय–स्थल पर पड़ गए और हमारे गौरवशाली इतिहास में पहली बार भारतीय संस्कृति एवं परम्परा शर्मसार हुई । अतः ''भ्रष्टाचार'' के उन्मूलन हेतु हमें ''सदाचार'' का पथ, पाद एवं पाठ तीनों को ठीक से जानना अति आवश्यक होगा ताकि सदाचार के ''पथ से भ्रष्ट'' अथवा विमुख होने या करने वाले सभी कृत्यों को ठीक से पहचान कर हम पूरी तरह सतर्क हो सकें और मात्र यही कदम होगा सही कदम....।

सदाचार को जानने के यह परम आवश्यक होगा कि हम "सत्य" अथवा 'सद' को जाने ताकि उसके अनुसार ही "आचार–व्यवहार" किया जा सके । "सद अथवा सत्य" की खोज पूरी तरह एक गैर–राजनैतिक कृत्य है और हमारे गौरवशाली इतिहास में कई बड़े–बड़े राजा–महाराजाओं ने इसकी खोज में राज–पाट त्याग कर इसके लिए यत्न किया.... लेकिन सत्य की प्राप्ति के पश्चात कभी भी इस तथाकथित "भ्रष्टाचार" के उन्मूलन की बात किसी ने भी कभी नहीं की । क्या वे सबके सब अज्ञानी–ऋषि थे ? वस्तुतः जहाँ सदाचार होता है वहाँ भ्रष्टाचार का कोई अस्तित्व हो ही नहीं सकता । इस जीवन में "भ्रष्टाचार का उल्मूलन" नैतिकता के रूप में एक अव्यवहारिक सिद्धान्त की तरह है जिसकी बात मात्र पेट भरे होने की अवस्था में ही किया जाना उचित प्रतीत होता है । खाली पेट वालों के लिए तो हरि–आराधना भी निषिद्ध है.... क्योंकि उसके ह्रदय से प्रार्थना की ऋचाओं के स्थान पर उसके खाली पेट की चीत्कार ही ईश्वर के सम्मुख प्रगट होगी । ठीक इसी प्रकार "भ्रष्टाचार" के उन्मूलन के पूर्व हमें तनिक इन महत्वपूर्ण व्यवहारिक पहलुओं पर भी ध्यान देना समीचीन होगा । कृपया निम्न पंक्तियों से मेरे मनतव्य को समझने का प्रयास करेंगे :–

" सत ही ईश्वर ब्रह्म खुदा

यहि राम रतन धन वाला रे

सत की चर्या ही ब्रह्मचर्या,

असत भ्रष्ट मन वाला रे

ईश को मान यहि परम ईमान,

कण–कण में रहने वाला रे

खोल अकल का ताला रे,

जोड़ ले मोती माला रे ।। "

इसके अतिरिक्त जब तक हम सबमें मौजूद उस ईश्वर को न मानकर उस व्यक्ति के प्रति अपने व्यवहार में परिवर्तन न लायेंगे तब तक भ्रष्टाचार को

कभी भी किसी भी उपाय से समाप्त करना सम्भव ही नहीं होगा । वस्तुतः ईश्वर को हर सामने वाले व्यक्ति एवं वस्तु के भीतर मानकर उससे सदव्यवहार करना ही सच्ची एवं वास्तविक ईमानदारी है । अतः व्यवहारिक तौर पर "भ्रष्टाचार" के उन्मूलन के लिए हमें मिथ्या प्रयासों के बजाय ठोस क्रान्ति की आवश्यकता है ताकि हर दीन–दुखियों की सेवा हेतु ऐसा किया जा सके जिससे राम–राज्य के समाज की तरह हम सम्यक अर्थ–व्यवस्था कायम कर सकें । साथ ही सबके लिए घर, रोटी, वस्त्र, व्यवसाय एवं फलतः ईश आराधना या कहें कि सदाचारपूर्ण कार्य करने का सुअवसर प्रदान करा सकें । अतः इस क्रांतिकारी मुहिम में सभी तथाकथित धर्मों के भले विद्वानों को समान रूप से शामिल करते हुए हमें अपने महत्वपूर्ण उद्देश्यों को पूरित करना होगा ।

दीपावली पर्व पर सभी के जीवन काल में प्रभु श्रीराम के शुभागमन की शुभकामनाओं एवं अज्ञानतावश तथाकथित धर्म व जातियों के नाम पर आपस में बँटे हुए एक ही समाज के सभी वर्गों को अनन्त मंगलदायक आशीष **। हरि ऊँ तत सत ।।**

सतीत्व

मित्रों.... सती शब्द बहुत ही प्राचीन व सदियों से प्रयुक्त होता आया शब्द है। आपने भी सती अनुसूईया, सती सावित्री और अन्य कई सतियों की महान गौरवशाली गाथाओं के बारे में अवश्य ही काफी कुछ सुन रखा होगा । हमारे शास्त्रों में माँ पार्वती का पुराना एक नाम सती है। वर्तमान काल में इस सती शब्द को लेकर हमारे समाज में बड़े ही भ्रम की स्थिति व्याप्त है। कोई स्त्री अपने पति की मौत के बाद अथवा पुरूष समाज द्वारा उनकी रक्षा में असमर्थ होने के फलस्वरूप अग्नि चिता या कुँड में जीते जी प्रवेश कर जाती है उसे हम बड़े ही फख्र: से जौहर या सती इत्यादि गौरवपूर्ण नाम देकर अपनी नपुंसकता को ढँकने का मिथ्या उपक्रम करते है।

मित्रों.... जरा याद करें कभी अपने किचन में खाना बनाते समय किसी गर्म बर्तन के हिस्से का गलती से अचानक हमारे किसी अंग से तनिक सा स्पर्श होने पर फफोले पड़ने की कोई एक घटना । यह अग्नि अंश का सूक्ष्म–स्पर्श कई दिनों तक हमें निरन्तर कष्ट देता रहता है....। घाव से बारम्बार टीस उठती है। फिर कैसे अपने आप को उस तीव्र अग्नि के मध्य में समर्पितकर तथा इस हिंजड़े समाज की खुशी एवं उसके गौरव गान के लिये तिल–तिल कर जलती होगी एक बेबस नारी । उस दर्द को जरा आप भी अनुभव करें। मेरा पक्का मानना है कि इस घटना का यदि आप स्वयम पर आजमाने की मात्र कल्पना ही कर ले आपका रोम रोम बिना किसी भौतिक अग्नि के ही खुद–बखुद सुलग पड़ेगा । आप स्वयम के जलने की घटना की कल्पना करने मात्र से ही निश्चित तौर पर पागल हो जाओगे । इस अज्ञानता तथा धर्म के नाम पर हम सब अपनो पर ही सदियों से कितनी बड़ी बेवकूफी व अत्याचार करते रहे हैं।

विगत माह में उत्तरप्रदेश के अपने पैतृक गाँव पिपरा रामधर जोकि देवरिया जिले के अंतर्गत सलेमपुर तहसील में है, वहाँ एक बड़े धार्मिक–यज्ञ कार्यक्रम में अपने माँ तथा पिता के साथ मेरा जाना हुआ । वहाँ एक बहुत बड़े यज्ञ के लिये मण्डप इत्यादि की खुदाई का कार्य चल रहा था । जिस स्थल में खुदाई का कार्य चल रहा था वो संयोग से उस गॉव का "सती स्थल" का हिस्सा था । इस यज्ञ कार्यकम की निगरानी कार्य हेतु एक तथाकथित धर्माचार्य भी वहाँ स्वयम मौजूद थे । मेरे समक्ष ही उन्होंने खुदाई करने वालों को यह स्पष्ट निर्देश दिये कि वे खुदाई पूरी सावधानी से करें। कहीं कोई अस्थि वगैरह मिलने पर उसे ससम्मान वही पास में ही पुनः गाड़ने की समुचित व्यवस्था

सुनिश्चित की जाये । फिर मेरी ओर देखकर उन्होंने मुझसे कहा ये स्थल पवित्र सती पीठ है। इस गाँव की स्त्रियॉ इसी पवित्र स्थल पर सती हुआ करती थी.... आपके खानदान की भी कई सतियों की समाधियॉ यहाँ मौजूद हैं । मैने देखा कि वहाँ कई तथाकथित सतियों की छोटी छोटी समाधियाँ बनी हुई थी । उनकी बात सुनकर और उक्त सती पीठ स्थल को भौतिकतः देखकर मेरे पूरे बदन में न सिर्फ सिहरन हुई बल्कि मैंने भी शायद उसी अग्नि का एक सूक्ष्म किंतु तीव्र अंश अनुभव किया । स्वेच्छा से अथवा अनिच्छा से संपन्न होने वाले "सती" कार्यक्रम के तहत जीवित स्त्री को आग में सार्वजनिक रूप से झोंकने और ऐसे घृणित कृत्य करने के बावजूद भी उसे धर्मानुरूप महिमामंडित करने में लगे तथाकथित धर्माचार्यों की अमानवीय एवं पाशविक सोच पर मेरे भीतर एक धार्मिक विद्रोह के ज्वालामुखी की अग्नि प्रस्फुटित होने लगी ।

मेरे पिताजी द्वारा चूँकि पूर्व में कभी उन तथाकथित धर्माचार्य महोदय जी को मेरे काव्य–सॅग्रह "जाग रे बौरे" के सम्बन्ध में जानकारी दी गयी थी और वे बड़े प्रसन्न थे कि मैं भी किसी भाट की तरह इस प्रथा की चाटुकरिता करते हुए कोई बढ़ियाँ लोक–लुभावन गीत लिखूँगा । अतः इस आशय के साथ उनके द्वारा मुझे सती–पीठ की महि माँ के सम्बन्ध में कोई काव्यगीत लिखने को कहा गया । मैं भला इस अवस्था में और इस विषय में कैसे कुछ गीत लिख सकता हूँ जबकि मेरे स्वयम का दिल अन्दर ही अन्दर इस अग्नि की पीड़ा से क्रन्दन कर रहा था, भीतर ही भीतर मैं बुरी तरह जल रहा था । उनकी ऐसी बातों ने मेरे भीतर की अग्नि को और अधिक धधकाने का कार्य किया । फिर भी पूर्ण संयम बरतते हुए तथा अपने पिताजी की उपस्थिति का लिहाज रखते हुए मैंने उनसे सौजन्यतावश मात्र इतना ही कहा कि मुझे इस सम्बन्ध में लिखने बावत अन्तःप्रेरणा हो चुकी है और इस बारे में मैं अवश्य ही लिखूँगा ।

मित्रों.... मेरे आलेख श्रंखला का यह अत्यंत ही महत्वपूर्ण पड़ाव है जिसे मैं लिखने के पूर्व पश्चिम बॅगाल के उस महान व्यक्तित्व राजा राम मोहन राय को अपनी परम कृतज्ञता ज्ञापित करना चाहूँगा जिन्होंने सती–प्रथा का अन्त करा कर पूरी मानव जाति पर एक बहुत बड़े कलंक को धोने का भागीरथी कार्य सफलता पूर्वक किया । मेरा उन्हें सदा के लिए बारम्बार तथा शत–शत नमन ।

विषय में प्रवेश हेतु सर्वप्रथम हम जाने सती प्रथा मूलतः है क्या और सनातन धर्म जैसे परम वैज्ञानिक धार्मिक समाज में इसका प्रयोजन क्या है ? यह ऐसी घृणित कुप्रथा में कहाँ से और कैसे परिवर्तित हो गया ? मेरा यह मानना है कि आपको मात्र इन्हीं मूल प्रश्नों की जानकारी से ही सम्बंधित समस्त अन्य प्रश्नों के उत्तर भी अवश्य ही मिल जायेंगे ।

मित्रों.... इस पूरे ब्रह्माण्ड के मूल में मात्र दो तत्व है । वैसे है तो एक ही किन्तु दूसरा रूप भी उसी का ही प्रसार है । प्रथम मूल तत्व ईश्वर या परम चैतन्य है और दूसरा तत्व है प्रकृति या उसे जड़ कहें । ईश्वर को हमारे शास्त्रों ने, ऋषि–मनीषियों ने पुरूष तो प्रकृति को नारी, स्त्री, त्रिया, माया–शक्ति इत्यादि नाम से पुकारा है । ध्यान रखें ये नारी अथवा जड़ तत्व कोई हमारे समाज में हमारे माँ, बहन, पत्नि जैसी कोई प्रजाति की श्रेणी वाली कदापि नहीं है । वह नारी कोई अन्य नहीं बल्कि उसी ईश्वर की ही अर्ध–ऑग साक्षात माया–शक्ति है जो स्वयम के ही त्रिगुणों के कारण स्वयम का संचालन करती हैं । मूलतः इसी कारणवश हमारे समाज के पुरूष के प्रधानता को स्वीकार करते हुए इसको न सिर्फ मान्यता दी गयी है बल्कि नारी को दोयम दर्जा दिया गया है ।

वास्तव में ये परम विज्ञान का विषय है ना कि हमारे समाज के आज्ञनतावश वश चले आ रहे अंधविश्वास का । इसमें किसी तथाकथित समाज शास्त्री को महिला को दोयम दर्जा दिए जाने पर तनिक भी दुखी होने की कोई भी आवश्यकता नहीं है । मात्र यही मूल कारण है कि हमारे समाज के निर्माता ऋषियों ने पुरूष–प्रधान समाज की त्रुटिरहित व्यवस्था स्थापित की है । उस व्यवस्था को दुर्भाग्यवश हम अभी तक ठीक से समझ ही नहीं पाये हैं और नारी को दोयम दर्जा दिए जाने को लेकर हम अपने तथाकथित धर्म की आड़ में किसी महिला के शोषण करने का कोई भी मौका चूकने से कभी बाज नहीं आते । इसके बावजूद भी सभी स्त्रियॉ सदा पवित्र हों.... इस उद्‌देश्य को लेकर स्त्रियों को सदा पर्दे के ओट में रखा गया । इंग्लैंड जैसे कई पढ़े लिखे तथा उन्नत देशों में बकायदा सतीत्व परीक्षण जैसे घृणित कार्य अब भी किए जाते हैं । लेकिन ऐसा क्यों.... ? क्या है इसके पीछे का विकृत आधार ?

जैसा कि मैंने पूर्व में आपको बताया कि धर्म के क्षेत्र में नारी शब्द के अभिप्राय को हम मोटे तौर पर हमारे मानव शरीर के उन अंगों से लें जिससे हम कोई कार्य करते हैं । मित्रों.... सदा ध्यान रखें कि जब कभी हमारे शास्त्र किसी नारी के बारे में बुराई करते प्रतीत हो तो कृपया आप इसका अर्थ मात्र अपने भौतिक शरीर के ही नाड़ी–तंत्रिका से निकालें, वस्तुतः नारी शब्द "नाड़ी" शब्द का ही अपभ्रंश है जिसका मैं बारम्बार उल्लेख करता रहा हूँ । अतः हमारे अंगों के संचालन–कार्य में निपुणता तभी आएगी जब हम अपनी बुद्धि–विवेक को इससे जोड़े अन्यथा यह अंग कभी गलत और सही का कोई भेद न कर सकेगा और जड़ता पूर्ण कार्य ही करेगा जिससे आगे चलकर कष्ट ही कष्ट होगा । इन अंगों को चलाने वाली शरीर की विभिन्न सूक्ष्म व वृहत नाड़ी–तंत्रिकायें हैं ।

अतः इन्हीं इंद्रियों अथवा नाड़ी–तंत्र को सँस्कृत भाषा में हम "गो" शब्द से पुकारते हैं । वस्तुतः हमारे शास्त्रों में इनकी ही पवित्रता की बात कही गयी है न कि किसी स्त्री विशेष की । हमारे मन को इन्हीं नाड़ियों का राजा इन्द्र बताया गया है । जब हमारी इंद्रियों अर्थात् "गो" में प्रज्ञा रूपी प्रकाश का अभाव अथवा तम की स्थिति निर्मित होती है तभी ये इंद्रिया "गौतम" के नारी की अवस्था को प्राप्त होती है । और उस चैतन्यता स्वरूप वाले ऋषि के गृह में उनकी तनिक सी भी अनुपस्थिति में इन्हीं नाड़ीयों का हमारे मन द्वारा छले जाने की घटना घटित होने का संकेत मात्र किया गया है । वस्तुतः वो मात्र एक आध्यात्मिक कथा ही है जिसमें माँ अहिल्या को शापित होना पड़ा । मित्रों.... शत–प्रतिशत दावे के साथ मैं यह कह सकता हूँ कि हमारे गौरवशाली इतिहास में वस्तुतः ऐसी कभी कोई अशुभ घटना हुई ही नहीं और जहाँ कोई ऋषि स्वयम उपस्थित हो उसके आस–पास भी कोई ऐसी घटना कभी भी नहीं हो सकती । याद रखें हमारे ऋषि कोई कमजोर पुरूष बिलकुल भी नहीं है वे स्वयम ईश्वरत्व को प्राप्त अवस्था वाले हैं । अतः वे स्वयम अति सक्षम है उन्हें किसी के कृपा अथवा सहायता की कोई आवश्यकता कदापि नही है ।

वस्तुतः "नाड़ी" शब्द का अपभ्रँश ही बाद में "नारी" शब्द के रूप में प्रचलन में आया । हमने अपने घटिया मानसिक संकीर्ण–सोच के चलते किसी औरत को पथ भ्रष्ट होने का आसान सा आरोप सार्वजनिक रूप से जड़ दिया ताकि हम भविष्य में उससे ये कहकर मनमानी कर सके कि औरतों की

सुन्दरता पर प्रारम्भ से ही इन्द्र, देवताओं, दानवों और मनुष्यों की गिद्ध–दृष्टि तथा अधिकार रहा है । और जिसको जैसा मौका मिला वह शोषण कार्य करने से कभी नहीं चूका । इस तथाकथित हिन्दू समाज में यह सबसे बड़ी विडंबना है कि इतने अच्छे एवं वैज्ञानिक तरीके से हमारे ऋषियों द्वारा सामाजिक व्यवस्था दिए जाने के बावजूद भी हम आज अंधविश्वास के चलते पूरी तरह मूढ़ता पूर्ण कार्य कर के अपने आप को धार्मिक कहलवाये जाने का स्वांग मात्र करते हैं । अतः यदि हमे उस परम चैतन्य को प्राप्त करना है तो हमारी जड़ता पूर्ण इंद्रियों को ''अहिल्या'' अर्थात जो हिले–डुले ही नहीं, टस से मस न हो अर्थात जो पत्थर की तरह जड़वत हो उसे निश्चित ही प्रभु श्रीराम के पद का स्पर्श चाहिए होगा ।

मित्रों.... यहाँ पुनः सावधानी बरतने की आवश्यकता है....। यहाँ राम के पद का अर्थ प्रभु श्रीराम के शारीरिक पैर कदापि नहीं है और न ही वो मर्यादा पुरूषोत्तम सूर्यवंशी राजा राम माँ तुल्य किसी ब्राह्मणवंशी ऋषि–पत्नि को अपने पैर का गलती से भी स्पर्श कराकर उनके रघुकुल की मर्यादा, कीर्ति एवं वंश–परम्परा को धूमिल करने का कभी प्रयास करेंगे । पद का अर्थ पद्य अथवा प्रवाहमान–काव्य से लेना उचित होगा । उदाहरण के तौर पर मीराबाई के पद, सूरदास के पद, रहीमदास के पद इत्यादि–इत्यादि । अतः राम का भी पद इसी अर्थ में ले.... जिसका सीधा–सीधा मतलब है कि उस पुकार सतनाम ''ओंकार'' की नित्य–अथवा अनहद नॉद या ध्वनि जिसे हम प्रेम पूर्ण होकर भजते हैं । यहाँ मात्र उसी पद के स्पर्श की बात कही गयी है । मूल तत्व की अज्ञानता तथा इसके भीतर छिपे संदेश को हमारी बुद्धि की अग्राह्यता की वजह से वर्तमान में प्रचलित प्रभु श्रीराम के गौतम–ऋषि की पत्नि को अपने पैर स्पर्श कराये जाने की कथा भी पूरी तरह भ्रमक है । अतः इन सब कथाओं का मात्र इतना ही अभिप्राय है कि हमारी नाड़ियॉ चैतन्यता रूपी ईश्वर के बगैर अपवित्र हो जाती है । इसलिए पवित्र क्षीर अर्थात विशुद्ध दूध के सागर में विराजित उस प्रभु अथवा ईश्वर की प्राप्ति हेतु हमारी इन्द्रियों को भी पूरी तरह पाक–साफ होना पड़ेगा । यही मूल बात है जिसके कारण हम अपनी तथाकथित स्त्रियों को पवित्र बनाने के हजारों उपाय करते हैं किन्तु वस्तुतः हम ठगे ही जाते हैं ।

मित्रों.... हमने पूर्व में नारी की पवित्रता पर चर्चा की किन्तु यह बात आपको सती–प्रथा से कुछ हटकर लग रही होगी । तथापि ''सती'' को ठीक से

जानने के पूर्व हमे इस बात को जानने की महती आवश्यकता थी । जहाँ तक "सती" शब्द का इस्तेमाल लोग जीवित नारी के जलाने को लेकर करते हैं किन्तु यह बात बिल्कुल ही ढकोसला है । उदाहरण के तौर पर हमारे इतिहास में सती सावित्री का नाम बड़े ही आदर व श्रद्धा के साथ लिया जाता है जिसने अपने पति सत्यवान की मृत्यु होने पर चिता पर बैठकर खुद अग्नि–स्नान नहीं किया बल्कि जनश्रुति व पुरातन कथा के अनुसार यमराज भगवान से उसके प्राण वापस लेकर लौटी । इसी प्रकार एक और सती अनुसुईया की भी कहानी है कि उनके सतीत्व भंग करने आए स्वयम त्रिदेव ब्रह्मा, विष्णु, महेश को उन्होंने बालक बना दिया । इस प्रकार उनके द्वारा इन त्रिदेवों की माता बनकर उन्हें दुग्धपान कराया गया लेकिन यह कहीं भी नहीं लिखा कि उनके द्वारा सती कहलाने हेतु किसी अग्नि–चिता में कभी प्रवेश किया । फिर ये जलाने वाली मूढ़तापूर्ण प्रथा आखिर किस प्रकार अस्तित्व में आयी उसका भी पता लगाया जाना आवश्यक होगा ।

वस्तुतः "सती" शब्द उस परम सत्य अर्थात ईश्वर की सत्ता का अनुभव करने के प्रयास में हमारी शारीरिक इन्द्रियों के शुद्धीकरण से सीधे–सीधे सँबंधित हैं । यद्यपि हमारी शारीरिक इन्द्रियों में भी उसी सत्य रूपी ईश्वर या चैतन्यता का प्रसार है किन्तु इसके बावजूद भी हम उस सत्य के अनुभव से पूरी तरह वंचित है । सत्य के अनुभव का मात्र एक ही उपाय है.... ध्यान की अवस्था.... समाधि की अवस्था.... अन्य कोई दूसरा उपाय है ही नहीं । ये वो ध्यान है जिसे तुलसीदास जी के ही शब्दों में उस समय कहा गया जब बालि– प्रसंग में प्रभु राम स्वयम बालि के समक्ष साक्षात उपस्थित हुए :–

" सो नयन गोचर जासु गुन नित नेति कहि श्रुति गावहिं ।

जिति पवन मन गो निरस कर मुनि ध्यान कबहुँ कि पावहिं ।। "

अर्थात हमारे ऋषिगण जिसे ध्यान में पाने के लिए प्राणायाम इत्यादि क्रियाये करते हुए वायु–तत्व पर विजय, तथा मन सहित इन्द्रियों को दुनियावी रसों से पृथक करते है । तथापि इतना सब करने के पश्चात भी वह ईश्वर शायद कभी उन्हें दर्शित होता है । यहाँ "गो" अर्थात इन्द्रियोंको "निरस" करने की बात की गयी है । वास्तव में इस दुनियाँ में कहीं भी रस है ही नहीं ।

दुनियाँ में मात्र ईश्वर की माया–शक्ति का ही संचालन है । अतः हमे माया से लड़ना उचित न होगा इसके लिए हमें मायापति से सीधी प्रार्थना करनी होगी.... बजाय के अपनी इन्द्रियों को दमन कर उसे सुखा डालने के । क्योंकि तुलसीदास जी के ही शब्दों में :–

" गो गोचर जहँ लगि मन जाई । सो सब माया जानेहु भाई ।। "

अर्थात बेचारी सभी इन्द्रियों को ईश्वर के माया–शक्ति की सीमा के भीतर की क्षमता वाली बताया गया है । इन्द्रियाँ माया के पार कभी जा ही नहीं सकती । अतः इस अष्टधा–प्रकृति रूपी नारी के सातवें तत्व "बुद्धि" जिसे हमारे शास्त्रों में राजा दक्ष अथवा प्रजापति के नाम से दोष से युक्त माना जाकर संकेत किए गए हैं तथा उनकी अंशरूपी पुत्री उमा को भी सूक्ष्मतः इन समस्त दोषों से युक्त माना गया है । माँ सती द्वारा वन में माँ सीता की तलाश में लगे भगवान राम को साक्षात देखने तथा उनके ज्ञान रूपी पति शंकर जी द्वारा उनके इष्ट प्रभु की अभिपुष्टि करने के बावजूद भी वे अपनी प्राकृतिक दोष युक्त बुद्धि के सूक्ष्म तर्कों–वितर्कों के कारण उन्हें पहचान न सकी । अतः ईश कृपा से उनमें पात्रता तभी स्थापित हुई जब उनके द्वारा सत्य की खोज करते हुए अपने मूल पिता दक्ष के असली चेहरे को देखा गया और फिर उसी बुद्धि के द्वारा निर्मित योग–अग्नि के कुण्ड में उस सूक्ष्म बुद्धि तत्व को पूर्णतः जलाकर समाप्त कर दिया गया । वस्तुतः ईश्वर निर्विचार की अवस्था में ही अनुभव किया जा सकता है जोकि बुद्धि की उपस्थिति के कारण कभी सम्भव ही न हो सकेगी । इसलिए हमारे शास्त्रों में कहा गया है कि वो ईश्वर पूर्णतः बुद्धि के बाहर का तत्व है । तुलसीदास जी के ही शब्दों में एक अति सुन्दर चौपाई को देखें :–

" मन क्रम वचन छाड़ि चतुराई । भजिय राम सब काम बिहाई ।। "

अतः हमे मल से निर्मल होने की प्रकिया के तहत मन याने विचारों का बहुत बड़ा गट्ठर, कार्य, बाह्य–शब्द आडम्बर और कामनाओं का त्याग करना होगा मात्र तभी हम भगवान राम का ध्यान कर सकते हैं , उन्हें स्मृत कर सकते हैं । इस हेतु हमें अपने स्वयम के मन सहित समस्त , इंद्रियों को योग रूपी अग्नि में तपाना होगा, उसे ही जलाना होगा न कि किसी बेचारी असहाय तथाकथित नारी को ।

जैसा कि सत्य के वास्तविक सत्ता की खोज में लगी माँ उमा वस्तुतः योग अग्नि में प्रवेश करती हैं न कि इस जगत के भौतिक अग्नि में जिसमें निर्दोष एवं बेबस नारियों को जबरदस्ती धकेल दिया जाता है तथा उसके मरने पर उसकी लाश में बैठकर निपट धूर्त–मक्कार एवं कपटी पण्डे उसकी महिमा का झूठा बखान कर उसका पका– माँस बड़े बेशर्मी से खाते हैं । उस सती–पीठ में मेला लगाकर उस नारी के पुनः जलने और आगे भविष्य में उन्हें जलाने की तैयारियों के लिए पृष्ठभूमि बनाने का व्यापार करना प्रारंभ कर दिया जाता है । बेचारी आम जनता हमेशा की तरह ठगी की ठगी रह जाती है । धिक्कार है , लानत है ऐसे तथाकथित धर्म के ठेकेदारों पर, ऐसे अंधविश्वास को अज्ञानतावश प्रश्रय देने वाले तथाकथित धार्मिक लोगों की बेवकूफीयों को जिससे में जगत जननी माँ सीता को भी कई बार अग्नि–परीक्षा देनी पड़ी तथापि उनके द्वारा अपने पति व जगतपति श्रीराम से इस बारे में कभी कोई प्रश्न नहीं किया गया और अन्ततः लोगों के मुख से हमने भी सुना है कि बिचारे भगवान राम को भी उनका परित्याग करना पड़ा । हालाँकि ये कथा भी बहुत बड़े आध्यात्म की ओर हमें ले जाती है किन्तु फिर बाद में कभी इसकी हम चर्चा करेंगे । आज बस इतना ही **। हरि ऊँ तत सत ।**

नारी पर अत्याचार

मित्रों.... ''नारी पर अत्याचार'' यह एक सामान्य किन्तु अति–रोचक विषय है । हम लोगों ने वस्तुतः ''नारी की परिभाषा'' ही गलत कर रखी है जिसके कारण स्त्रियों पर सतत अत्याचार हो रहे हैं । यदि हम महाज्ञानी रावण द्वारा इस सम्बन्ध में जो कहा गया है मात्र उसे ही ठीक से समझें तो इन पर अत्याचार करना सम्भव न हो सकेगा.... क्योंकि इस वर्गीकरण में लगभग समस्त तथाकथित पुरूष समुदाय ही भारी मात्रा में आ जाऍंगे ।

'' नारी स्वभाव सत्य सब कहहिं । अवगुण आठ सदा उर रहहिं ।। ''

साहस, अनृत, चपलता माया । भय, अविवेक, अशौच, अदाया ।। ''

महाज्ञानी रावण द्वारा की गयी ''नारी की पूर्ण मनोवैज्ञानिक परिभाषा'' के अनुसार नारी पूरी तरह एक आत्मिक–स्वभाव है जिसमें हर स्थिति में कुल आठ अवगुण मौजूद रहते हैं । यद्यपि गुण कुल तीन प्रकार के ही होते हैं यथा कि सात्विक, राजसिक एवं तामसिक लेकिन ईश्वर को इन सभी गुणों से परे अर्थात दूर होने के कारण परम–पुरूष, मर्यादा–पुरूषोत्तम अथवा चैतन्य तथा इसके विपरीत जड़ता रूपी प्रकृति को त्रिगुण युक्त होने के कारण उसे ''त्रिया'' या कहें ''स्त्री'' अथवा नारी भिन्न–भिन्न नाम से पुकारते हैं । इस परम–पुरूष अर्थात ईश्वर के अविछिन्न भाग वाली त्रिगुण युक्त नारी अर्थात प्रकृति का रहस्मय रूप से संचालित होने के बारे में देवता लोग भी अनभिज्ञ होते हैं फिर एक सामान्य मनुष्य की भला क्या हस्ती या औकात है ? इस कारण से ही हमारे शास्त्रों में कहा गया है :–

'' त्रियाः चरित्रम पुरूषस्य भाग्यम, देवो ना जानाति कुतः मनुष्यः ।। ''

लेकिन हम अपनी अज्ञानता के चलते इस श्लोक का गलत अर्थ प्रतिपादित कर महिला–वर्ग पर झूठी फितरते कसने से कभी भी बाज नहीं आते । जिसे हम अहंकारवश गुण कहते हैं वस्तुतः वो सभी अवगुण ही हैं..... जो कि सतत हमें अच्छी–बुरी कामनाओं से अभिप्रेरित कर कोई ना कोई फलयुक्त कर्म हेतु अपने मायाजाल में आखिर फँसा लेती है । अन्ततः हमारे अहँकार में

अभिवृद्धि होती है । यही कारण है कि अच्छे कर्म करने के बावजूद भी हम ईश्वर से और दूर चले जाते हैं और जीवन में फिर अशाँति का वातावरण निर्मित होने लगता है । हम अज्ञानतावश ईश्वर को ही अपने अच्छे कर्म की दुहाई देकर उसे गिनाने लग जाते हैं..... जैसे वह ईश्वर ना होकर किसी लोवर–कोर्ट का जज वगैरह हो और आपके खिलाफ अज्ञानतावश उसने गलत फैसला दे दिया हो । गुणों से परे अर्थात दूर होने के कारण ही ईश्वर "अकर्ता" होता है जबकि प्रकृति में इसके विपरीत "कर्ता" भाव होता है । इसलिए हमारे पवित्र "गीता–शास्त्र" में कर्मयोग की आला–दर्जे की शिक्षा दी गयी है ताकि किसी अच्छे कर्म को भी तुम्हारा अहँकार पूरी तरह अस्वीकार कर सभी कुछ उस ईश्वर से युक्त कर ही हम कर्म में प्रवेश करे । अब हम आये मुख्य मुद्दे पर ....अष्टधा प्रकृति द्वारा धारित होने के कारण इन गुणों की कुल संख्या "आठ" कही गयी है ।

i. साहस भले ही वो दुस्साहस के रूप में हो
ii. अनृत अर्थात जिसका व्यवहार सदा एक सा ना हो
iii. चपलता अर्थात जो गिरगिट की तरह तेजी से रंग–परिवर्तन में माँहिर हो
iv. माया अर्थात जो कि सदा असत्य हो किन्तु सत्य सा आभासित होवे
v. भय ... वस्तुतः दुनियाँ में केवल अज्ञानता ही समस्त भय का मूल–कारण है.... और अज्ञानता यह है कि हर कण–कण में मौजूद उस ईश्वर अथवा अमृत–तत्व को ना जानना
vi. अशौच ...अर्थात जिसमें शुचिता ना हो.... शुचिता को हिन्दी में पवित्रता अथवा जिसे उर्दू भाषा में पाक तथा खालिस इत्यादि भी कहते हैं और जहाँउस ईश्वर के प्रागट्य का प्रेम–पूर्ण आधार होवे
vii. अविवेक अर्थात जो प्रज्ञावान ना हो
viii. अदाया अर्थात दया रहित होना

इन आठ अवगुणों का अति–आचरण ही वस्तुतः नारी–अत्याचार है । इसलिए हमारे शास्त्रों में भी कहा गया है.... " अति सर्वत्र वर्जयेत " ....और यही है नारी का नारी पर अत्याचार.... मेरे अनुसार नारी ही नारी की दुश्मन ।

मेरे प्रिय मित्रों अब आप स्वयम ही तय करें कि आप में से कौन सा व्यक्ति अपने आप को पुरूष कहलाने का हकदार मानता है ? ....भगवान राम केवल पुरूष नहीं हैं.... परम–पुरूष हैं जिन्हें हम मर्यादा पुरूषोत्तम कहते हैं । .... उन्हें यह संज्ञा क्यों दी गयी है उसके कारण में जाना काफी–विस्तृत है बाद में कभी इस पर चर्चा होगी । मेरा मानना है कि शत–प्रतिशत ये अवगुण पुरूषों में तो होते ही हैं लेकिन कुछ चीजें स्त्रियों में होती ही नहीं यथा कि "अदया अर्थात क्रूरता " ....। भगवान को इसलिए परम रहमान या परम दयावान कहा गया है । माँ, बहन, बेटी रूप में आपके प्रति तथा दया भाव से भरी किसी महिला–वर्ग पर अब क्या आपमें इतना कुछ जानने के पश्चात अत्याचार करने का साहस होगा.... ? अब आप स्वयम को तौलें.... फिर कुछ बोलें **। हरि ॐ तत सत ।।**

क्या बुर्का जरूरी है ?

मित्रों.... प्राचीन काल में हमारे देश के उत्तर भाग में "बिल्व-मँगल" नाम के एक बहुत बड़े रसिक जमींदार हुआ करते थे किन्तु शायद ही आपने इनका नाम कभी सुना हो । वैसे तो यह कोई मशहूर जमींदार भी नहीं थे । किन्तु बाद में ये वो व्यक्ति हुआ जिसने दुनियाँ की सबसे हसीन नारी को पाकर भी स्वयम को अतृप्त महसूस किया और अन्ततः अपनी कामनापूर्ति की नीयत से नित इधर-उधर झाँकने तथा भटकने वाली अपनी ही दोनों आँखों को स्वयम फोड़ दिया । अब जरा सुनें उनकी वाणी में ही उनका एक प्रसिद्ध भजन :—

" अब मैं नाच्यों, थाक्यों बहुत गोपाल ।

काम क्रोध का पहने चोला कन्ठ विषय की माल ।। "

और अंत में उन्होंने अपनी उस परम तृप्तिदायक प्रियतमा को श्रीकृष्ण के भीतर पा लिया.... तब जाकर कहीं उन्हें मन में पूर्ण शान्ति का अनुभव हुआ । ये महानुभाव कोई और नहीं स्वयम सूरदास जी महाराज थे । इन्हें तो सभी लोग अच्छी तरह जानते हैं । यहाँ तक कि चक्षुविहीन अर्थात आँखों से विहीन व्यक्तियों को हम आज भी सूरदास कह कर सम्मान-पूर्वक पुकारते हैं । मित्रों.... इस प्रकृति में हमारी आँखें हमारे मनः भाव को उत्तेजित करने का मुख्य कारण अथवा हेतु है । हमारे मन को ही छठवीं इन्द्रिय या देवो का राजा इन्द्र कहा जाता है । सँस्कृत-भाषा में मन सहित सभी इंद्रियों को "गो" शब्द से सम्बोधित किया जाता है । अतः मन सहित सभी इंद्रियों की रक्षा करने वाला चैतन्य-रूपी वो "गोपाल" के अलावा और कोई भला कैसे होगा ? वही तो वास्तविक चरवाहा है इन "गो" रूपी गायों का.... पशुओं का । अतः चैतन्यता अथवा जागृति के अतिरिक्त इस मन का कोई सही इलाज है ही नहीं ।

मित्रों.... यह निश्चित किन्तु पूर्णतः कटु-सत्य है कि हम अपने बहन-बेटी और माताओं के लिए बहुत ही अच्छे एवं संस्कारित विचार तो रखते हैं किन्तु मौका मिलते ही अन्य महिलाओं को अपनी मानसिक विकृतियों का शिकार बनाने में अथवा फब्तियां कसने में कदापि चूक नहीं करते । ....चाहे हो दुनियाँ के किसी बड़े देश की प्रधानमन्त्री, राष्ट्रपति, किसी सुप्रीम कोर्ट का न्यायाधीश, पुलिस विभाग का मुखिया, सॉसद, मन्त्री, पंडित, साधु, पोप, मौलवी अथवा पुजारी इत्यादि जैसा तथाकथित परम ज्ञानवान और आदर्श व्यक्ति ही क्यों न हो ।

146

वर्तमान में इस देश में वैश्विक–व्यवसाय की आपसी प्रतिस्पर्धा के चलते हर छोटी–बड़ी कम्पनियाँ किसी भी उत्पाद हेतु स्त्री के अंग–प्रदर्शन भरा फूहड़ विज्ञापन जारी कर आम पुरूषों को पथभ्रष्ट करने में कोई कसर नहीं छोड़ रहीं हैं । सरकार भी चुप बैठी है मात्र "रेवेन्यू" की आय का ओट अथवा बहाना लेकर ।

क्या यही है हमारी संस्कृति ? तुच्छ पैसों के लिए हम अपनी गौरवशाली संस्कृति को ही बेच देंगे? लानत है हमें आर्थिक–व्यवस्था की इस प्रकार दुहाई देने वाले तथाकथित अर्थशास्त्रियों पर जिनके घर में भी तीन–तीन बेटियाँ हैं । पश्चिमी सभ्यता के नाम पर जो अर्द्ध–नग्नता की होड़ में जो नग्नता की तस्वीरें परोसी जाती हैं उसे इन्हीं आँखों से देखने वाले मनुष्य में निःसंदेह पाश्विक दमित भाव का प्रवाह फूट पड़ता है और फिर शर्मसार होती है पूरी मानवता ।

मुझे इस घटना का पूर्ण सन्दर्भ कुछ ठीक से याद नहीं आ रहा है । कुछ समय पूर्व आईपीएल क्रिकेट मैच में फूहड़ता पूर्ण नृत्य करने वाली बालाओं के साथ भी किसी बाहरी देश के क्रिकेटर ने हमारे इसी देश में बदसलूकी की थी । आदमी बड़ा था, देश की अस्मिता का मामला था इसलिए इस घटना को बड़े स्तर पर रफा–दफा कर दिया गया ।

आज छोटे–बड़े शहरों में नित घटित हो रहे गैंग–रेप जैसी घटनाएँ आम हो चली हैं । इसे रोक पाने में कोई भी सरकार कुछ भी नहीं कर पा रही है । कई जगह तो इसके उलट कई ऐसे गिरोह हैं जो लोगों को फँसाकर उनको ब्लैकमेल भी कर रहे हैं । इस प्रकार के कृत्य इस देश में खुली व तथाकथित उदार अर्थव्यवस्था का सीधा–सीधा दुष्परिणाम है जिसमें दुर्भाग्यवश व परोक्षतः हमारी ही सरकार का संरक्षण है । अतः वर्तमान की परिस्थितियों को देखते हुए अपनी रक्षा का जिम्मा हमें स्वयम करना होगा । विदेशीं कम्पनियों का प्रचार रोकने में असक्षम सरकार पर अब हम सुरक्षा का ज्यादा भरोसा ना करें तो ही बेहतर विकल्प होगा ।

वस्तुतः ऐसी घटनाएँ विशुद्धतः एक मानसिक रोग का परिणाम हैं । वैश्विक–संस्कृति वाले इस युग में आध्यात्म का पाठ सबको एक साथ पढाया और समझाया जाना व्यवहारिक रूप से भी सम्भव न हो सकेगा.... क्योंकि

स्वयम स्त्रियॉ ही अपने आप को आज इस तरह प्रस्तुत कर रहीं हैं जैसे वो मात्र एक बाजारू सामग्री हों । अतः इसके स्थायी इलाज हेतु हमारी माता बहनों को ही **आगे** आना होगा.... घर–घर में गुरू बनकर अपनी प्राचीन संस्कृति का पाठ बच्चों को न सिर्फ पढ़ाना पड़ेगा बल्कि उन्हें ऐसा करके दिखाना भी पड़ेगा ।

मित्रों.... दुनियाँ में मन के रहते मानसिक रोग से निवृत्ति कभी नहीं पाई जा सकती । इसके निदान हेतु या तो हर व्यक्ति की आँखों में लज्जा का भाव होना चाहिए जोकि तात्कालिक व व्यवहारिक रूप से वर्तमान में कदापि सम्भव न होगा । अतः वर्तमान की जारी परिस्थितियों में मात्र एक ही चीज व्यवहारिक रूप में सम्भव है.... पर्याप्त–पर्दा.... इन निर्लज्ज आँखों के समक्ष एक बर्क.... यही पूर्व में संस्कार कहलाती थी । इसे घूँघट कहें या बुरका या हया या लज्जा.... या कुछ और जिससे जाने अनजाने में आम मनुष्यों को हर नारी में अपनी माँ–बेटी सा प्रेमपूर्ण सम–भाव झलके । और इसी प्रेमपूर्ण नजरों से ही होगा मानवता को शर्मसार करने वाली घटनाओं का सही इलाज । ये कोई रूढ़िवादी कदम नहीं बल्कि पूर्ण मनोवैज्ञानिक एवं इस गम्भीर समस्या का अस्थाई किन्तु ठोस निदान है । और हाँ.... मेरे बुर्का कहने का आशय कोई काली–पीली डिजाइन की तथाकथित कोई विशेष ड्रेस नहीं वरन शारीरिक नग्नता से बचाव के उपाय से डिजाइन की जाने वाली भिन्न–भिन्न प्रकार की सभी ड्रेसों से है **। हरि ऊँ तत सत ।।**

गणतंत्र ,जनतंत्र

और

लोकतंत्र

मित्रों.... गणतंत्र दिवस की बहुत–बहुत शुभकामनायें.... गणतंत्र, जनतंत्र और लोकतंत्र इत्यादि क्या है इस बारे हमने बहुत कुछ पढ़ा, समझा एवं बहुतों को समझाया भी होगा लेकिन ये प्रश्न फिर भी अनुत्तरित है । सर्वप्रथम हम "गण" शब्द के बारे में चर्चा करें । हमारे मन सहित शरीर की समस्त इन्द्रियों का ही यह पर्याय अर्थात दूसरा नाम है जिन्हें हमारे शास्त्रों में "देव" शब्द से पुकारा गया है । इन्हीं "गण" के नायक "गणेश" है जिन्हें बुद्धि–विनायक के नाम से भी जाना जाता है । बुद्धि–विनायक लीडर या नायक होने के नाते ये प्रथम–पूज्य हैं ताकि उनके अर्थात बुद्धि के सही संचालन से हमारे मन सहित शरीर की समस्त इन्द्रियाँ पूर्ण सजगता से तथा विवेकपूर्ण होकर सही–सही कार्य करें अन्यथा प्रत्येक कार्य में विघ्न सुनिश्चित है । किसी शुभ–कार्य में कोई विघ्न न हो इसलिये श्री गणेश को "विघ्न–विनायक" मानकर इनकी सर्वप्रथम पूजा–आराधना का सनातन नियम चला आ रहा है । इस प्रकार हम–जीव वास्तव में "गण" न होकर प्रकृति में उपस्थित "जन" अर्थात ज्ञान का अपभ्रँश जान या आत्मा का सूचक है और इस प्रकार प्रकृति में कामनाऍ ही वस्तुतः हमारी जननी है ।

दूसरा शब्द "तंत्र" का अर्थ है कि "तन" अर्थात तन्तुओं या जैविक–कोशिकाओं के ताने–बाने से बना यह भौतिक शरीर से "त्राण" (संस्कृत–भाषा का शब्द) अर्थात मुक्ति ...। अतः सँक्षिप्तमें तन्त्र वह विद्या है जो हमें "तन" से मुक्ति दिलाकर "चैतन्यता" की परिधि में संक्रमण (क्रान्ति) के उपायों की विधि उद्घाटित करती है । इस प्रकार गणतंत्र शब्द का अर्थ इस भौतिक–जगत से अन्वेषित करना हमारी त्रुटि के अतिरिक्त अन्य कुछ भी कुछ भी कहना उचित न होगा । इसी त्रुटि का परिणाम है कि हम अपने भीतर गणतंत्र से पूरी तरह भिन्न हैं और मात्र औपचारिकतावश ही इस दिवस को मनाते आ रहे हैं । जन–तंत्र भी एक त्रुटिपूर्ण शब्द है क्योंकि "चैतन्यता" सही मायनों में सभी प्रकार के बन्धन से मुक्त परम–स्वतन्त्रता की अवस्था है, जिसका मानव–शरीर पाने के कारण हमारा जन्म–सिद्ध अधिकार है । जबकि "लोक" शब्द मूलतः संस्कृत–भाषा का शब्द है जो कि आंग्ल–भाषा के – " लुक" का ही मूलतः पर्याय है तथा जिसका तात्पर्य लोकिक "दृष्यमान" भौतिक जगत से है । अतः इन वृहद–मायनों के मद्देनजर लोकतंत्र शब्द कुछ ठीक–ठाक प्रतीत होता है । राष्ट्र–कवि रवीन्द्र नाथ टैगोर जी के द्वारा रचित हमारे राष्ट्रगान के

प्रारंभ में ''जन–गण–मन'' लेख करना इन तीनों शब्दों की भिन्नता को स्पष्ट प्रगट करता है । अतः आवश्यकता इस बात की है कि हम सबके प्रति करूणामय, प्रेममय, तथा मैत्रीपूर्ण बने जोकि हमारे सजगता, चैतन्यता एवं विवेकशील बननें का परिणाम होगा । **हरि ऊँ तत सत** ।।

जगद्पति श्री राम

एक बुरे पति ....

क्या कदापि सँभव है ?

मित्रों.... जगद्पति अर्थात इस सम्पूर्ण जगत के पति.... पति शब्द सँस्कृत भाषा के ''पत्य'' धातु से बना है जिसका अर्थ है ''रक्षा करनेवाला'' । पूर्व में इस देश के माननीय राष्ट्रपति महोदया श्रीमती प्रतिभा पाटिल को लेकर भी इस शब्द के नाम परिवर्तन की विस्तृत व्याख्या हुई । हालाँकि उक्त प्रकरण में राष्ट्रपति के पद की गरिमा के मद्देनजर इसमें कोई फेरबदल नहीं किया किन्तु इस हेतु पुरूष–प्रधान समाज द्वारा अपने पौरूष अहँकार की पुकार पर यद्यपि मूढ़तापूर्ण किन्तु अनावश्यक प्रयास तो अवश्य किए गए थे ।

इसी प्रकार दूसरे शब्द ''जगत (ज+गत) का अर्थ है जो चैतन्यता अर्थात परमात्मा जिसे ही अजड़, अजर अथवा अति संक्षिप्त में कहा जाय तो इसे ही ''अज'' अथवा साक्षात ईश्वर कहा गया है, के विपरीत ''जड़ या प्रकृति'' की ओर गति करे । अर्थात् पँच महातत्व यथा पृथ्वी, अग्नि, जल, वायु, आकाश और अन्य सूक्ष्म तत्व यथा मन, बुद्धि व अहँकार के आठ सँरचना वाली जड़ प्रकृति में संलग्न रहकर प्रभु राम जो इस जगत के नाथ, स्वामी या कहें कि जगन्नाथ से ही विमुख रहे । श्रीराम सीताजी के वनवास की घटना को लेकर आम–लोगों में बहुत ही भ्रम ही स्थिति है । पुनः राम के वनवास खत्म होने के बाद भी सीता का वनवास....? यह एक कटु किन्तु हमारी बुद्धि के दिवालियेपन का परिचालक है । वस्तुतः राम और सीता कभी भी अलग ना हो सकने वाले दो भिन्न तत्व ना होकर केवल और केवल एक ही परम–सत्ता हैं । शायद पूरे ब्रह्माण्ड में ऐसी जोड़ी नहीं मिलेगी जो परस्पर–प्रेम से एकाकार हो ।

प्रायः लोग सीता को माया व आदि शक्ति के रूप में जानते हैं । माया का अर्थ है जो ''मिथ्या में चले'' इसके बाद भी प्रभु श्रीराम ने सदा उस माया का साथ कभी नहीं छोड़ा और ''मायापति'' भी कहलाये । अतः राम की प्रतिज्ञा एकनिष्ठ पत्नि अथवा संगिनी की सदा से रही है और उन्होंने उसे बखूबी निभाया भी है अन्यथा अपने पिता दशरथ के भाँति वे चाहते तो अनेकानेक सुन्दर–सुन्दर रानियों की कई लाइनें लगा सकते थे । इस प्रकार राम से बढ़ियाँ पति तो कभी और कहीं हो ही नहीं सकता इसलिए इनके प्रेम में खोट देखने वाली दृष्टि का दोषपूर्ण होना निश्चित है ।

मित्रों.... इस चर्चा को हमारे समाज में अति प्रतिष्ठित आदरणीय श्री रामजेठलानी जी ने छेड़ा है । आश्चर्य का विषय है कि श्री जेठमलानी जी ने

स्वयम अपने नाम के आगे ऐसे बुरे पति को ही स्थापित किया हुआ है । यदि ऐसा ही था तो उन्होंने अपने माँ–बाप द्वारा रखा गया नाम क्यों नहीं बदल लिया....? मेरी जानकारी के अनुसार इस विषय में अभी तक कोई कानूनी रोक वगैरह भी नहीं है । अभी भी समय शेष है.... उनके राम नाम सत्य होने के पूर्व ही उन्हें अपने नाम को इस तथाकथित दोष से मुक्त कर ही लेना चाहिए । वैसे उनके नाम के अन्त में लगा हुआ "मलानी" शब्द भी मल से युक्त है साथ ही मल के पूर्व में "जेठ" शब्द भी इस मल की वृहतता अथवा बड़े होने का ही घोतक है । अतः इस बारे में श्री जेठमलानी जी आपका क्या मत है ? शायद आपको मेरी बातें पूर्णतः व्यंगात्मक लग रही हो किन्तु मेरा ऐसा कोई उद्देश्य कदापि नहीं है । मैं तो बस इतना ही कहना चाहता हूँ कि उस राम के बारे में सुप्रीम कोर्ट के सीनियर वकील या मुख्य–न्यायाधीश होने के बावजूद भी आप जैसे योग्य मनुष्य की बताशानुमा खोपड़ी में तर्क और बुद्धि भी एक सीमा के आगे बिल्कुल भी काम नहीं कर पा रही है । जरा तुलसीदास जी के श्रीरामचरितमानस की इस चौपाई को ध्यान से देखें जिसमें यह स्पष्ट लेख है :–

" निर्मल मन जन सो मोहि पावा । मोहे छल छिद्र कपट नहीं भावा ।। "

पुनः कबीर दास जी की वाणी को देखें :–

" मोरा मन निर्मल भया जैसे गंगा नीर ।

मेरा हरि मुझको भजे कहे कबीर–कबीर ।। "

प्रिय जेठमलानी जी मूलतः एक वकील है और वे बिचारे अपने मन मस्तिष्क तथा बुद्धि के तर्कों–वितर्कों की आदत से मजबूर है.... आखिर यही तो वो मल है जिससे स्वयम आप सबको निर्मल होने का संदेश दे रहे हैं । उनके इस सम्बन्ध में दिए गए तर्कों को हमें तनिक भी अन्यथा लेने की कतई भी आवश्यकता नहीं है । तार्किकता के आधार पर उनकी बात में दम तो है.... और अन्दर ही अन्दर आम हिन्दू भी यही सोचता है किन्तु धार्मिक मजबूरी के चलते वो किसी से बोलता नहीं है । और यही स्थिति प्रायः सभी धर्मों में है । राम के 14 वर्ष वनवास की अवधि में एक घटना जहाँ राम द्वारा सीता को इस तरह परम गोपनीय रूप से कहा गया जो बात उनके सेवा में सतत लगे सगे भाई

155

लक्ष्मण को भी पता ना चल सकी । तुलसीदास जी के श्रीरामचरितमानस के अरण्यकाँड की चौपाई क. 23/5 में यह स्पष्ट लेख है :–

" लछिमनहू यह मरम न जाना । जो कछु चरित रचा भगवाना ।।

तुम पावक मंह करहु निवासा । जौ लगी करौ निसाचर नासा ।। "

यह पूर्णतः स्पष्ट करता है कि प्रभु राम को अपनी सीता के सुरक्षा की कितनी चिंता है और इस बावत उनके द्वारा सीताजी की पूरी सृदृढ़ सुरक्षा व्यवस्था की गयी । फलतः रावण द्वारा हरण की गयी" सीता पूर्णतः नकली थी । महाबुद्धिमान रावण भी आदरणीय श्री रामजेठलानी जी की तरह अपने अकल की परम चालाकी के बावजूद भी प्रभु की लीला का शिकार हुआ और नकली सीता को मूढतापूर्ण हरण कर के लंका में ले गया । अंतमें इसी "अकल के अभिमान" की बेवकूफी में वह परिवार समेत बिचारा ऐसा मारा गया कि :–

" रहा न कुल कोउ रोवन हारा । "

मित्रों.... सदा याद रखें.... सीता का बारम्बार वनवास यह इंगित करता है की परमात्मा रूपी राम की प्रिय आत्मा वस्तुतः जीव या कहें कि सीता रूपी परम आदि–शक्ति हैं । इस "जीव" का भटकाव रूपी "वन" में सतत भटकना ही वस्तुतः "जीवन" रूपी वनवास है । वो राम की अर्धागिंनी प्रिया होने के बावजूद भी वह अपने शक्तियों से प्रायः प्रायः विस्मृत हो चली है और इसी कारण प्रिय जेठमलानी जी जैसे कुछ बुद्धिवादी लोग या कहे कि बुद्धिरूपी दूषित जल में इस शरीर रूपी वस्त्रों के मल को साफ करने वाले मलानी जैसे धोबी संवर्ग के लोग उन पर अप्रिय आरोप लगाने से कभी चूकते नहीं । वस्तुतः इसी बुद्धि के कारण आत्मा का परमात्मा से विमुख होना ही मोहरूपी वनवास है जिस हेतु स्वयम सीता ही दोषी है । अन्यथा उसका पति राम तो इसके बावजूद भी हर कण–कण में रमा हुआ "रमापति" है । भला वो ऐसे में अपनी प्रिय आदि–शक्ति सीता को कभी क्यों छोड़ेगा ? कबीरदास जी ने भी लिखा है :–

" मोको कहाँ तू ढूढे रे बन्दे.... मैं तो तेरे पास में....

ना मैं मँदिर ना मैं मस्जिद ना काबे कैलाश में ।। "

हरि ऊँ तत सत ।। प्रिय जेठमलानी जी राम–राम ।।

दुनियाँ का आकर्षण

भारत देश की साँस्कृतिक धरोहर

" राम रतन धन "

मित्रों..... क्या आप जानते हैं कि इस देश पर प्राचीन काल से ही बाह्य आक्रमणकारियों ने आखिर ऐसा क्या पाया जिसके चलते वे सदा अत्यंत सुदूर क्षेत्रों से आकर भारत पर हमला करते रहे हैं ? यह सत्य है कि भारत का स्वर्णिम–इतिहास सदा से बाह्य आक्रमणकारियों को इस देश पर आक्रमण करने के लिए लालायित करता रहा है । इतिहास के पन्नों को जरा पलटकर देखें तो हम पायेंगे कि कुछ इतिहासकार इस समृद्धिशाली देश को ''सोनें की चिड़िया'' कहकर इसका गुणगान करते हैं तो कुछ इतिहासकार भारत के कमजोर राज–नेतृत्व को इस हेतु दोषी ठहराते हैं । यद्यपि हमने माना कि धन का लालच मात्र एक सीमा तक मायने भी रखता है लेकिन बाह्य आक्रमणकारियों की संख्या का बहुतायत होना यह अनुत्तरित यक्ष–प्रश्न उत्पन्न करता है कि पूरी दुनियाँ में इस देश की आखिर ऐसी प्रसिद्धि क्यों ?

बाह्य–आक्रमणकारियों के लिए मात्र धन ही कोई कारण रहा हो यह उचित भी नहीं । क्योंकि तद्कालीन की कई खूँखार कौम यथा कि शक, यवन, हूँण इत्यादि जातियॉ इसी देश के स्थायी वाशिंदे होकर यहाँ ऐसे बसे जिन्हें कि वर्तमान में हमारे समाज के मध्य में ढूँढ पाना भी नामुमकिन है । यहाँ विश्व इतिहास की एक सबसे महत्वपूर्ण घटना का उल्लेख किया जाना उचित होगा । विश्व–विजेता सिकन्दर के गुरू अरस्तू ने अपने प्रिय शिष्य सिकन्दर से उसके विश्व–विजय की यात्रा के पूर्व आर्शीवाद देते समय यह माँग की गई कि जब वो भारत विजय कर लौटे तो वहाँ से एक ब्रह्मवेत्ता–सद्गुरू को उनके लिये उपहार के तौर पर अवश्य ही लेकर आए । यद्यपि ये जनश्रुति है कि सिकन्दर ने उस ब्रह्मवेत्ता–सद्गुरू की तलाश में अपने प्रधान सेनापति को लिवा लाने भेजा, फिर खुद भी उसके पास गया लेकिन वो सब सफल न हो सके.... अन्ततः कुछ बीमारियों के चलते सिकन्दर का निधन भी हो गया । इस कथा से मेरा अभिप्राय मात्र इतना ही है कि प्राचीन काल से ही पूरी दुनियाँ में भारत देश के एक आध्यात्मिक देश होने की स्पष्ट साख, प्रतिष्ठा अथवा विशिष्ट पहचान रही है । इसी प्रकार यदि हम और भी उदाहरण देखें तो पायेंगे कि सउदी–अरब के देशों में भी भारत वर्ष से ऐसे ही ब्रह्मवेत्ता–सद्गुरू जिसे ''गीता'' का ज्ञान हो उनकी काफी प्रतिष्ठा एवं माँग रही है । आप को जान कर यह अत्यंतआश्चर्य होगा कि आज के तथाकथित मुसलमान कौम के उच्च–कोटि के विद्वान भी भगवदगीता और वेदों के प्रति अत्यंत ही आदर रखते हैं ।

याद रखें कि जब इस दुनियाँ में मुसलमान कौम नहीं थी तो बहुमूर्ति प्रथा के कारण इस देश की पूजा पाठ, कर्मकाँड अंधविश्वास जैसी अनेक परम्पराएँ पूरे विश्व में धार्मिक रूप से व्याप्त थी । और मेरा यह भी स्पष्ट मानना है कि मुसलमान कौम के जनक मोहम्मद साहब ने भी इसी देश से योग की शिक्षा प्राप्त की है.... यहाँ याद रखें कि योग कोई किताबी पढ़ाई इत्यादि का नाम कदापि नहीं है और न ही वर्तमान हमारे देश की वो संकीर्ण सीमाएँ.... उस महान भारत देश की सीमाएँ हुआ करती थीं । इस आध्यात्मिकता के महान पृष्ठभूमि में मैं मक्का में स्थित ''हिरा'' पर्वत–गुफा में मोहम्मद साहब द्वारा किए गए ईश–आराधन की चर्चा करूँगा । आखिर पर्वत ही क्यों.... फिर गुफा.... फिर पर्वत का नाम भी ''हिरा'' । वस्तुतः हिरा शब्द सँस्कृत भाषा के ''हरण'' शब्द का ही अपभ्रँश रूप है । इसी से हीरा अर्थात ऐसा पारदर्शक व नूर युक्त, चमकदार तत्व जो काले कोयलों के मध्य की अंतः गहराईयों में कहीं गुमा अथवा अनउदघाटित या अप्रगट रूप से छिपा हुआ है । हमारे यहाँ कि देशी गाँव–देहात की सरल भाषा में कोई महत्वपूर्ण चीज जो ''हिरा'' गई तो हो उसे हिन्दी या उर्दू भाषा में गुम जाना भी कहते हैं । अतः इस तरह यह हिरा पर्वत ''हरि'' अर्थात ईश्वर को खोजने या अनुसन्धान करने की पवित्र जगह का ही प्राचीन नाम है जहाँ मोहम्मद साहब को उस पवित्र ईश्वरीय नूर की एक विशिष्ट झलक मिली ।

जैसा कि मैंने कहीं सुना है कि बाइबिल में भी ईशु मसीह के 12 वर्ष से लेकर 30 वर्षों का इस प्रकार कुल 18 वर्षों का विवरण कहीं नहीं मिलता । तत्सम्बन्ध में मेरी मान्यता यह है कि भारत देश में यह उम्र ब्रह्मचर्य आश्रम के शिक्षा हेतु निर्धारित होती थी । इस उम्र में गुरूकुल जाकर कोई भी बालक व शिष्य बिना किसी भेदभाव के अपने गुरू से उसकी रूचि एवं योग्यता के अनुसार आवश्यक ज्ञान प्राप्त करता था । अतः इस देश में ईशा मसीह भी आए और यहाँ से उन्होंने भी ब्रह्मज्ञान का भंडार भी प्राप्त किया । वे परम ज्ञान अथवा कहें कि ब्रह्म–विद्या के ''योग'' चिन्ह (+) को लेकर ही वापस गए और वहाँ उनके द्वारा उसी का ही प्रचार किया । चूँकि उस समय वहाँ के लोग उसे अज्ञानतावश ठीक से समझ ना सके.... वैसे तो वे आज तक भी इसे समझ नहीं पाये हैं और उसे ''क्रॉस–चिन्ह'' मानकर उसी की पूजा चालू कर दिया जो आज भी तथाकथित ईसाई–बान्धवों द्वारा जारी है ।

मित्रों.... ईश्वर से युक्त करने अथवा मिलाप कराने वाली विद्या का नाम ही " योग " है । तथाकथित योग कोई हॉथ–पैर मोड़कर या श्वॉंस–प्रश्वॉंस इत्यादि रोककर कलाकारी प्रदर्शित करने वाली कोई कला अथवा विद्या का नाम कदापि नहीं है । यहाँ चीनी यात्री फाह्यान भी आया.... हेनसांग भी आया .... और भी कई विदेशी लोग आए । अतः केवल यह न माने कि इस देश में मात्र आक्रमणकारी ही बाहर से आए । वर्तमान के युग में भी पाकिस्तानी, बंगलादेश, चीन, अमेरिका, इटली, ब्रिटेन इत्यादि छोटे–बड़े देशों की नजरें हम पर आक्रामक होने का मूल कारण पूरी दुनियाँ में "भारत–देश" की स्वर्णिम सांस्कृतिक धरोहर "मात्र" का होना है ।

यहाँ शाँति एवं प्रेमरूपी ज्ञान के पुष्पों से सारा उपवन सदा से भरपूर महँकता रहा है और पूरी दुनियाँ की वास्तविक प्यास ही उस प्रेम के सागर रूपी ईश्वर के सानिध्य को प्राप्त करने की है, जो भारत–देश के साँस्कृतिक रगों में रची–बसी है । यहाँ आकर लोगों ने "धन" का वास्तविक अर्थ समझा और जाना है । यद्यपि "धन" शब्द का गणितीय संकेत जोड़ से है जिसे सँस्कृत भाषा में "योग" भी कहा जाता है लेकिन इस हेतु सँस्कृत भाषा में एक अन्य शब्द भी है जिसे हम "अर्थ" भी कहते है । इसको उर्दू भाषा में "मतलब" एवं अंग्रेजी में " मीनिंग " भी कहते हैं । वास्तव में हमें धन का सच्चा अभिप्राय समझना होगा जिसे प्रेम रूपी प्रयास के निवेश मात्र से फलित होने की पात्रता बनती है । ....और इसकी पृष्ठभूमि में है युक्त होना.... सबके हृदय सागर से.... और यही है "योग" की सही, सहज, सरल एवं उत्तम विधि.... जिससे आपको प्राप्त होगा "आ+राम" जो है दिन–प्रतिदिन सवा गुना बढ़ने वाला इकलौता ऐसा विशिष्ट धन.... "राम रतन धन" जिस अमोलक को मीरा ने अपने सद्गुरू की कृपा से प्राप्त किया । वस्तुतः हम सब "चातक" रूपी पक्षियों के जनम–जनम की पिपासा के शमन हेतु वही ईश्वर अमृत की बूँद बनकर बरसता है "स्व" "वती" अर्थात आत्मवत होने की अवस्था में.... स्वाति नक्षत्र के पुण्य अवसर पर । भले ही हम उसे अलग–अलग नाम से भला क्यों न पुकारें लेकिन वो वस्तुतः है वही एक.... "अल" याने अति सुन्दर और "आह" याने सच्चे दिल से ईश के पुकार की दिव्य वाणी.... अल्लाह.... परम पिता परमेश्वर.... मालिक.... स्वामी और वही है मेरे प्रिय राम**.... । हरि ॐ तत सतः ।।**

गर्व से कहें –

हाँ....

हम साम्प्रदायिक हैं

मित्रों.... हिन्दुस्तान में तथाकथित हिन्दुओं के प्रति जो सौतेला तथा विद्वेषपूर्ण व्यवहार किया जाता रहा है उससे आम हिन्दुओं के मन में निराशा की भावना घर कर गयी है । हिन्दू वस्तुतः एक उच्च आदर्शों को मानने वाले लोगों की सँस्कृति है जिसमें जात–पात, धर्म, भाषा, देश, पहनावों इत्यादि तुच्छ चीजों से उपर उठकर सर्वजन समुदाय के लिए कल्याणमय कामनाये की जाती है । हिन्दुओं में तरह–तरह के देवी–देवता, उनको मानने वाले भिन्न–भिन्न पंथ अथवा सम्प्रदाय है । ये भिन्न–भिन्न क्यों है इसका कारण भी बड़ा ही वैज्ञानिक है । जिस प्रकार प्रत्येक मनुष्य हर दूसरे से भिन्न मानसिकता का होता है अतः उसे उसकी मानसिकता के अनुसार ही इस धर्म में श्रद्धा एवं विश्वास पैदा करने के लिए ये बड़े ही मनोवैज्ञानिक प्रतीकात्मक उपाय किए जाते हैं । यही उपायों की वृहद श्रंखला ही पंथ या कहें कि पथ अर्थात रास्ता है । इसी विषय में श्रीमदभगवदगीता के तृतीय अध्याय के 35 वें श्लोक में मनुष्य के स्वभाव के मद्देनजर एक बहुत ही सुन्दर श्लोक प्रभु की वाणी में कहा गया है –

" श्रेयांस्वधर्मों विगुणः परधर्मात्स्वनुश्ठितात ।

स्वधर्मे निधनम श्रेयः परधर्मो भयावहः ।। "

अर्थात सबकी आत्मा मात्र ही एक पूर्ण धर्म है । इसे ही स्वधर्म कहा गया है एवं धर्म पथ में अपने स्वभाव के अनुकूल ही व्यवहार करने को सरल उपाय बताया गया है । अतः भिन्न–भिन्न मनुष्यों के शरीर की तरह बाह्य रूप से वे सभी उपाय पृथक–पृथक आभासित हैं किन्तु अन्तरतम से सभी पंथ आत्मा की तरह एक ही है । ठीक इसी प्रकार ही सभी पंथ सबमें उसी विश्व–एकता की घोषणा करने वाले "वसुधैव कुटुम्बकम" के महान उद्देश्य से ओत–प्रोत होते हैं । वे सभी समरसता एवं समता के प्रदायक हैं। सँप्रदाय का वास्तविक मतलब है जो इस विषय भरे "विषम" संसार में हमें वसुधैव–कुटुम्बकम रूपी "समता" का अमृत प्रदान करें ।

"सम्प्रदाय तो सम का प्रदाता,

विषम विश्व चौपाला रे ।

सम्प्रदाय तो परम अहिंसा,

हिंसक क्यों "मतवाला" रे ।

सकल चराचर सूक्ष्म वृहत के,

मध्य में दीन दयाला रे ।

खोल अकल का ताला रे,

जोड़ ले मोती माला रे "।।

....(मेरे काव्य–सँग्रह **"जाग रे बौरे"** का एक अंश)

मित्रों.... हिन्दू एक पूर्णतः वैज्ञानिक संस्कृति है । मूलतः ये सनातन–धर्म के एक अन्य पर्याय नाम का ही मूल वही धर्म है । अतः मनुष्य एवं विज्ञान के विकसित होने के साथ यह अपने आप ही विकास की उच्च अवस्था को प्राप्त होती जायगी । अतः हमें सनातन–धर्म के तथाकथित रक्षा करने की कतई आवश्यकता नहीं है । यह परम "स्व–रक्षित" श्रेणी में है । कुछ लोग हिन्दू सँस्कृति की रक्षा करने हेतु कठोर कदम उठाने की वकालत करते हैं और उनकी इस मूढता में निर्दोष व्यक्ति पिसता है । अतः संप्रदाय शब्द के राजनीतिक इस्तेमाल पर तत्काल रोक लगनी चाहिए क्योंकि ये लोगों की भावनाएँ भड़काकर अपने स्वार्थों का व्यवसाय करते हैं । वस्तुतः धर्म शब्द "ईश्वर" के अतिरिक्त और कुछ भी नहीं है । अतः "धर्म–निरपेक्ष" में निरपेक्ष अर्थात निः अपेक्ष्य शब्द अत्यन्त ही अधार्मिक एवं आपत्तिपूर्ण है । प्रत्येक देश की सरकार को इस "धर्मनिरपेक्ष" शब्द को शीघ्र प्रतिबंधित कर आम–जनता के प्रति अपने नैतिक कर्तव्य का निर्वाहन करना चाहिए बजाय कि केवल दॅगा फसाद करवाने के उद्देश्य के लिए किसी एक विशेष मजहब के लोगों को अनैतिक रूप से दबाने की कार्यवाही । हम "सम" को ठीक से जाने फिर गर्व से कहें.... हाँ...... हम सब और हमारी पवित्र आत्मा पूर्णतः साँप्रदायिक हैं **। हरि ॐ तत सत "** ।।

आतंकवाद

का

मूल कारण

मित्रों..... आज के इस वैश्विक परिदृश्य में हमारे चारों ओर फैला हुआ "आतंकवाद" तथाकथित धर्म का वो विकृत–रूप है जो आज हमसब के सामने अपने पूर्ण नंगेपन के साथ आ खड़ा हुआ है । वस्तुतः आतंकवाद केवल और केवल दरिद्रता अथवा कहे कि भुखमरी का ही परिणाम है । इस विश्व में वसुधैव–कुटुम्बकम रूपी विशुद्ध धार्मिक एवं कल्याणकारी भावनाओं तथा महत्वपूर्ण सामाजिक नीतियों का सही प्रचार और प्रसार न होना ही भुखमरी होने का मूल कारण है.... अन्यथा इस दुनियाँ में कभी भी और कहीं भी किसी मनुष्य को कभी भूखा मरने की नौबत ही ना आये और न ही कभी भूख की मजबूरी में कोई व्यक्ति अपराध करने की दिशा में प्रवृत्त हो । वस्तुतः मनुष्य के खाली पेट होने की दुर्भाग्यशाली अवस्था ही उसे प्राकृतिक रूप से अपराध करने हेतु स्वतः निमंत्रित करती है । कबीरदास जी की इन पंक्तियों को जरा ध्यानपूर्वक देखें :–

" कबीरा छुधा है कूकरी करत भजन में भंग ।

ता को टुकड़ा डाल के भजन करो निःसंग ।। "

अर्थात जब हमारी शारीरिक आवश्यकता एवं अपने जीवन अस्तित्व हेतु अनिवार्य पूर्ति वाली यह भूख ईश्वर का भजन जैसा पवित्र कार्य भी नहीं करने देती है तो इसके चलते कोई व्यक्ति हम सब की मंशा के अनुरूप धार्मिक तथा अच्छे सदकार्यों की ओर भला कैसे आगे बढ़ने की तनिक भी हिम्मत कर सकता है । निश्चित तौर पर उस परम ईश्वरीय उर्जा के अन्वेषण के लिए भी अन्न रूपी उर्जा की आवश्यकता अनिवार्य है । किसी महापुरूष की इन व्यवहारिक वाणी को भी देखें :–

" भूखे भजन न होहिं गोपाला । तू ले ले अपनी कंठी माला ।। "

मेरा स्पष्ट मत है कि आतंकवाद के नाम पा किसी भी धर्म को जोड़ना बिल्कुल ही गलत है, क्योंकि दुनियाँ में प्रायः सभी लोग अपने धर्म की गहराईयों को जानते होते तो कभी इस तरह की नफरत पूर्ण कृत्य अथवा कार्यवाही कर ही नहीं सकते । धर्म का मर्म केवल एक ही है.... और वह है प्रेम.... केवल और केवल प्रेम अर्थात साक्षात ईश्वर । वस्तुतः इस सच्चे–प्रेम को ही हम सब परम–रहमान, परमेश्वर, अल्लाह, खुदा, रब्बा, राम, अकालपुरूष, सत्यनाम आदि इत्यादि भिन्न–भिन्न नाम से पुकारते हैं । दुनियाँ में मात्र

अज्ञानतावश ही आजकल चारों ओर भगवान के नाम की आड़ में आतंकवाद फैलाने की नफरत रूपी तमाम फैक्ट्रीयॉ खुली हुई हैं । अतः इन फैक्ट्रीयों का पूर्ण वैज्ञानिक ढंग से तथा विवेकपूर्ण विधियों द्वारा विनष्टीकरण वैसे ही किया जाना उचित एवं सार्वजन्य हिताय होगा जैसा कि परमाणु–हथियारों के विनष्टीकरण में हम सावधानी बरतते हैं ।

ध्यान रखें.... भुखमरी और गरीबी से बड़ी कोई विपत्ति वस्तुतः है ही नहीं । दुनियाँ में इस प्रकार नित अपने पैर पसार रही गरीबी ही इस आतंकवाद के मूल मे रची–बसी है जिसका स्वार्थी राजनैतिक तत्वों द्वारा भिन्न–भिन्न धर्मों में फैली कुरीतियों एवं अज्ञानता का ओट लेकर उनकी मजबूरी का भरपूर दोहन किया जाता है । उन गरीबों को जबर्दस्ती आतंकवादी बनने पर मजबूर किया जाता है चाहे वह माओवाद, नक्सलवाद या फिर इन तथाकथित आतंकवाद इत्यादि के रूप में ही क्यों न हो । फिर वे जिसका अन्न खाते हैं उसके मन के अनुसार ही यन्त्रवत कार्य करते हैं उनका वस्तुतः कोई खुद का दोष कदापि नहीं होता ।

मित्रों.... मैं आपको याद दिलाना चाहूँगा इस देश में घटित हुए जलियॉवाला सामूहिक हत्याकॉड की । इस दुर्दान्त व आतंकपूर्ण कार्यवाही में मात्र एक अंग्रेज–अफसर के आदेश पर हमारे ही देश के किराये पर लिए गए हिन्दुस्तानी सैनिकों ने यद्यपि मुझे यहाँ उनके सम्बोधन के लिए इस "सैनिक" शब्द का उपयोग करने में अति शर्म महसूस हो रही है तथापि उन्हें संवैधानिक दायरों के तहत आर्तंकवादी न कहना मेरी मजबूरी है.... मात्र इसलिए कि वे हमारे ही देश के हिन्दुस्तानी लोग थे जिन्होंने उस कातिल अंग्रेज–अफसर के कहने पर इसका तनिक भी प्रतिरोध नहीं किया और हमारे हजारों–लाखों निर्दोष लोग जिसमें महिला–बच्चे भी शामिल थे उनका बड़ी बेरहमी से कत्लेआम मचा दिया । यह भी स्पष्ट रूप से एक सरकारी आतंकवाद के अतिरिक्त और कुछ भी नहीं है जो अँग्रेजों द्वारा हिंदुस्तानी टट्टुओं को दी जा रही नौकरी के नाम पर चंद पैसों या कहें कि रोटियों के एवज में कराया गया ।

अभी कुछ माह पूर्व ही हमारे देश में अब्दुल कसाब नाम के पाकिस्तानी आतंकवादी को फॉसी दे दी गयी । कृपया उसका भी इतिहास पढ़ें उसके साथ भी बचपन में लगभग यही परिस्थितियॉ निर्मित हुई थीं । आतंकवाद पाकिस्तान

जैसे आर्थिक रूप से अति पिछड़े राष्ट्रों में होना एक उदाहरण के तौर पर लिया जा सकता है । इस प्रकार गरीबी का विस्फोट परमाणु–हथियारों के विस्फोट से भी कहीं ज्यादा व अत्यन्त ही खतरनाक होगा । भुखमरी या फिर दरिद्रता के सम्बन्ध में तुलसीदास जी की इन महत्वपूर्ण पँक्तियों को सावधानी पूर्वक देखें ।

" नहि दरिद्र सम दुःख जग माहीं । सँत मिलन सम सुख जग नाहीं ।। "

(सँदर्भ–उत्तरकाण्ड–दोहा 120–ख की 13 वीं चौपाई)

वस्तुतः हमें सच्चे–मार्गदर्शन प्रदान करने वाले एवं समाज मे फैले पाखंडों का प्रबल विरोध करने वाले सँतपुरूष कभी मिलते ही नहीं क्योंकि "सँत मिलन सम सुख जग नाहीं" और इन सँतपुरूषों के अभाव में सभी तथाकथित धर्म के ढोंगियों, पाखंडियों, फर्जी–व्यवसाईयों तथा असामाजिक तत्वों को भरपूर मौका मिलता है और वे आम लोगों की इस दरिद्रता–रूपी विपत्ति या कहें कि मजबूरी के मौके का भरपूर फायदा उठाते हैं । वे ईश्वर का भय दिखाकर अपनी दुकान में फर्जी धर्म के व्यापार को बढ़ाते रहते हैं । धर्म के इन ठेकेदारों से सतर्क रहें । याद रखें.... इस हेतु किसी भी सँत की कोई तलाश इत्यादि कार्य अपने स्तर पर कदापि न करें । वो सँत निश्चित तौर पर समय आने पर आपको तलाशता हुआ स्वयम आपके पास अवश्य ही आयेगा । .....तब तक आप अपनी अन्तर–आत्मा जो कि आपका वास्तविक धर्म है, सदा उसकी आवाज को ही सुने । वो आवाज हमें सदा सत्य, करूणा एवं प्रेम की ईश्वरीय राहों में ही ले जाएगी । आप पाएँगे उस "अखण्ड पुरूष को" ....हर चीज में.... हर काल में सदा आपके साथ अखण्ड और फिर तभी स्थायी रूप से दूर होंगे दुनियाँ के सभी धर्मों के अनन्त विस्तारित पाखण्ड व प्रपन्च सदा के लिए। और तब पूर्ण साकार होगी राम राज्य की वो परम ऐश्वर्ययुक्त अभिकल्पना.... हर प्रकार की गरीबी व आतंक से पूर्णतः मुक्त..... एक अयोध्या नगरी **।। हरि ऊँ तत सत ।।**

मंदिर–मस्जिद विवाद :

" खुदा का मंदिर या फिर.. राम की मस्जिद "

मित्रों.... किसी भी विषय में वाद–विवाद वो मूल कारक है जहाँ हम निश्चित रूप से शान्ति से अशान्ति की ओर कदम बढ़ाते हैं । जबकि मँदिर–मस्जिद दोनों ही ऐसे स्थल हैं जहाँ हम वाद–विवाद की बजाय मौन होकर हम उस शाँताकारम प्रभु से सम्वाद स्थापित करने का प्रयत्न करते हैं । मुस्लिम धर्मावलँबियों के लिए मात्र इसी कारण से वाद–विवाद वाले ऐसे स्थल पर मस्जिद बनाने की सख्त मनाही है । साथ ही जहाँ नमाज न पढ़ी जाऐं या कैसा भी विवादित–स्थल हो वहाँ भी मस्जिद न बनाने की हिदायत है ताकि अमन–चैन के माहौल में खुदा की इबादत पूरे निश्चिंतता के साथ और प्रेमपूर्ण होकर किया जा सके । आज दोनों पक्ष के लोगों द्वारा इस मुद्दे को लेकर जितनी अशाँतिपूर्ण वातावरण निर्मित किया गया है वो अति–दुर्भाग्यपूर्ण है ।

इस मंदिर–मस्जिद विवाद का सबसे मजेदार पहलू यह है कि कोई भी पक्ष अपनी दावेदारी छोड़ने को कतई तैयार नहीं है....। किसी को वहाँ अल्लाह दिखाई पड़ रहा है तो किसी को राम । यह मैं भारतीय–इतिहास के उस गौरव–पूर्ण घटना को उदघृत करना चाहूँगा जब इसी अवध में मुगलकालीन नवाब रहीमदासजी खानखाना द्वारा राम को पहचान कर अयोध्या की राजगद्दी तक का त्याग कर स्वयम चित्रकूट चले गये । ....आज दुर्भाग्य से लोग आपस में लड़ रहे हैं । अरे मूढ़ लोगों भगवान के लिए ही सही थोड़ा तो खुद के उपर रहम करो....। जिस जगह का नाम ही "अवध" (अ+वध) है अर्थात वहाँ "वध" करना निषिद्ध है ऐसी पवित्र जगह तुम आपस में मार–काट मचाकर क्यों बेकार मे खून की नदियाँ बहाना चाहते हो । आखिर तुम क्या खुदा से भी बड़े हो गये हो । और हाँ तुम सब उस दिन के लिये जरूर तैयार रहना जिस दिन गलती से भी तथाकथित हिन्दू–भाईयों का अपने प्रिय राम से एवं तथाकथित मुसलमान–भाईयों का उनके खुदा से आमने–सामने सीधा–सीधा साक्षात्कार हो जाए और आपको तब पता चले कि अलग–अलग नाम के दोनों ईश्वर वही एक ही हैं.... ऐसी अवस्था में ईश्वर द्वारा इन दोनों पक्ष मे आग लगाने वाले तथाकथित बुद्धिमान–महोदयों से पूछा जाये कि क्यों तुम लोगों ने धर्मान्धता के कारण विवेक–शून्य होकर हमारे ही कितने भक्तों को मात्र मेरे अलग–अलग नाम होने के कारण मार डाला ? तब तुम सब क्या जवाब दोगे मेरे भाई....।

मित्रों.... मेरा यह निश्चित तौर पर मानना है कि मुगल–सम्राट बाबर भी रहीम दास जी की तरह एक अति–बुद्धिमान कोटि का बन्दा अर्थात जो खुदा की

बंदगी से जुड़ा व्यक्ति जिसे सँस्कृत–भाषा में हम परम–भक्त कहेंगे, होगा जिसने वर्तमान के राम– मँदिर की दुर्दशा एवं रख–रखाव में कमी को देखकर अत्यंत दुखी हुआ होगा और इसी के परिणाम–स्वरूप ही उसने प्रभु श्रीराम जिसका एक अन्य नाम खुदा भी है, के निरगुण निराकार स्वरूप का पूजन करने के लिए उक्त मँदिर के स्वरूप को ना तोड़कर उसमें मात्र कार–सेवा की तथा अपने देश–काल के प्रचलित शिल्पकला के अनुसार उसे अलंकृत करने हेतु श्रद्धापूर्वक आवश्यक संशोधन किया होगा.... यदि बाबर को वास्तव में इसे ध्वस्त करने का कोई तनिक भी मंसूबा होता तो मेरे अनुसार उसे रोकने की कोई हिम्मत न कर सकता था और वो किसी न किसी प्रकार इसे पूरी तरह नेस्तनाबूत भी कर सकता था ।

मेरी मान्यता के अनुसार मुगल–सम्राट बाबर एक सच्चा मुसलमान था.... और खुदा का नेक बंदा था । इस्लाम के कट्टर सिद्धान्तों के अनुसार वहाँ नमाज नहीं पढ़ी जा सकती जहाँ की भूमि किसी तरह से भी विवादित हो....। अतः यदि उसने उक्त–ढाँचे का सुधार कार्य करवाया है इसका साफ–साफ मतलब है कि "वो जगह उनके तथाकथित ईश्वर के पूजन के लिए सर्वथा निर्विवादित रही है " ....। अतः अब इन दोनों पक्षों द्वारा ईश्वर के मात्र नाम अलग–अलग पर विवाद क्यों किया अथवा कराया जा रहा है । इसका सीधा–सीधा अर्थ हुआ कि हमसब कतिपय स्वार्थी लोगों के स्वार्थों की गन्दी राजनीति के छुद्र सोच में अपने भगवान या खुदा से भी गद्दारी कर जाएँ जो कि कदापि उचित न होगा ।

अतः अब उस पवित्र–स्थल के परितः ऐसा खुला एवं बड़ा–बाड़ा सा बनाया जाकर एवं उसके भीतर एक अति सुन्दर उपवन जहाँ दुनियाँ के सभी कोनों से तरह–तरह के सुन्दर पुष्प तथा पवित्र नदियों का जल लाया जाकर इसे भरपूर सजाया जाये । वहाँ ऐसा लगे जैसे ईश्वर जाति, मजहब और नफरत की दुर्गन्ध से निजात दिलाने तुम्हें वहाँ से प्रेमपूर्ण होकर सतत पुकार रहा हो । जहाँ तुम मस्त होकर प्रेम से भरपूर हो सको....। जहाँ तुम हर ओर फैले ईश्वर की खूबसूरती पर उसके संरचनाओं के प्रति अहोभाव से भर उठो..... हर मुस्कुराता फूल तुम्हें ईश्वर के निर्दोष मुस्कराहट की याद दिलाए और हाँ.... सावधान रहें कि इस पवित्र–स्थान पर तथाकथित धार्मिक अथवा राजनैतिक

नेताओं जैसे घातक–पाश्विक जीवों का प्रवेश सख्ती से पूर्णतः वर्जित हो....। बस अल्लाह और उसे चाहने वाले बन्दे ही वहाँ प्रेम–पूर्ण भाव से सदा मौजूद रहे....। प्रेमी बन्दों का तो सिर्फ एक ही खुदा और एक ही मजहब होता है.... ईश्वर पर पूरा ईमान लाना । ....जर्रे–जर्रे में वही एक ''रब'' जो अब मंदिर मस्जिद की ''तंग–राजनीति'' से सचमुच तंग आ चुका है और खुली हवा में अपने घुटन को विसर्जित करना चाह रहा है । कृपया सावधान हो जाएँ वो ईश्वर वर्तमान में भी हमारे हर अच्छे–बुरे कर्मों को अपनी असंख्य–आँखों के माध्यम से साक्षी भाव से देख भी रहा है..... तुलसीदास जी ने भी कहा है :–

'' अवध वहाँ जहं राम निवासू । दिवस तहाँ जहं भानु–प्रकासू ।। ''

अर्थात यदि कही भी प्रेम तत्व की उपस्थिति हो वहाँ''राम'' जीवन्त रूप से प्रगट हो ही उठता है ।

'' रामहि केवल प्रेम पियारा । जान लेहि जो जानानि हारा ।।

....और......

'' हरि व्यापक सर्वत्र समाना । प्रेम से प्रगट होहि मैं जाना ।।''

मित्रों.... मँदिर–मस्जिद तो द्वैत की दृष्टि–दोष के कारण उत्पन्न हुए हैं वस्तुतः हम सबका ईश्वर एक ही है....किसी ने उसे प्रेमवश, भयवश, अज्ञानतावश अलग–अलग नाम यथा कि अल्लाह, खुदा, परम–पिता, रब्बा, राम, दीन–दयाल, ब्रह्म, परमात्मा इत्यादि से भले ही पुकारा हो । मेरी उस परम रहमान ईश्वर से प्रार्थना है कि ईश्वर सबको सम्मति दे.... ताकि वो उस ईश्वर के आड़ में अपने तुच्छ कामनाओं की तिलाँजलि देने में सक्षम हो सके.... सब आपस में प्रेम करने की क्षमताओं से युक्त हो सके.... और सबसे अधिक प्रसन्नता इस बात पर होगी कि सभी लोग इस ब्रह्माण्ड नायक के मौजूद इसी ढाँचे को ही प्रेमपूर्वक स्वीकार कर ले । इसमें कोई तोड़–फोड़ न करें । बस जितना भी इसे सजाना चाहे.... मात्र प्रेमपूर्ण होकर इसके परितः ही सजायें ।

" तू जाने तेरा वो मंदिर,

मस्जिद है या गुरूद्वारा

तेरा काबा या गिरिजाघर,

मेरा तो है ये जग सारा ।।"

.... मेरे काव्य–सँग्रह " **जाग रे बौरे** " के श्रद्धाँजलि का प्रारम्भिक– अंश। **हरि ऊँ तत सत ।।**

पर्व - रहस्य प्रखंड

" नाग–पँचमी

एवम

सर्प–दुग्धपान "

मित्रों.... हमारे देश में "नाग पंचमी" के अवसर पर "सर्प–पूजा" का प्रचलन सदियों से चला आ रहा है । कहीं–कही किसी भगवान के सिर के ऊपर भी आपने किसी बड़े नाग का छत्र लगा देखा होगा ! तथाकथित हिन्दुओं के एक सबसे बड़े भगवान विष्णु भी शेषनाग की सैय्या में बड़ी निश्चिंतता के साथ लेटे रहते है और माँ लक्ष्मी उनके चरणों की सेवा में निरन्तर लगी रहती हैं ! उधर शंकर जी भी अपने गले में नाग धारण किए घूमते रहते है यहाँ तक की समाधि की अवस्था में भी वो नाग उनके गले से ही लिपटा रहता है ! यद्यपि नाग का नाम सुनकर ही हमारा तन–मन बुरी तरह काँप उठता है और कही साक्षात दर्शन हो जाएँ तो फिर कहने अथवा कुछ बताने की कोई बात ही नहीं ! अतः प्रश्न ये उठता है कि आख़िर "नाग" ही क्यों.... ?

हमारे तथाकथित भगवानों के साथ नाग को साथ देखकर विदेशी लोग हमारे इन सभी भगवान को भी हमारी तरह पिछड़ेपन से युक्त समझने की त्रुटि कर बैठते है । सबसे बड़ी विडम्बना तो यह है कि हम भी उन विदेशी तथा वैज्ञानिक बुद्धि वाले लोगों को इस बारे में ठीक से समझा भी नहीं पाते ! इसका मूल कारण यह है कि हमने अपने विवेक को पूरी तरह ताक पर रख दिया है और अंधविश्वास के चलते खुद थोड़ा भी सोचने अथवा समझने का यत्न नहीं करते हैं ! ऐसी स्थिति में किसी दूसरे को समझा पाना भला सम्भव कैसे होगा !

वस्तुतः हमारे धर्म–शास्त्रों की मान्यता के अनुसार "नाग" मनुष्य की एक अति उच्च योनि अर्थात अवस्था का ही पर्यायवाची नाम है ! इस उच्च–अवस्था को प्राप्त मनुष्यों को "नागर" अर्थात् प्रज्ञावान कहा गया है ! इस प्रकार "नागर–मनुष्यों" का ही निवास स्थान" "नगर" अथवा "नाग–लोक" कहलाया जाने लगा ! वस्तुतः "नाग–लोक, नाग–कन्या, इच्छाधारी नाग" इत्यादि के बारे में हमारे समाज में काफी दकियानूसी विचार, अंधविश्वास व मिथक इत्यादि अब भी चला आ रहा है ! इच्छाधारी नाग का मनुष्य रूप में एवम पुनः मनुष्य का इच्छाधारी नाग में आपसी रूप परिवर्तन की पुरानी कहानियॉ यह साफ दर्शाती है कि नाग और मनुष्य का आपसी कोई बहुत ही गहरा एवम रहस्यमय सम्बन्ध है जो कि हमारे इच्छा या कहें कि मन–विचारों या संकल्पों से सँचालित

होता है ! आख़िर यह सम्बन्ध क्या है जो विचारों या इच्छा मात्र के धारण करने से ही संचालित हो उठता है, हम आज उस पर सँक्षिप्त चर्चा करेंगे!

वस्तुतः संतोष के अभाव में कामना से वशीभूत होकर हमारे मन के भीतर संकल्पों एवम तदोपराँत विकल्पों का सूक्ष्म विक्षोभ अर्थात डिस्टरबेंस उत्पन्न होने से विचारों का प्रादुर्भाव होता है जो कि हमारे स्थूल इन्द्रियों के माध्यम से इस जगत के कार्य–रूप में परिवर्तित होता है! मनुष्यों की इन्द्रियों के ठीक विपरीत सम्बंधित, ''नाग'' शब्द मूलतः दो अक्षरों से मिलकर बना हुआ है प्रथम शब्द ''ना'' जिसका अर्थ हमारी अपनी भाषा में ''नहीं'' होता है या फिर इसे आँग्ल–भाषा में " नों " कहें ! इसी अनुक्रम में द्वितीय शब्द ''ग'' जिसका अर्थ होता है हमारे भौतिक शरीर की मन सहित सभी ''इन्द्रियॉं'' ....अर्थात मनुष्य की ऐसी अति उच्च–अवस्था जो ''इन्द्रियों के परे'' अथवा विदेह की अवस्था में स्थित हो ! हमारे धर्म–शास्त्रों में ठीक इसी अवस्था को ''नाग'' कहा गया है !

इस प्रकार ''नागर'' या प्रज्ञावान मनुष्यों का इस पंच–महाभूत यथा कि पृथ्वी, वायु, जल, अग्नि एवम आकाश तत्वों से निर्मित इस मानव तन की इन्द्रियों के पार विदेहावस्था में जाने का प्रतीक है ...नाग–पँचमी...!

इसलिए हमारे समस्त विद्याओं व ज्ञान के अधिपति–देव ''शिव'' के विग्रह अर्थात् मूर्ति में ''नाग'' एक प्रतीकात्मक चिन्ह रखा गया है ! बड़े ही अहोभाग्य हमारे कि ईश्वर की परम कृपा से प्राप्त इस मानव–तन धारी प्रत्येक मनुष्य में यह नैसर्गिक क्षमता है वो चाहे तो आध्यात्मिक क्षेत्र में उन्नति कर स्वयम कितने भी उच्च–पद की प्राप्ति कर सकता है ! किन्तु दुर्भाग्यवश एवम अज्ञानता के चलते तथा अपनी तुच्छ–बुद्धि के तर्क–वितर्क में महारथ हासिल कर लेने वाला यह मूढ़मानव बहाना बनाने में अति निपुणता हासिल कर चुका है ! और इसी मूढ़ता के मदेदनजर हम नाग एवम सर्प में शाब्दिक समानता, अन्य जीव प्राणियों के समान हाथ, पैर, नाक व दृश्य–ग्रंथियों जैसे महत्वपूर्ण अंग या कहें कि इंद्रियों के न होने के कारण और मुख्यतः अपनी स्वयम की सहूलियत को देखते

हुए इसकी औपचारिक पूजा कर इसे दूध पिलाकर अपने कर्तव्यों की इतिश्री करने का उपक्रम करते है ! जबकि नाग को दुग्धपान कराने का तात्विक–दृष्टि से तात्पर्य मात्र इतना ही है कि अपने भीतर क्षीरसागर में विराजित उस श्रीराम प्रभु के साक्षात्कार के लिए आपको मन के मल रूपी विचारों का पूर्णतः त्याग करते हुए उसी पवित्र–क्षीर अर्थात दूध का पान आपको स्वयम ही करना होगा तभी आप विचारातीत विदेहावस्था से आगे की ओर उन्नति कर सकते है ! "नाग–दुग्धपान" ....दूध को यहाँ हमारे देश में पवित्रता की सीमा का प्रतीक माना जाता है अतः नागर मनुष्यों के लिए यह एक आदर्श पान अर्थात् ग्राहयता का संकेत किया गया है !

वस्तुतः जमीन में सरक कर चलने वाला "सर्प" एक " सरीसृप–योनि" के तहत हम सभी मनुष्यों से अत्यंत ही निम्न–योनि के अन्तर्गत मात्र जीव या प्राणी है ! अतः कृपया इस नाग–पँचमी के अवसर पर उसे जबरन दूध–पिलाकर परेशान न करें ! क्योंकि वैज्ञानिक व जानकारों के अनुसार ऐसा करने से उसकी मृत्यु भी हो जाती है जो कि कदाचित पुन्य–कार्य की श्रेणी में नही होगा बल्कि ऐसा करने से पाप–कार्य ही फलीभूत होगा ! अतः सर्पो की रक्षा करें क्योंकि इनके विष से ही" कैन्सर" जैसी घातक बीमारी में "सीरम" बनाया जाकर आप मनुष्यों की महत्वपूर्ण जान बचाई जाती है ! आज बस इतना ही ...नागपँचमी पर्व की शुभकामनाओं सहित !

गोवर्धन

एवम

अन्न–कूट पूजा

मित्रों.... भगवान श्रीकृष्ण के बारे में तथाकथित हिन्दुओं की यह प्रबल मान्यता है कि वो भगवान विष्णु के पूर्ण अवतार हैं । समस्त 16 प्रकार की कलाओं के स्वामी भगवान श्रीकृष्ण निःसंदेह पूरी दुनियाँ में आज भी बड़े लोकप्रिय एवं आकर्षण का केन्द्र है । मर्यादा पुरूषोत्तम भगवान श्रीराम के विपरीत उन्होंने बहुत से विवादित कृत्य किए फिर भी आम हिन्दू इन्हें अपना भगवान मानने से इन्कार करने की सोच भी नहीं सकता । और तो और कई लोग ऐसे भी है जो 16 कलाओं की भौतिक–संख्या के आधार पर उन्हें 12 कलाओं वाले प्रभु श्रीराम से कहीं ज्यादा श्रेष्ठ मानते हैं । ऐसे अति गणितज्ञ महानुभावों से मेरा करबद्ध निवेदन है कि योगेश्वर श्रीकृष्ण वस्तुतः जिस भगवत्ता को उपलब्ध हुए उसका ही नाम "राम" है । अतः उन्हें अपने गणितीय दिमाग का ऐसा दुरूपयोग कदापि नहीं करना चाहिए । ऐसे विद्वान महापुरूषों से मेरा पुनः अनुरोध है कि मीराबाई की इस पँक्ति को वे ध्यान से पढ़ें :–

" पायो जी मैंने राम रतन धन पायो,

वस्तु अमोलक दी मेरे सद्गुरू किरपा कर अपनायो । "

ध्यान रखें ये वही मीराबाई हैं जिन्होंने श्रीकृष्ण को ही अपना सब कुछ मानकर पूरे संसार में प्रख्यात हुई और जिनका ये भी बड़े ही स्पष्ट तौर पर कहना था कि :–

" मेरे तो गिरधर गोपाल दूसरों न कोई । "

अतः अब आप से इस बारे में मुझे और ज्यादा कुछ कहने की आवश्यकता ही नहीं है कि जब कोई परम भक्त अपने इष्ट की जगह अन्य इष्ट किसी को उपलब्ध हो जाए । यद्यपि पूरा मामला ही गोलमाल सा प्रतीत होता है लेकिन है बिल्कुल सीधा–साधा । खैर इस मुद्दे को छोड़े भगवान श्रीकृष्ण की लीलाओं को आज भी बड़े चाव से कहा और सुना जाता है । ऐसे ही एक घटना गोवर्धन–पर्वत एवं अन्न–कूट पूजा के बारे में भगवान श्रीकृष्ण द्वारा गोकुल–वासियों को कही गयी ।

श्रीकृष्ण वास्तव में एक युगपुरूष एवं परमतत्व–दृष्टा योगेश्वर महापुरूष थे । प्रत्येक महापुरूषों की तरह उनका भी यह परम कर्तव्य था कि उस वक्त के भूले–भटके मानव समाज को सद्पथ पर पुनर्स्थापित करना । अतः इस महान

उद्देश्य हेतु उन्होंने समाज के उपवन में बारम्बार उत्पन्न होने वाले अंधविश्वास रूपी खरपतवार का जड़ से उन्मूलन करने का ऐतिहासिक कदम उठाया । इस प्यारी सी कथा की मात्र यही पृष्ठभूमि है । तथाकथित हिन्दुओं की मान्यता के अनुसार उनके धर्म में 33 करोड़ देवी और देवता हैं तथा "इन्द्र" सभी देवताओं के राजा हैं । इसी प्रकार वरूण, अग्नि, वायु इत्यादि उनके मुख्य–सहायक देव हैं । जैसा कि प्रत्येक धर्म में अंधविश्वास एक बुराई के तौर पर सदा से चली आ रही है और इसी अंधविश्वास के चलते गोकुल–वासियों द्वारा पूर्व में अज्ञानतावश या कहें कि देवताओं के भयवश तथा उन्हें प्रसन्न रखने के लिए गोवर्धन पर्वत एवं अन्न–कूट पूजा की जाती थी । इस अनुकम में भगवान श्रीकृष्ण द्वारा गोकुल–वासियों को यह साफ–साफ हिदायत दी गयी कि उन्हें भयवश किसी भी देव के पूजा करने की कतई कोई आवश्यकता नहीं है.... देव तो क्या देवताओं के राजा स्वयम इन्द्र के पूजा की भी कोई जरूरत नहीं है । बड़े मजे की बात है कि आज यदि यही बयान किसी मुस्लिम अथवा अन्य धर्मगुरूओं ने दिया होता तो तथाकथित हिन्दुओं में भारी बवाल मच जाता किन्तु यह बयान स्वयम भगवान श्रीकृष्ण जो कि भगवान विष्णु के निर्विवादित रूप से पूर्ण अवतार हैं, के द्वारा बड़ी गम्भीरता के साथ दिया गया और तत्कालीन गोकुलवासियों द्वारा देव तो क्या देवताओं के राजा स्वयम इन्द्र के विरूद्ध एक ऐतिहासिक बगावत का वृहद शँखनाद किया गया ।

मित्रों.... मैं पूछता हूँ कि क्या आज के तथाकथित हिन्दुओं में इतना आत्म–बल है कि वे अपने प्रिय 33 करोड़ देवी और देवताओं की पूजा अर्चना से इनकार कर सके ? आखिर भगवान श्रीकृष्ण ने 33 करोड़ देवताओं और उनके राजा इन्द्र के विरूद्ध बगावत का संदेश क्यों दिया ? और तो और एक नयी पूजा जिसका नाम लोगों ने पहली बार सुना "गोवर्धन–पूजा" । मैंने तो किसी भी शास्त्र में इस पूजा का नाम देखा, पढ़ा अथवा सुना ही नहीं.... बड़े आश्चर्य का विषय है कि तद्कालीन लोगों ने श्रीकृष्ण की तथाकथित इन धर्म–विरोधी बातों पर कैसे यकीन किया ? यह एक रूचिकर विषय है और आज के पूर्व शायद इसकी व्याख्या धर्म के धुरँधर विद्वानों द्वारा क्यों नहीं की गयी, यह भी अत्यंत ही आश्चर्य का विषय है । मेरी मान्यता के अनुसार हम तुलसीदास जी के निम्न चौपाई को हम ध्यान से पढ़ें :–

" इन्द्री द्वारा झरोखा नाना । जहं तहं सुर बैठे करि थाना ।। "

....और....

" गो गोचर जहं लगि मन जाई । सो सब माया जानेहूँ भाई ।।

ठीक यही शास्त्र–सम्मत संदेश भगवान श्रीकृष्ण ने इस मानव तन में विभिन्न इन्द्रियों को भोग ग्रहण करने वाले देवताओं के सदृष्य और इन सभी इन्द्रियों के नियंता व राजा मन को "इन्द्र" बताया है । यहाँ गोवर्धन–पूजा मे प्रयुक्त प्रथम शब्द "गो" एक सँस्कृत–भाषा का शब्द है और जिसका अर्थ हमारे इस मानव तन में विद्यमान विभिन्न इन्द्रियॉ हैं । भगवान श्रीकृष्ण से सम्बंधित लगभग 99.99 प्रतिशत साहित्यों में इस "गो" शब्द की व्याख्या को लेकर अत्यंत ही भ्रामक स्थितियॉ पैदा कर दी गयी है । मात्र इसी अज्ञानता के कारण ही हम भगवान श्रीकृष्ण को गाय को चराने तथा मन बहलाने वाला सामान्य अहीर जाति के एक जादूगर के सदृष्य ही मानते हैं । आज भी प्रायः हर जगह तथाकथित 'विद्वान लोक' इस शब्द 'गो' का अर्थ 'गाय' अर्थात एक पशु के रूप में निकालकर भगवान श्रीकृष्ण के प्रति व्याख्याओं को एक विपरीत दिशा में मोड़ते जा रहे हैं । और यही वजह है कि हमारी इन्हीं बेवकूफियों के कारण विदेशी लोग ना सिर्फ हम पर बल्कि हमारे भगवानों का भी उपहास उड़ाते हैं और हम अपने बिना किसी ठोस प्रमाण के इस प्रकार के मूढ़तापूर्ण कृत्य को करते रहने में ही सतत आनन्दित रहते हैं । पुनः इस मूढ़ता को ही हम श्रद्धा–भक्ति निरूपित कर अपने अज्ञानता को ढँकने का प्रयास व यत्न करते हैं ।

मित्रों.... इस अनुपम कथा में भगवान श्रीकृष्ण ने गोकुल–वासियों को यह स्पष्ट रूप से समझाया कि इन मानव–शरीर में मौजूद मन सहित समस्त इन्द्रियॉ एक छलावा तथा "माया" की तरह है और देवरूपी इन इन्द्रियों ("गो") की यद्यपि अदभुत एवं विस्तृत क्षमताऐं हैं तथापि अपने भीतर के प्रज्ञा के चैतन्यता की जागृति हेतु यदि स्वयम आपके द्वारा भी यदि सच्चे मन से चाह लिया जाये तो आपकी क्षमता–वृद्धि ("वर्धन") इन इन्द्रियों की क्षमता से कही अधिक सहजता तथा आसानी से की जा सकती है । और तो और इस हेतु आपको किसी देव पर आश्रित होने की आवश्यकता भी नहीं है । मात्र इतना ही नहीं बल्कि आपमें देवताओं के राजा इन्द्र अर्थात् "मन" के पार जाने की भी क्षमताऐं

पर्याप्त रूप से विद्यमान हैं । अतः आप स्वयम को दीन–हीन ना समझें ठीक वैसे ही जैसा कि वर्तमान काल में भी मनुष्य ने स्वयम को पुनः दीन–हीन मानना प्रारम्भ कर दिया गया है । अतः इस हेतु के संयमरूपी "आत्म–पूजा" की आवश्यकता होगी और यही है "गोवर्धन" की पूजा ।

वर्तमान में जनश्रुतियों के अनुसार गोवर्धन एक पर्वत माना जाता है किन्तु मेरी दृढ़ मान्यता के अनुसार यह कोई पर्वत ना होकर उसके विशाल दृश्यमान होने का प्रतीक मात्र है । इस विशालकाय पर्वत को देख लोग घबरा उठते हैं कि आखिर इस "गोवर्धन–पूजा" की दिखने वाली प्रक्रिया का "विशाल कृत्य" कैसे किया जाये ? क्या हम सामान्य मनुष्य इस विशालकाय प्रकिया का भार वहन करने में सक्षम भी हैं अथवा नहीं ? इस पर भगवान श्रीकृष्ण ने गोकुल–वासियों को हँसते हुए यह समझाया कि ये प्रकिया भले ही आप सबको एक पर्वत की तरह विशालकाय दिख जरूर रही है किन्तु यह ऐसी तुच्छ एवं सहज है की इसे हर कोई इसे आपने बाएँ हाँथ की छिन्गुली से भी अत्यंत सहज तौर पर स्वयम कर सकता है और श्रीकृष्ण ने उन्हें ऐसा करके दिखाया भी.... । इसके साथ ही भगवान श्रीकृष्ण द्वारा गोकुल–वासियों को इसका व्यवहारिक–परीक्षण करने हेतु इस पर्वत को अपने–अपने हाँथों का सहारा देकर खुद आजमाईश भी करायी गयी । जब गोकुल–वासियों ने ऐसा करके खुद देख लिया तब उन्हें पूर्ण यकीन हुआ कि उनके इस सन्मार्ग में कोई भी देवता उसका कुछ भी नहीं बिगाड़ सकता और तब से "गोवर्धन" की पूजा स्वरूप ही बदल गया ।

मित्रों.... समय काल–परिवर्तन के साथ वर्तमान में वही अन्धविश्वास आज समाज में पुनः उत्पन्न हो गया है जिसे हम भगवान श्रीकृष्ण के बताये गए राहों पर चलकर इससे पुनः निजात पा सकते है। "अन्न–कूट" भी इसी प्रकिया में "अन्न" के भंडार का पूजन था । हमारे वेदों में "अन्न" को ब्रह्म कहा गया है.... "कूट" शब्द का अर्थ "अत्यँत–गोपनीय संकेत" होता है । अतः तृप्तिदायक अन्न को आनन्दपूर्वक और एकाग्रता से ग्रहण करने की भी जो सूक्ष्म विधि है उससे भी उस परम–आनन्द रूपी परमात्मा की प्राप्ति हो सकती है । जापान में आज भी "झेन–गुरू" अपने शिष्यों के साथ बैठकर चाय की तरह का एक पेय–द्रव्य का सामूहिक एवं अति लंबे–लंबे साँसों के साथ चुस्की लेकर घंटों–घंटों इसका

अभ्यास कराया जाता है । ....सचमुच लंबी सुरसुराती चाय की चुस्की लेकर आप स्वयम कभी इसका आनंद लेकर अवश्य देखें । ....आप पाएँगे कि इस क्रिया से आपकी ''एकाग्रता'' अचानक बढ़ गई और आपको इसमें मजा भी आएगा । यह एक अत्यंत मजेदार तथा सरल प्रक्रिया है । अति– सँक्षिप्तमें ''गोवर्धन–पूजा'' और ''अन्न–कूट'' का सीधा–सीधा यही मतलब है । इस विषय में विस्तृत रूप में फिर कभी चर्चा करेंगे । अभी मेरे चाय पीने का समय हो चला है **। हरि ऊँ तत ''सत '' ।।**

पितृ

और

पुत्र

का रिश्ता

मित्रों.... वर्तमान में हिन्दुओं के पंचाँग के अनुसार ''पितृपक्ष'' प्रारम्भ हो चुका है। पिता और पुत्र के रिश्तों की ऐसी कथा बड़ी ही अद्भुत तथापि वैज्ञानिक हैं। हमारे यहाँ इसे श्रद्धा से युक्त श्राद्ध पर्व के रूप में शास्त्रानुसार मान्यता है। हिन्दू समुदाय पितृ–ऋण के रूप में अपने पितरों का पिंड दान क्यों करता हैं। यह प्रश्न सदैव ''अबूझ'' बना हुआ है। तथाकथित पंडों की मान्यताओं के अनुसार अपने पितरों का पिंड–दान करना उनके प्रति हमारा परम कर्तव्य हैं, और यह किया उन्हें ''मोक्ष ''प्रदान करती है। जगह जगह पंडों द्वारा पिंड बनाकर तमाम कर्म–काँड करवाये जाते हैं, और मनुष्य पूरी श्रद्धा से उसे करते हुये आँतरिक सुख या सुकून की अनुभूति करता है । मित्रों.... ईश्वर की परम अनुकम्पा से यह रहस्य भी आपके समक्ष उदघटित करना अनिवार्य होगा जिसके अनुसार इस मानव शरीर रूपी पिंड में आने के पहले हम ''अशरीर रूपी'' थे, कहाँ थे....? यह भी हमें नहीं मालूम । ''पुत्र'' (प + उत्र) का शाब्दिक अर्थ कहता हैं हम प्रकृति के ''उत्र'' अर्थात तिर्यक लोक या स्थान अर्थात कई अति छोटी योनियों में कही अवस्थित थे। यहाँ प्रयुक्त हुआ ''प'' शब्द ''प्रकृति'' अर्थात अचैतन्य अथवा जड़ता का द्योतक हैं। जबकि ''पितृ'' (प+इत्र) शब्द इंगित करता हैं कि ईश्वर का वो देव अथवा फरिश्ता जिसने हमें इस शरीर रूपी पिण्ड में यहाँ (इत्र) स्थापित किया हैं। अतः हम ''अशरीर रूप'' से इस मनुष्य के देव–दुर्लभ शरीर रूपी पिंड में लाने वाले के प्रति पूरी श्रद्धा भाव से भर उठते हैं और इस प्रकार उनके इस एक महत्वपूर्ण कार्य को पितृ–ऋण सा अत्यंत कृपाशील तथा उपकार मानकर उनके द्वारा इस ''पिण्ड–दान'' को हम वापस लौटाने का उपक्रम करते हुये हम उन्हें श्रद्धाँजलि देकर उनके प्रति अपने ह्रदय में एक विशेष व अन्यन्य अनुगृहीत भाव से भर उठते हैं.... इसी अहोभाग्य के साथ हम अपने पिता या कहें कि जनक को ईश्वर तुल्य मानते हुये उस परम पिता को उनकी अहैतुकी कृपा प्रसाद के इस अनमोल वरदान का सादर ''धन्यवाद'' करते है। बिहार राज्य के जिला ''गया'' में ही पिण्ड–दान करने के औचित्य के सम्बन्ध में मेरे काव्य सँकलन ''तीर्थ सार'' के खँड ''गया तीर्थ'' के बारे में लिखी गयी पँक्तियों को यहाँ उदधृत करना चाहूँगा।

"ग" इन्द्रिय का सम्बोधक है

और "या" है बोधक

चल फिर का

जो हरि सुमरिन विस्मृत कर दे

वही "गया–असुर"

इन्द्रिय विचरे

इन्द्रियाँ "पिण्ड" का है बंधन

"पिण्डदान" मोक्ष आधार दे

प्रभु सार दे प्रभु सार दे ।।

मित्रों.... "गया" शब्द ही अपने आप में पूरी कहानी व इसमें छिपे गूढ़ रहस्य को स्पष्ट करता है। जनश्रुति के अनुसार एक गया असुर नाम के एक राक्षस ने कठोर तपस्या कर भगवान ब्रह्मा से ये वरदान माँगा कि जो लोग यहाँ पिण्डदान करें उन्हें मुक्ति प्राप्त हो । सुना है कि ब्रह्मा जी ने भी उन्हें तथास्तु कर ऐसा ही वरदान दे दिया । सच में कहा जाये तो यह कहानी कुछ पचती नहीं है। एक तो खुद ही राक्षस जिसे स्वयम मोक्ष मिलने की कोई गुँजाइश लगभग नहीं के बराबर रहती है दूसरे वह अन्य लोगों के हित के लिये मोक्ष की ना सिर्फ बात करें बल्कि कठोर तपस्या भी करें। तब तो यह फिर राक्षस का न होकर विशुद्ध रूप से सँत का आचरण है। अतः यहाँ उस राक्षस के बारे में भी हमें सोचने को मजबूर होना पड़ेगा।

मित्रों.... जैसा कि मैंने पूर्व में आप सब को अनेकों बार यह बताया है कि मनुष्य की भौतिक एवं सूक्ष्म इंद्रियों को "ग" शब्द से संकेत किया जाता है। साथ ही सँस्कृत भाषा के "या" शब्द का मतलब "चलना–फिरना" होता है। अर्थात जब हम ईश्वर या कहें कि परम चैतन्यता को भूलकर जड़ता या प्रकृति की दिशा में अपनी समस्त इन्द्रियों को चलाते हैं तो निश्चित ही तौर पर हम मोह या अज्ञानता को उपलब्ध हो जाते हैं। मोह तथा कामनाओं के कारण यह इन्द्रियाँ एक पाश अर्थात बन्धन की तरह हैं। अतः जन्म–जन्मान्तर हम इस

बन्धन में निरन्तर लिपटते ही चले जाते हैं और इस प्रकार चालू हो जाता है चौरासी लाख योनियों में पिण्ड का आवागमन । यही है पिण्ड का वो ऋण जिसे हमें इस प्रकार चुकाना है कि हम मनुष्य की भौतिक एवं सूक्ष्म इन्द्रियों के पिण्ड से मुक्त होकर हरि सुमिरन में विदेह अवस्था को प्राप्त हो सके। तभी हमें वास्तविक मुक्ति अथवा मोक्ष की उपलिब्ध होगी । विदेह अवस्था को प्राप्त करने का उपाय या कहें की मन सहित समस्त इन्द्रियों के पार जाने का सिर्फ एक ही तरीका प्रेम पूर्ण होकर ध्यान करना । ईश्वरीय सुर के विपरीत व इन्द्रियों के वशीभूत होकर चलने वाले हम लोग ही वस्तुतः उसी गया असुर की भॉति हैं और यही है गया असुर नाम के एक राक्षस की कठोर तपस्या का गूढ़–रहस्य । इसलिये गया नामक कोई असुर वस्तुतः है ही नहीं सिवाय के हमारी इन प्रकृति से इन्द्रियों विमोहित इन्द्रियों के । पिण्ड हमारी दुनियॉदारी में लगी स्वयम की ही इन्द्रियों का समुच्चय अथवा सँघ हैं और जब तक हम इसका दान ना कर दें हमारे अनन्त पितरों का ऋण अदा नहीं हो सकता । और यही है पिण्ड–दान की अति प्राचीन परम्परा का रहस्य । **हरि ॐ तत''सत''** ।।

अल्लाह की बंदगी में बकरीद–पर्व

और

इसमें ''बकरे'' की कुरबानी

....आखिर

इस कुरबानी की आवश्यकता क्यों ?

मित्रों.... प्रायः हम सुनते आये हैं कि "इस्लाम" एक अमन, शान्ति, शिक्षा, और आपसी भाई–चारे का मजहब या धर्म है किन्तु शायद ऐसे लफ्ज हमें मात्र अभी तक किताबों में पढ़ने में ही अच्छा लगता है । हकीकत में स्थितियाँ निःसंदेह इसके अनुकूल कभी महसूस ही नहीं हुई । अतः हमें इसके पीछे छिपे कारण पर ध्यान दिया जाना अनिवार्य होगा । मेरे मतानुसार पूर्व में कभी भी धर्म अथवा मजहब के नाम पर ऐसी अप्रिय एवं कटु–स्थितियाँ मौजूद थीं ही नहीं जो कि आज हमारे मध्य में हैं । मेरी दृढ़ मान्यता है कि हमारे पूर्वज लोग दिमाग की बजाय मजहब या धर्म को हृदय से अंगीकार करते थे जिसके कारण उनमें परस्पर दिल से प्रेम का नाता हुआ करता था और इस मूल स्वस्थ्य परम्परा के कारण ही हमारा समाज पूर्णतः खुशहाल था ।

जरा गौर करें कि यदि आज हमारे समक्ष साक्षात ईश्वर भी क्यों ना आ जाये तो भी हम उससे वास्तविक प्रेम न कर उसका औपचारिक दिखावा मात्र ही करेंगे । इसके पीछे छिपा है आज के युग में तथाकथित खोखली किताबी शिक्षा और कागजी डिग्रियाँ । इसने हमारे मस्तिष्क को इतने तर्कों–वितर्कों से परिपूर्ण कर दिया है कि मनुष्य के भीतर दिल नामक जीवित–अंग का सर्वथा विलोप हो गया है । हैरानी की बात यह है कि मनुष्यों में दिल न होने के बावजूद भी दिल के बीमारों की संख्या दिन–ब–दिन बढ़ती जा रही है । यह इस बात का द्योतक है कि लोग मन–मस्तिष्क व विचारों के ऐसे अधीन हो गये है जो ब्लड–प्रेशर, शुगर, पैरालिसिस, इनसामनीया, ब्रेन–हेमरेज, हार्ट–अटैक और ना जाने कैसी–कैसी गंभीर बीमारियों का मूल कारण है । तथाकथित बुद्धिमानों ने अपने दिल को पूरी तरह निकम्मा कर दिया गया है। वे सदा अपने दिमाग की ही बातें कहना और सुनना पसंद करते हैं । प्राचीन काल में शिक्षाऐं शब्दों में कम तथा इसमें निहित भाव व अर्थों में ज्यादा सार्थक हुआ करती थी ।

मित्रों.... हम आज के मुख्य मुद्दे पर आयें.... प्रथम मुद्दा है कि कोई भी मजहब या धर्म क्यों ना हो आखिर किसी भी ईश्वर, अल्लाह अथवा खुदा को कुरबानी की आवश्यकता भला क्यों ? वस्तुतः "कुरबानी" का मूल अर्थ है इस प्रकृति के हृदय (क+उर=कुर जो अरबी शब्द कहलाता है पर मेरे अनुसार यह सँस्कृत भाषा का ही विशुद्ध शब्द है) में छिपी हुई "बानी" जिस कि सँस्कृत भाषा के "वाणी" शब्द का अपभ्रंश और हिन्दू जिसे ब्रह्म–नाद अथवा ओंकार–ध्वनि या आकाशवाणी, मुसलमान इसे अल्लाह का आकाशीय पैगाम,

192

सूफी लोग धुन तथा सिक्ख सबद, नाम या गुरबानी भी कहते हैं और जिसे सुनकर कोई मनुष्य एक सच्चा मुसलमान बन उस पर ईमान लाता है और फिर वह अपने आप को "सुन्नी" कहलाने में फख्रः महसूस करता है । यहाँ आप ध्यान रखें कि मेरी मान्यता के अनुसार सच्चा मुसलमान मात्र वही है जिसे इस पवित्र–ईश वाणी को सुनने की असाधारण क्षमता प्राप्त है । तथाकथित हिन्दुओं ने इसे समाधि अथवा ब्राह्मणत्व की स्थिति कहा है । इस ईश–वाणी को सुनने की प्रथम मूल शर्त यह है कि मनुष्य को उसके भीतर के "अहँकार" अर्थात अपने आप को मात्र मनुष्य के मिथ्या–आकार में सीमित मान लेने की अवधारणा को ही पूर्णतः अथवा समूल नष्ट करना होगा इसे ही सँस्कृत भाषा में "मुसल्य" कहते हैं । इसे हम आम बोलचाल की भाषा में "मसल" डालना भी कहते हैं । इसके लिए ईश्वर के प्रति पूर्ण–समर्पण ही एकमात्र विधि है और "मुसलमान" शब्द का वास्तविक अर्थ भी यही है ।

वस्तुतः "अहँकार" के रहते ऐसा समर्पण कभी सम्भव ही नहीं है । ईश्वर की यह परम इच्छा है कि आप सदा उसके पास ही रहें जबकि "अहँकार" के मिथ्या मान के कारण आप हमेशा उससे दूरियॉ खुद बनाये हुए हैं । और वस्तुतः यही अल्लाह का फरमान है कि तुम अपनी सबसे प्यारी चीज मुझे कुर्बान करो .... यहाँ ध्यान दें.... खुदा के पास किसी भौतिक–अभौतिक चीज की किसी भी प्रकार कोई कमी नहीं है और ना ही हम आपमें वो तनिक भी सामर्थ्य है कि आप उस परम कृपावान पर तनिक कोई कृपा कर सकें अथवा कुछ दे भी सकें । वैसे भी अल्लाह तो आपसे कभी वो दुनियॉवी चीज कतई नहीं चाहेगा जिससे आप उसके करीब आने में कोई रोड़ा उत्पन्न करता हो और जिसके कारण आप अनावश्यक रूप से परेशान हों । साथ ही ना ही वो कभी किसी का बलिदान, खून–खच्चर या हिंसा आदि की माँग करेगा क्योंकि वह ना केवल आप भर के लिए बल्कि पूरी कायनात के जर्रे–जर्रे के प्रति परम कृपालु व रहमशील है ।

यहाँ पुनः ध्यान दें कि जब आपके दिल के भीतर स्वभावतः इतनी करूणा, ममता और रहम मौजूद है तो यह निश्चित है कि उस परम रहमान के भीतर तो यह हमसब की कल्पना से भी काफी वृहद होगा । अतः ईश्वर या खुदा आपसे कुछ माँगता भी है तो वह चीज माँगेगा जो आपको हमेशा कष्ट पहुँचाती रहती है और वह चीज है हमारा परम–प्रिय अहँकार और वस्तुतः खुदा

ने पैगम्बर हजरत अलैहिस्सलाम इब्राहिम से भी इसी ''अहंकार'' की ही माँग की होगी और जनश्रुति की कथनानुसार उनके द्वारा कुछ भी कुबूल नहीं किया सिवाय एक चौपाये–पशु बकरे के । इस अहँकार को जो कि हमारे ''मन'' (अशान्तिका मूल या गढ़)'' की गहराइयों में छिपा है, उसे ही ईश्वर को समर्पित किये बिना ''अमन'' कभी भी स्थापित नहीं हो सकता है । और बिना शाँति के उस ''शान्ताकारम'' प्रभु का दीदार भला कैसे सम्भव हो सकेगा....? इसी कारण इस्लाम को ''अमन अर्थात परम–शान्ति'' का मजहब कहते हैं । तथाकथित हिन्दू भी सार्वजनिक रूप से '' **ऊँ शान्तिः शान्तिः शान्तिः** '' कहकर अपने आप को ही मिथ्या–शान्ति का आश्वासन देते रहते हैं....। उन्होंने यदि कभी इस परम–पवित्र '' ऊँ'' शब्द का अन्वेषण किया होता तो निश्चित ही उनके द्वारा भी अपने भीतर–बाहर अर्थात हर ओर उस परम–शान्ति के उस ''शान्ताकारम'' प्रभु वस्तुतः खुदा अथवा ''सत्य'' का दीदार अवश्य कर लिया गया होता....।

मित्रों.... जैसा कि मनुष्य के भीतर अहँकार सदा ''मैं–मैं की ही भाषा ''बकता'' (यह शब्द सँस्कृत भाषा के मूल 'वाक' शब्द का अपभ्रंश है)रहता है इसलिए ईश्वर की बन्दगी में ये अहँकार परम बाधक होने के कारण इसका बलिदान करना अति आवश्यक है और इससे कम कुछ भी अल्लाह या ईश्वर को कतई कुबूल ना होगा । याद रखें.... यहाँ बलिदान से तात्पर्य ''कुरबानी'' का है जिसका हमने प्रारम्भ में ही वर्णन किया है । चूँकि मनुष्य स्वभावतः बहुत ही मस्तिष्क–विचारों का धनी एवं चालाक प्राणी है जिसके कारण वह उसके भीतर मौजूद अहँकार को कभी मरने या फना होने नहीं देता है और तो और अपने अहँकार की रक्षा करने के लिए वह सदा ही कोई ना कोई सरल–विकल्प अथवा उपाय ढूँढ ही लेता है । इसलिए उसने अपने अहँकार के एवज में ''बकरे'' को बलिदान के लिए सबसे उपयुक्त बनाकर दुनियाँ के सामने पेश किया । तथाकथित हिन्दुओं ने भी सार्वजनिक रूप से ''बकरे'' को बलिदान के लिए सबसे उपयुक्त जीव पाया । ''बकरा'' स्वभावतः सदा ''मैं–मैं'' की ही भाषा ''बकता'' रहता है यहाँ तक कि स्वयम के मरने की घड़ी में भी बकरा सदा मैं–मैं ही चिल्लाता रहता है । अतः यह निश्चित है कि इस सांकेतिक बलिदान से खुदा वस्तुतः कभी भी खुश नहीं होगा ।

''ईद'' शब्द का सामान्य अर्थ होता है अति–खुशी ! इसे सँस्कृत भाषा में परम– आनन्द भी कहते हैं और यह सत्चिदानन्द–प्रभु का ही अंश है । यह

परम—आनन्द किसी अन्य प्राणी को किसी भी प्रकार हलाल कर अथवा कष्ट पहुँचाकर कभी हासिल किया ही नहीं जा सकता । यहाँ एक और नया शब्द "हलाल" का प्रयोग किया गया है जो कि हमारे बीच आज भी यह अत्यंत ही रहस्यमय बना हुआ है और इसके बारे में चर्चा ना करना उचित नहीं होगा । वस्तुतः हमारे मस्तिष्क के भीतर "मन" अत्यंत ही विस्फोटक है । सभी मजहबों में इसके संयम का उपाय करने को कहा गया है, जिसके परिणामस्वरूप अनेक विधियों की खोज की गयी और ये हर बार दमन का शिकार हुआ ।

यहाँ उल्लेख करना समीचीन होगा कि "मन" से शक्तिशाली केवल ईश्वर ही है । अतः मनुष्य द्वारा मन का दमन करना ना तो सम्भव है और ना ही उचित है । इसलिए हमें "मन" के दमन की बजाय इसका "शमन" करना ही होगा । "शमन" करना अर्थात मन को धीरे—धीरे काटना ताकि वो शाँत हो जाये जिससे वो भविष्य में कभी विस्फोटित ना हो सके और यही है "मन" का खत्म होकर "अमन" की वास्तविक स्थापना । अर्थात सही अर्थों में ईश्वर की रहमत उन पर जिसे उर्दू भाषा में "इस्लाम" कहा गया है । इस प्रकार मन के जटिल संकल्प—विकल्पों के जँजाल को अच्छी तरह समझकर विवेकपूर्ण तरीके से उसका अति सुन्दर एवं सम्यक—हल निकाला जाना ही वस्तुतः "हलाल" (हल+अल) अर्थात मन के "शमन" की प्रकिया है ।

"हल" के सम्बन्ध में थोड़ा और गहराई में जाए तो पता चलेगा कि तथाकथित हिन्दुओं के भगवान श्रीकृष्ण के बड़े भाई बलराम भी 'हलधर' इसी कारणवश कहलाया करते थे । सदा उनके कंधे में एक सामान्य खेती के काम आने वाला "हल" जो कि वस्तुतः कोई त्रिशूल, तलवार, धनुष, भाला जैसा कोई पारम्परिक शस्त्र या हथियार इत्यादि बिल्कुल भी नहीं है और न ही कोई भी राजघराने का पुत्र कभी ऐसी बेवकूफी भरा कोई काम कदापि करेगा और तो और पूरी दुनियाँ को परम ज्ञान का उपदेश देने वाले श्रीकृष्ण ने उन्हें इस प्रकार के मूढ़ता पूर्ण कार्य न करने हेतु आखिर क्यों नहीं समझाया गया ? और क्या रहस्य है कि लोग उनके हल से इतना स्नेह रखते हैं और आज के वैज्ञानिक युग में भी उन्हें 'हलधर' कह कर पुकारते हैं तथा बड़े ही मनोयोग से उनकी पूजा भी करते हैं ।

मित्रों.... मेरी मान्यता एवं विषयों के अन्वेषण के अनुसार श्री बलराम न मात्र शक्तिशाली वरन एक अति बुद्धिमान व्यक्ति थे जिनके पास हर समस्या का 'हल' अथवा इसे 'निराकरण' कहना ज्यादा उचित होगा, हुआ करता था । अतः मात्र इसी कारण वो हलधर कहलाये । आज के युग में भी इस देश की गिरती अर्थ–व्यवस्था के मद्देनजर कृषि क्षेत्र को उद्योग का दर्जा न दिया जाना भी उनके इस गहन संदेश में निहित है । ....ध्यान रखे कृषि किसी भी देश की सार्वकालिक अर्थ–व्यवस्था का सबसे अचूक हथियार है और आज हमारा देश इसे पिछड़ेपन की निशानी मान कर तथा अज्ञानतावश इसकी उपेक्षा कर बहुत बड़ी चूक कर रहा है ।

अब हम अपने मूल विषय की ओर लौटते हैं । हम अहँकार के वास्तविक बलिदान को जानें और खुद के अहँकार को खुदा के श्रीचरणों में समर्पित करें । हमारे जीवन के सभी प्रश्नों का इसमें हल छिपा हुआ है और यही हमारे कुरबानी की सही गाथा होगी । अति वृहद समय–काल गुजरने के कारण ''बकरीद–पर्व'' के विषय में पर हम पैगम्बर हजरत अलैहिस्सलाम इब्राहिम के द्वारा बताए गये ''बकरीद'' के सच्चे अर्थों को गहराई में जाकर समझे । खुदा हाफिज.... बकरीद मुबारक.... ईश्वर अल्लाह एको नाम.... सबको सम्मति दे भगवान **। हरि ॐ तत सत ।।**

कायस्थ समाज
और
भगवान चित्रगुप्त की पूजा

मित्रों.... दीपावली पर्व के दूसरे तीसरे दिवस तथाकथित कायस्थ समाज के लोगों द्वारा ''कलम दवात'' की पूजा की जाती है उनका ऐसा विश्वास एवम मान्यता है कि ऐसा करने से भगवान चित्रगुप्त उन पर प्रसन्न होते हैं और उनकी कृपा सदा बनी रहती है । दुर्भाग्वश हमारे समाज में जाति प्रथा के आगमन के समय कुल चार वर्ण ही रहें हैं जिसमें ब्राह्मण, क्षत्रिय , वैश्य और शूद्र ही थें । ''तथा कथित कायस्थ'' कहाँ से आये.... ये सब हम मनुष्यों के दिमाग की ही उपज है और आगें भी इसी तरह हमारे समाज में विभिन्न शाखायें प्रशाखायें प्रस्फुटित होती रहेगी ।

वंशानुगत विशेषताओं के चलते ''तथाकथित कायस्थ'' समाज के व्यक्तियों का मस्तिष्क अत्यन्त ही उवर्रा श्रेणी का होता हैं । इसमें किसी प्रमाण की कोई आवश्यकता ही नहीं । हमारे देश के प्रथम राष्ट्रपति माननीय राजेंद्र प्रसाद जी स्वयम कायस्थ समाज से ही हुए हैं जिन्होंने इस देश का सँविधान बनाया । जबलपुर के नाते यहाँ मैं उल्लेख करना चाहूँगा कि यहाँ की धरती ने महर्षि योगी ''जैसे सपूतों को प्रगट किया जिन्होंने न सिर्फ कायस्थ समाज अपितु इस देश का नाम ''विश्व–स्तर'' पर रोशन किया ऐसी ही अनन्त जीवन्त गौरव कथायें हैं। यह अति संयोग का ही विषय है कि मैं एवम मेरे पिता के जितने भी घनिष्ठ मित्र हैं उनमें 99 प्रतिशत कायस्थ है। अब हम मूल विषय की ओर चलें सर्वप्रथम हम ''कायस्थ'' शब्द का अर्थ जाने । '' मानव काया '' में स्थित उस परम प्रज्ञावान आत्म–तत्व को ही ''कायस्थ'' कहा जाता है।

हमारे धर्म शास्त्रों के अनुसार मनुष्य के मूलतः तीन शरीर होते हैं। प्रथम स्थूल, द्वितीय सूक्ष्म और तृतीय कारण शरीर । स्थूल शरीर एक दृष्यमान शरीर है, अन्न से निर्मित होने के कारण इसे अन्नमय शरीर भी कहते हैं । इस स्थूल शरीर के भीतर एक अदृष्यमान सूक्ष्म शरीर है । जिसमें मनुष्य की कामनाओं के अनुसार पँच महातत्व की मन, बुद्धि और अहँकार की सूक्ष्म तन्मात्राऍं मौजूद रहती है । हर जन्म में इसी सूक्ष्म शरीर की ही एक शरीर से दूसरे शरीर की यात्रा होती है । बुद्धि–तत्व के ऊपर मनुष्य की चित्त अवस्था होती है । ''चित्त'' शब्द एक बहुत सामान्य शब्द है जिसका अर्थ होता है कि जिस अवस्था में कोई भी हलचल न होवे । प्रायः कुश्ती, पहलवानी मे इस शब्द का बहुतायत में प्रयोग

होता है । मेरा विश्वास है कि अब आप भी इसका अर्थ ठीक से समझ गये होंगे।

मनुष्य का चंचल मन प्रतिपल कुछ ना कुछ ऐसी हरकतें करता रहता है जो कभी प्रगट हो जाती है और कभी प्रगट भी नहीं होती । मन की चंचलता केवल और केवल "श्रीमन नारायण हरि" के कृपा प्रसाद से ही रूक सकती है। और इसी कारण से भगवान श्री कृष्ण की पत्नी का नाम "रूकमनी "है अर्थात श्रीकृष्ण का स्वरूप देखकर जहाँ मन "रूक"जाये । यह रूका हुआ मन " मणि " अर्थात एक बहुमूल्य नगीना के सदृश्य है । इस चॅंचल मन में विचारों की उत्पत्ति चित्त में संकल्पों की तरंग के कारण होता है । मनुष्य के चित्त की अवस्था एक परम शान्ति की अवस्था है जहाँ वह कामनाओं के वशीभूत होकर संकल्पों–विकल्पों के तरंग विक्षोभ अर्थात एक हलचल पैदा करते हैं और उसी के अनुसार मनुष्य विभिन्न योनियों में जन्म लेता है । यह योनियॉ मनुष्यों के कर्मो एवम उनकी भावनाओं पर पूर्णतः आधारित होती है। मजे की बात यह है कि मनुष्य के चित्त में विचारों एवं कामनाओं की रिकार्डिग सतत "गुप्त रूप" से होती रहती है। और यही है हमारे देव "चित्र गुप्त महाराज " जी जो मरने के बाद मनुष्य के हर गुप्त एवं प्रगट कर्मों, उनकी भावनाओं इत्यादि का संपूर्ण लेखा–जोखा यमराज के सामने बिना किसी दवाब के ज्यों का त्यों रख देते है। और इसी लेखा–जोखा को याद रखने के लिए कायस्थ–समाज के बुद्धिमान लोग "कलम–दवात" की पूजा कर भगवान चित्रगुप्त की पूजा का उपक्रम करते हैं.... आज बस इतना ही.... भगवान चित्रगुप्त को सदा साक्षी रखकर कर्म करें आप सदैव सफल होगें.... शुभकामनाओं सहित **।। हरि ॐ तत "सत" ।।**

दशहरा :
असत्य में
सत्य की विजय

मित्रों.... इस भौतिक एवं वैज्ञानिक युग में मनुष्य बहुत ही तार्किक बुद्धि वाला हो चला है। यद्यपि तार्किक होना कोई गुनाह अथवा अपराध नहीं है फिर भी सभी धर्म इसे अच्छा कतई नहीं मानते और यही मुख्य कारण है कि धर्म के मामलों में हमारे बड़े–बड़ें विद्वान तथा पढ़े–लिखे लोग भी पूर्णतः अँधविश्वासी हो चले है। यह अत्यंत विस्फोटक स्थिति है और इसी के चलते आज दुनियाँ में सभी धर्मों का आतंक मचा हुआ है।

सनातन धर्म मे पच्च महातत्व यथा पृथ्वी, जल, अग्नि, वायु, आकाश और तीन अन्य सूक्ष्म तत्व यथा कि मन, बुद्धि तथा अहँकार इन अष्ट भागों में इस जड़ता रूपी प्रकृति का सूक्ष्मतः वर्गीकरण ध्यान देने योग्य है। इस वर्गीकरण में समस्त ऐसे तत्वों को सम्मिलित किया गया हैं जो आँखों से दिखने अथवा ना दिखने के बावजूद भी अपना अस्तित्व रखती है। इसे ही ''अष्टधा प्रकृति'' अथवा जड़ , नारी, मिथ्या, माया, तिरिया, असत्य इत्यादि भिन्न भिन्न नामों से पुकारा गया है। यही ''अष्टधा प्रकृति'' प्रभु के माया द्वारा निर्मित कृति है । कृति कर्म का परिणाम है और कर्म होता है हमारे भौतिक शरीर में अवस्थित पाँच कर्मन्द्रियों तथा पाँच ज्ञानेन्द्रियों इस प्रकार कुल दश इन्द्रियों के माध्यम से । यहाँ पुनः यह ध्यान देने योग्य हैं कि इस कर्म को मुख्यतः प्रेरित करने वाला तत्व हमारा अहँकार एवम उसका परम सहयोगी या अनुचर मन ही है। तत्पश्चात अज्ञानतावश अभाव की मिथ्या अनुभूति से अथवा कहें कि किसी ना किसी कामना के वशीभूत होकर मन के संकल्प विकल्पों के ताने बाने से ही समस्त कर्मों का जन्म होता है । और कर्म–फल के सँविधान से बँधी यें दुनियाँ और फिर उसके आगे चलने वाली दुनियादारी ।

'' करम प्रधान विश्व करि राखा । जो जस करहिं सो तस फल चाखा ।। ''

इस प्रकार तुच्छ कामनाओं से अभिप्रेरित सामान्य व्यक्ति इन ''दश'' इन्द्रियों द्वारा ''हरा (हरण–किया)'' हुआ है। यही दशहरा ''का वास्तविक अर्थ है । इन ''दश'' इन्द्रियों का वृहत अहँकार तथा त्रिःगुणों से युक्त ही ''दशानन'' अर्थात दश आनन या मुख वाला त्रिलोक विजयी राजा रावण है। ये समस्त त्रिलोक सात्विक, राजसिक एवम तामसिक तीनों गुणों का विस्तार ही स्वर्ग, पृथ्वी और पाताल इत्यादि नाम के तीन अलग–अलग लोक जगप्रसिद्ध है । अतः प्रकृति की ओर उन्मुख तथा इन तीनों गुणों से पूरी तरह आच्छादित मनुष्य के

स्वयम का अहँकार है और इसी स्वयम के अहँकार का ही दूसरा नाम रावण है। यहाँ हमारे मन सहित समस्त इन्द्रियों के राजा की उपाधि ही रावण का घोतक है। यही रावण पूर्णतः मिथ्या, असत्य आधारों वाला प्रकृति स्वरूप अहँकार तत्व ही है।

हमारे धर्म शास्त्र स्पष्ट उद्‌घोषित करते हैं " **सत्यम एव जयते** " अर्थात जीत हमेशा ''सत्य'' की ही होती है । इस दुनियॉ में मात्र एक ही तत्व को सत्य कहा गया है जो कि वस्तुतः राम नाम ही है । इसे हिंदू ऊँ, सिख सतनाम, मुसलमान, ईश्वरीय संदेश, पैगाम इत्यादि संकेतों से जानते हैं। यहाँ यह विशेष कर ध्यान रखे कि ''राम'' कोई साकार मूर्ति ना होकर निर्गुण और निराकार है तथा मात्र उसी राम को पुरूषों में उत्तम अर्थात ''पुरूषोतत्म'' की संज्ञा दी गयी है। यहाँ पुरूष वर्ण का अर्थ किसी ''जेण्डर'' अथवा लिंग से कतई नहीं है। अतः सदा जीतने वाला तत्व राम ही होगा। चूँकि प्रकृति उसके स्वयम की ही बनाई हुई कृति है भला वो उससे जीत भी कैसे सकती है। इस प्रकार त्रिगुण युक्त ''अष्टधा प्रकृति'' अथवा जड़, नारी, मिथ्या, असत्य इत्यादि नामों से पुकारी जाने वाली प्राकृतिक शक्तियों से युक्त, परम शक्तिशाली–अष्ट देवियों की शक्तिरूपी रात्रि के पश्चात के उपरॉत ही नवम–दिवस में आशक्तिपूर्ण तथा परम प्रकाशमय ''रामनवमी'' का पर्व मनाया जाकर ''दशहरा'' मैं उस ''सत्य पुरूष'' राम, द्वारा रावण का अन्त किया जाता है और यही है असत्य पर सत्य के सत्ताधारी की वास्तविक विजय **। हरि ऊँ तत सत ।।**

धन तेरस पर्व का महत्व

मित्रों.... इस दुनियाँ में विषमता रूपी विष के साम्राज्य में प्रायः प्रायः सभी लोग जी रहे हैं: बड़े दुर्भाग्य का विषय है कि विष के सेवन में ही लोगों को अमृत का भरपूर आनन्द आता है। यह कोई नयी बात नहीं है। यहाँ तक कि हमारा दैनिक आहार विहार भी पूर्ण रूप से विषमय हो चला है और मात्र इस विषमय समाज के समक्ष मिथ्या दिखावा करने हेतु हमसब धन तेरस पर्व के दिन अपने समाज के किसी बड़े डॉक्टर, हकीम या बैद्य को थोड़ा बहुत सम्मान अथवा "धनवन्तरी प्रभु" के प्रति साल में एक बार औचारिक पूजा कर तथा मार्केट से "स्वास्थ्य–कलश" के स्थान पर स्वर्ण, बर्तन, भॉड़े, सोना, चॉदी, गहने इत्यादि खरीदकर अपने कर्तव्य की इतिश्री मान लेते हैं। क्या यही है आपका धन तेरस पर्व....?

क्या कभी किसी ने भी ये जानने का प्रयत्न किया है का तत्वतः क्या है ये "स्वास्थ्य कलश" और वर्तमान में कहाँ है ? स्वास्थ्य कलश को लेकर प्रगट हुए वो "धनवन्तरी प्रभु" कहाँ चले गए ? यह कहना लगभग सत्य ही होगा कि भौतिक धन से मात्र भौतिक वस्तुओं के क्षणिक खुशी की प्राप्ति सम्भव हो सकती है पर आत्मिक खुशी सदैव अप्राप्त ही रहती है। भौतिक धन सदा अपूर्ण होता है यद्यपि हमारा पूरा अमूल्य जीवन इसकी भरपाई में ही बीत जाता है और फिर प्रारम्भ हो जाती है जन्मों–जन्मों की थकान पूर्ण यात्राओं का नया दौर हर बार.... बारम्बार.... ।

वस्तुतः सभी लोग उस अमृतरूपी राम रतन धन की ही तलाश में हैं जो उन्हें देगा.... परम विश्रॉति रूपी अलौकिक सँपदा.... राम रतन धन....। मुख्य मुददा यह है कि इस दुनियाँ में वो अमृतरूपी राम रतन धन कैसे मिले ? इस संसार सागर में कस्तूरी मृग के नाभि की भॉति छिपे हुए "सार" वस्तु की खोज में सभी देव दानव रूपी शक्तियॉ एक साथ मिलकर जब सागर मन्थन करती है तो कुल "चौदह रत्नों" के प्राप्ति की कथा हम सब सुनते आये हैं । इन समस्त चौदह रत्नों में तेरहवॉ–रत्न "धनवन्तरी–प्रभु" का अवतरण है जोकि "स्वास्थ्य" के देव माने जाते हैं। इनके हाथों में जो औषधि "कलश" है वो ही दुनियाँ के हर रोग का वास्तविक इलाज है।

वस्तुतः "स्वास्थ्य" का मतलब ही है "स्व" में स्थित होना है अथवा कहें कि "आत्म अर्थात अपनी जान में निरत होना अथवा रमण करना"। यह बहुत

ही विस्मयपूर्ण घटना है कि मुस्लिम भाई लोग इसे अन्य पर्व समझकर ''रमजान पर्व'' के रूप में मनाते है। श्रीमदभगवदगीता में इसे ही स्वधर्म कहा गया है अतः ''स्व'' में स्थित होने के लिये व्यक्ति में पात्रता'' आवश्यक है.... और यही उस ईश्वर को धारित्र कर सकने वाला पात्र ''कलश'' है जो दुनियाँ के किसी भी मार्केट मे कभी ढूँढ़ने पर भी उपलब्ध न हो सकेगा । ''कल'' से तात्पर्य सुन्दरता का होता है और ''स'' का अर्थ उस ईश्वर से है जो रस–युक्त है। अतः वह ''स्वर्ण–कलश'' कोई बर्तन अथवा पात्र वगैरह ना होकर वस्तुतः मनुष्य की एक परम पवित्र '' पात्रता '' है जो अपने ही भीतर उस परम आनन्द रूपी ईश्वर को धारित्र करने में सक्षमता को दर्शाती है। यह परम आनन्द भौतिक वस्तु न होने के कारण कभी कहीं से क्रय किया जाना सम्भव न होगा ।

अतः ''स्व अर्थात आत्म'' में स्थित चौदहवें रत्न ''परम आत्म ''रूपी उस राम–रतन धन की प्राप्ति कर मनुष्य सच्चे तौर पर ''धनवंन्त'' हो सकता है। और यही तेरहवां प्राथमिक अनिवार्य तत्व ''धनवन्तरी प्रभु'' और उनका स्वास्थ्य पात्र हर मनुष्य के चित्त में ''अँतरिक्षरूपी'' अथवा आकाशीय–अवस्था की प्राप्ति पर सर्व भव रोग की औषधि के रूप में अवतरित होगा । वस्तुतः यही है औषधि कलश का रहस्य । आप सबको धन तेरस पर्व की अनन्त शुभकामनायें **। हरि ॐ तत ''सत''।।**

दीपावली
और
राम रतन धन की खोज

" जिसे सागर सुता ने वरण किया,

और लक्ष "चरण रज" "अमी" पिया

"लक्ष्मी "बनी वैभव की दात्री,

थके देव असुर सागर मथनम

श्री राम नाम "ओंकार धुनम",

अनमोल रतन ये धनम धनम ।। "

...... (सागर–सुता अर्थात मॉ–लक्ष्मी)

आप सबकों दीपावली की अनन्त शुभकामनायें ।

" जगत प्रकाश्य प्रकाशक रामू...." मान्यवर गोंसाईं श्री तुलसीदास जी की इस प्यारी ऋचा रूप चौपाई का हम ठीक ठीक अर्थ जाने । इस दीप पर्व पर हम इस ब्रह्माण्ड के प्रदीपक प्रभु "श्रीराम" जो जन्म मृत्यु के अज्ञानतारूपी अन्धकार से परे तथा जिनकी दीप्ति अथवा नूर से यह सारा चर अचर जगत प्रकाशित है, के प्रति पूर्ण अहोभाव से झुकने का भाव अपने ह्रदय में स्थापित करें जिससे हमारे हृदय में दीपों की आवलि अर्थात अनन्त प्रकाश श्रॅंखलायें, दीपावली बनकर हमें जन्म–मृत्यु के अज्ञानरूपी अंधकार से परे महाजीवन की ओर अग्रेषित करे । दीपावली के पुनीत अवसर पर प्रार्थना है कि आप सब उस रामरतन धन को "विवेकपूर्ण ढँग से पहचानकर श्री प्रभु के चरणों में स्वयम के अहँकार को ठीक वैसे ही समर्पित कर दे जिस प्रकार सागर–मंथन की पौराणिक घटना में प्रागटय के उपरान्त, तत्काल बिना कुछ सोचे माँ–लक्ष्मी" ने स्वयम को अत्यंत ही सहजता से पूर्णतः प्रभु के श्री चरणों में सदा के लिये समर्पित किया । और फिर प्रभु की कृपा तो देखिये.... बिना किसी पूर्व परिचय के माँ–लक्ष्मी" ना सिर्फ समस्त वैभव की दात्री स्वयम बन गयी अपितु उनकी सतत–संगिनी भी बन गयी। जबकि इन्ही माँ–लक्ष्मी के साथ ही सागर–मंथन से उत्पन्न हुए "जालन्धर" नामक भाई की दुर्गति क्या हुई इसका विवरण पौराणिक कथाओं में अत्यंत विस्तृत रूप में वर्णित है। तथाकथित अमृत रूपी कामनाओं के कंकड़–पत्थर रूपी भ्रामक रत्नों के मिथ्या चक्कर में फँसे बेचारे देव और

असुर दोनों सागर मथते ही रह गये । जिसे "राम रतन धन" मिला हो उसे माँ–लक्ष्मी की सहज कृपा में कोई अड़चन भला कहाँ ? आज हम दीपावली के पुनीत अवसर पर माँ "लक्ष्मी" द्वारा प्रभु के चरणों में किए गए समर्पण की सहज विधि को जाने और फिर उनके पुत्रवत होकर माँ लक्ष्मी" की सहज कृपा के पात्र बने।

" ऊँ असतो मा सदगमय,

तमसो मा ज्योतिर्गमय,

मृत्यो मा अमृतमगमय ।। "

अर्थात इस मानव योनि के रहते हमें जीवन के असली लक्ष्य व पुरूषार्थ को जान लेना चाहिये । इस जगत के वास्तविक प्रकाशक "ऊँ" तत्व का हमें ठीक से अन्वेषण कर लेना उचित होगा । यह परम आवश्यक होगा कि इस माया रूपी प्रकृति के असत्य की बजाय हम उस मायापति प्रभु श्रीराम अर्थात सत्य की ओर चले बाह्य अंधकार की बजाय अपने भीतर के उस परम प्रकाश की ओर चलें । ...और यदि हम वैसा कर पाने में सफल हुए तो हम इसी जीवन में पूरी तरह मृत्यु से मुक्त होकर उस अमृतरूपी परमात्मा को प्राप्त कर सकेंगें । ईश्वर वस्तुतः परम प्रकाशक है । अतः हम उस नूर को जाने अपने भीतर प्रेम प्रकाश के दीप को जला कर उसके आगमन का हार्दिक स्वागत करें **। हरि ऊँ तत "सत"।।**

उत्तर भारतीयों द्वारा

मनाये जाने वाले

छठ पर्व

एवम

सूर्य की पूजा

के संबंध में

मित्रों.... आजकल सभी तथाकथित धर्मों, वर्णो, सम्प्रदायों इत्यादि में अपने अतिप्राचीन धर्म परम्पराओं को बड़े जोर शोर के साथ मनाने का फैशन सा चल पड़ा हैं। अपने देश की पुरानी सांस्कृतिक जीवन प्रणाली को पुर्नजीवित करने हेतु यह एक बहुत ही अच्छा कदम है। किंतु हमें फिर भी कुछ चीजों से सावधान रहने की नितांत आवश्यकता है। "अति सर्वत्र वर्जयेत" हमारे सभी धर्म–शास्त्रों में किसी भी अतियों की सर्वदा वर्जना अथवा कहें कि स्पष्ट मनाही की गयी है। और सदा से ही मध्यम मार्ग अपनाने हेतु सलाह दी जाती रही है। अतः हमें इस ओर भी विशेष ध्यान देना उचित होगा कि इन पर्वो को मनाने में अति उत्साह में हम कुछ ऐसे अंधविश्वास पूर्ण कृत्य करने ना लग जायें जिससे ना केवल हमारी जग– हँसाई होती है बल्कि कईयों की जान पर भी बन आती है।

विगत वर्ष बिहार के पटना जिले में उत्तर भारतीयों द्वारा मनाये जाने वाले छठ पर्व एवम सूर्य की पूजा के अवसर पर एक अत्यंत ही दर्दनाक घटित हुई जिसमें कई निर्दोष धर्मावलम्बियों की जान तक चली गयी । शायद ही अब आगे के वर्षों में उनके घर परिवार के सदस्य इस अभागे पर्व को पुनः हर्ष उल्लास से मना पायें और कहीं यह त्यौहार सदा उनके परिवार जनों के लिये एक मातमी त्यौहार में परिवर्तित न हो चुका हो । मेरा प्रयास उन दिवंगत निदोर्षों के प्रति एक श्रद्धाँजलि स्वरूप आम लोगों को इस बारे में वस्तुस्थिति से अवगत कराना है ताकि हम अपने समाज की प्राचीन परम्पराओं में छिपे हुये उन महत्वपूर्ण गूढ़ संकेतों को ठीक ठीक ग्राह्य करने में ना सिर्फ सफल हो सके बल्कि मेरा प्रयास हम पर हँसने वाले तथाकथित वैज्ञानिक बुद्धि के अहँकारी व्यक्तियों तथा अन्य विदेशी लोगों को भी एक करारा जवाब देना है ताकि हम उन्हें अपने महान भारत देश की उस अति पुरानी सॉंस्कृत तथा वैज्ञानिकतापूर्ण जीवन प्रणाली से अवगत करा सकें जिसका अनुकरण आज से 100 वर्ष बाद वे स्वयम करने को मजबूर होगें।

वस्तुतः भारतीय दर्शन के महान सूत्र में "**तमसों मा ज्योतिर्गमय** " उस परमात्मा के अनुसन्धान की प्रकिया का प्राथमिक चरण है जो भगवान श्रीराम के स्वागतम हेतु अवधपुरी के वासियों द्वारा प्रतीक रूप से प्रारंभ किया गया । हम इसे दिवाली के नाम से मनाते है। दीपावली पर्व हेतु हम अपने वास्तविक गृह स्थल अर्थात दिल के प्रतीक रूप में अपने घर के प्रत्येक कोनों की अच्छी तरह साफ सफाई रंग–रोगन कर उस परम ईश्वर राम प्रभु के आगमन हेतु हर्ष व

आनंदयुक्त तथा पूरी पवित्रता का वातावरण निर्मित करने का उपक्रम करते हैं क्योंकि उसके आगमन एवं निवास हेतु हृदय स्थल के पूर्णतः पाक या निर्मल होने की अनिवार्यता है।

वर्तमान में भौतिक रूप में इस स्वागत उत्सव को मनाने हेतु प्रयोग किये जाने वाले तरह–तरह के घातक फटाखे मनुष्यों तथा पर्यावरण दोनों हेतु अत्यंत अहितकर है। तथा वैसे भी आर्थिक रूप से हम सब के पैसों का पटाखों में अपव्यय किया जाना कदापि बुद्धिमानी नहीं मानी जा सकती है। खुशी की बात है कि आजकल बढ़ती मंहगाई तथा दुर्घटनाओं से प्रेरणा लेकर आम लोगों में काफी जागरूकता आयी है यद्यपि इनका प्रयोग थोड़ा कम हुआ है किन्तु इसे और भी कम करने की आवश्यकता है।

विशेषकर वैज्ञानिक बुद्धिधारी लोगों के लिये.... उन्हें इस बात पर विशेष ध्यान देना अति आवश्यक होगा कि दीपावली का दिन पूरे वर्ष की अवधि में सर्वाधिक गहन अंधकार वाली अमावस्या की रात्रि में ही घटित होता है। जिसमें सूर्य भी दक्षिणायन अर्थात अपने स्वाभाविक गुणों के विपरीत रहता है। इस प्रकार लॅबी और गहन अंधकार वाली अमावस्या की रात्रि भी एक "अति" की श्रेणी के ही अन्तर्गत है जहाँ से शीघ्र ही आत्मा रूपी ज्ञान का दीप प्रज्वलित कर हम अपनी मन्जिल उस परम विराट ज्ञान रूपी परमात्मा की ओर उन्मुख होने का मार्ग प्रकाशित करते है । प्राकृतिक रूप से भी गहन अन्धकार के पश्चात पुनः किसी अन्य तरह के गहन अन्धकार के प्रादुर्भावना की कोई गुँजाइश हो ही नहीं सकती । तत्पश्चात निश्चित रूप से एक सुप्रभात का आगमन होगा ही ।

अब हम दीपावली पर्व की पृष्ठभूमि वाले "छठ पर्व"के बारे में जाने दीपावली पर्व के ठीक छठवें दिवस यह पर्व आता है। हम सब इसे सँस्कृत भाषा के "षष्ठ " जिसका अपभ्रंश स्वरूप हिन्दी के सामान्य बोलचाल की भाषा में "सठ" अथवा छैः या छठवाँ " होता है , के रूप में मनाते हैं।

"सठ" शब्द को हम प्रायः बुरे–व्यक्तित्व वालों के लिए इस्तेमाल करते हैं.... आखिर ऐसा क्यों ? कृपया इस सम्बन्ध में जरा विषय से हटकर पुनः ध्यान देवें कि हमसब किसी महापुरूषों या फिर अति सम्मानित व्यक्तियों यथा कि अपने गुरू, आचार्यों, बुजुर्गों या फिर अपने से श्रेष्ठ बड़ों को साष्टांग प्रणाम क्यों

करते हैं....? आखिर ये "षष्ट" अंग क्या चीज है जिसके समर्पण के साथ हमारा अहँकार विसर्जित हो जाता है जोकि हमारे ईश्वर से मिलने में अधिक बाधक है?

मित्रों.... अति सँक्षिप्त में केवल यह बताया जाना आवश्यक होगा कि हमारी निद्रावस्था में भी जबकि हमारी सभी शारीरिक इन्द्रियॉं विश्राम की अवस्था में होती हैं तब भी अकेले ही हमारा यह मन सतत चलता ही रहता है । यही मन हमारे कामनाओं की पूर्ति हेतु हमें तरह–तरह के अच्छे–बुरे स्वप्न भी दिखाता रहता है । अतः जब निद्रा में इस मन का इतना अधिकार है तो हमारे सामान्य जाग्रति की अवस्था में वह मन कितना शक्तिशाली व प्रभावशाली होगा जबकि उसकी सभी सहायक इन्द्रियॉं उसके ही इशारे पर कार्य कर रहीं हों । निसंदेह इसी मन के सतत चलने के कारण ही हमसब इस दुनियादारी में फँसे हुए हैं और ईश्वर के प्रतीक स्वरूप "गुरू" के श्रीचरणों में हम इसे समर्पित कर करने के उपरांत ही परम विश्राम की स्थिति को उपलब्ध हो पाते हैं । इसी छठवें अंग अर्थात मन के विश्राम में चले जाने की प्रक्रिया का उपकम हम करते हैं जो कि साष्टांग प्रणाम के नाम से जाना जाता है । हमारी प्राचीन परम्परा के अनुसार भूमि पर लेट कर तथा छेः शारीरिक–अंगों का भूमि स्पर्श कराना मात्र इसका प्रतीकात्मक प्रर्दशन है ।

इस "अष्टधा–प्रकृति" पृथ्वी, अग्नि, जल, वायु और आकाश जैसे पँच महाभूत के अतिरिक्त मन, बुद्धि और अहँकार में से मन ही सबसे बलशाली और "छठवाँ–तत्व" है जो बुद्धि तथा अहंकार जैसे महा–तत्वों को भी, उनसे तुच्छ होने के बावजूद भी उन्हें अपने अधीन बनाये रखता है । यही मन अपने कामनाओं के वशीभूत होकर संकल्पों–विकल्पों के ताने–बाने बुनकर इस दुनियॉं और दुनियादारी के अज्ञान में बुरी तरह मनुष्यों को डुबाकर रखे हुए है । वस्तुतः यही है छठ पर्व के अवसर पर लोगों द्वारा पानी में डूबे रहकर उस रात्रि को गुजरने की प्रकिया का संकेत । इसी मन के अज्ञान के कारण ही हम सब सूर्य रूपी उस परम–ज्ञान के विराट प्रकाश–भंडार के अर्थात् स्त्रोत अपने परम–पिता से बिछड़े हुए हैं । यह एक अनोखा पर्व है जहाँ हम उस रात्रि के पूर्व डूबते सूर्य को भी पूरे अहोभाव के साथ अर्ध्य समर्पित करते हैं.... ये मात्र इसलिए कि गहन अन्धकार वाली रात्रि में भी हम अपने दिल में अटूट धैर्य बनाये रखकर नवप्रभात का इन्तजार करें । उस परम ज्योतिर्मय के उदय के साथ ही हम हर्ष–आनन्द से परिपूर्ण होकर उस परमात्मा रूपी ज्ञान को उपलब्ध हो जाये.... पुनः

पूरे अहोभाव के साथ उस ज्ञान के भंडार ''सूर्य'' को प्रेमपूर्ण अर्ध्य समर्पित करें ।
यही है छठ पूजा का छिपा गूढ़ रहस्य अर्थात अमृत तत्व का अन्वेषण............. ''
मृत्यो मा अमृतम गमय ''........ ।। हरि ऊँ तत ''सत'' ।।

असतो मा सदगमय

अर्थात

मोहर्रम से रमजान की ओर

मित्रों.... मुस्लिम भाईयों के नव वर्ष "मोहर्रम" का प्रथम मास प्रारंभ हुआ । जैसा कि नव वर्ष के आगमन में हिन्दू, सिक्ख, ईसाई इत्यादि धर्म के लोग अत्यंत खुशियॉ मनाते हैं जबकि मुस्लिम भाई इसे अत्यन्त दुख का पर्व मानते हैं। यदि इस बारे में गैर मुस्लिम खासकर तथाकथित हिन्दुओं से पूछा जाये तो उनकी वही पुरानी एकमात्र दलील कि मुसलमानों का हर कार्य हमारे कार्यो के सदा ही विपरीत होता हैं । इस अनुक्रम में यहाँ मैं उन सभी तथाकथित हिन्दुओं को कबीरदास जी की इन पंक्तियों की याद दिलाना चाहूंगा जो वे खुले आम कहते थे....

" माता मारि परम पद पावै,

पिता बधे सुख होय ।। "

जिसका सामान्य अर्थ मात्र यही निकलता है कि माता को मारने से परम पद तथा पिता का वध करने से सुख की प्राप्ति होती है। इस प्रकार की गलत बातें तो कही और किसी शास्त्र में भी नहीं लिखी और ना हि कोई सामान्य व्यक्ति ऐसा उल्टा सीधा लिखने की मूढ़ता करेगा । प्रश्न यह उठता है कि आखिर कबीरदास जी के द्वारा ऐसा क्यों लिखा गया । वस्तुतः यह एक बहुत गहरी बात का सॅकेत था जिस बारे में कहा गया है कि –

" जिन खोजा तिन पाइयां गहरे पानी पैठ

मैं बौरन डूबन डरी, रही किनारे बैठ।। "

यहाँ परम सुख की प्राप्ति हेतु दुनियाँ अर्थात प्रकृतिरूपी माता को समाप्त कर परम पिता परमेश्वर के प्रेम रूपी बंधन से बँधने की बातें गूढरूप से संकेत की गयी है। वैसे भी कबीरदास जी ने कभी न तो किसी धर्म–शास्त्र की ज्यादा फिक्र की और ना ही कभी वो लकीर के फकीर रहे । आज भी समाज में कबीरदास जी के कहे गये सिद्धान्त पूरी तरह वाजिब है और आगे भी ऐसे ही हम सबका मार्ग दर्शन करते रहेगे। सदा याद रखे कि जब भी इस दुनियाँ में कोई ईश दूत आया है, उसके संदेश ने सदा मनुष्यों के दिल की गहराईयों में जाकर उनके घावों पर मरहम लगाने का ही कार्य किया है। और यही एकमात्र कारण है कि तथा कथित धर्म व शास्त्रों की आड़ में धर्म के तथाकथित इन ठेकेदारों द्वारा अपनी आजीविका तथा प्रभुत्व बनाये रखने हेतु सदा ही भोली

भाली जनता का भावानत्मक तौर पर शोषण किया गया और इसी प्रक्रिया के चलते उन महान "पैगम्बरों" का सदा विरोध हुआ है और आगे भी होगा । आखिर इसी का नाम तो दुनियाँ है।

धर्म के तथाकथित ये ठेकेदारों धर्म–शास्त्रों की पवित्रता के नाम पर भोली भाली जनता के हृदय में इतना जहर घोल देते हैं जिससे एक सामान्य मनुष्य भी एक पागल पशु की तरह व्यवहार करने लगता है। धर्म के तथाकथित इन ठेकेदारों के द्वारा उसे उकसाया जाता है कि फलाँ शास्त्र में तो अमुक जगह ये लिखा है जबकि फलाने पैगम्बर अथवा ईश दूत धर्म विरोधी फलाना कृत्य कर रहे हैं। और यदि तुमने इसका विरोध नही किया तो तो तुम्हारा सदियों–सदियों से चला आ रहा इतना महान धर्म खतरे में पड़ जायेगा। और ऐसे में तुम्हारा जीवित रहना बेकार, नाजायज तथा अधर्म , कुफ्र इत्यादि–इत्यादि है । बेचारा भोला–भाला मनुष्य फँस जाता है तथाकथित इन धर्मों के ठेकेदारों के बिछायें इस भावनात्मक फन्दों में और फिर वो मनुष्य बिचारा मूढ़ता पूर्ण ऐसा घृणित कृत्य करना प्रारंभ करता हैं जिस पर बाद में सॅपूर्ण मानव जाति ऐतिहासिक रूप से शर्मसार होती है।

यह एक गहन गम्भीर किन्तु अति स्वाभाविक प्रश्न है कि आखिर इस पृथ्वी पर इतने " पैगम्बर ' अथवा ईश दूत आये जिन्हें आज भी हम सब मान्यता देते हैं। लेकिन उन किसी ने भी खुद के जीवित रहते आखिर अपने तथाकथित धार्मिक संदेशों को स्वयम लिपिबद्ध क्यों नही किया ? क्या ये बात उनके दिमाग में ना आयी होगी ? इन सभी के द्वारा केवल एक ही बात कही गयी हैं कि समयकाल गुजरने के कारण पुराने शास्त्रों की व्याख्याओं में कहीं कुछ त्रुटियॉ ऐसी आ गयी हैं जिसे मैं सुधार कर उन त्रुटियों को दूर कर रहा हूँ और बस यही हैं अन्तिम और असली धर्म शिक्षा। तुम सब इसका पालन करना, बस इसी राह में ही चलना, दूसरा रास्ता तुम्हें धर्म के विपरीत ले जायेगा । इसके बावजूद आज जितने भी मुख्य धार्मिक ग्रन्थ जिन्हें तथाकथित ईश्वरीय संदेश की सॅज्ञा दी गयी हैं वे सब के सब किसी अन्य के द्वारा लेख किये गये हैं।

मित्रों यही वस्तुतः एक मूल कारण हैं और मेरा यह दृढ़तापूर्वक माननना है कि पूर्व में जब तक धर्म–शास्त्र "श्रुति" रूप में थे तब तक इस दुनियाँ में

कभी कोई विवाद जैसे अनर्थ कृत्य कदापि नहीं हुये और जब से ये शास्त्र लिखित रूप में आये तब से ही मनुष्यों के बीच "मेरी और तेरी किताब" ईश्वर की किताब, आसमानी किताब, अपौरूषेय और न जाने क्या क्या मात्र इन्हीं किताबों के नाम को लेकर ही गम्भीर वाद–विवाद होना आम बात हो चला है और दुर्भाग्यवश आगे भी ऐसा ही होगा ।

मित्रों.... हमसब अपनी–अपनी किताबों में दबकर एक सुन्दर जीवंत फूल की बजाय, मुर्दा एवं सूखे हुये फूल में परिवर्तित हो चुके हैं और यदि ऐसा ही रहा तो निश्चित ही हम सब दिन व दिन हम अपना रंग, खुशबू, ताजगी व आकर्षण इसी प्रकार खोते चले जायेगें।

प्राचीन समयकाल में श्रुति के रूप में समस्त धर्म–शास्त्रों के होने के कारण बड़ें ही ठोस एवं वैज्ञानिक थे। मुस्लिमों के पैगम्बर ने भी उन पर उतरी हुई "पवित्र कुरान की आयातों" को जिस किसी बंदे को सुनाया, वो तुरंत उनके साथ हो लिया और अल्लाह पर पूरा ईमान ले आया। वही श्रुति ही उस अलिखित "पवित्र कुरान की आयातों" की वाणी है। सचमुच ईश वाणी है। जिसको सुन लेने के बाद मनुष्य को कभी किसी अन्य शास्त्र को पढ़ने अथवा सुनने की आवश्यकता ही नही हैं। यह एक ऐसी स्वरक्षित एवम पवित्र ईशवाणी हैं जिसको सुननें की अवस्था में जब मनुष्य का खुद के अहंकार रूपी मिथ्या अस्तित्व पर कोई वश या नियन्त्रण ही नहीं रहता तो फिर उस वाणी अथवा उसे कहने वाले "खुदा" का किसी भी प्रकार से छेड़–छाड़ अथवा कुछ बिगाड़ लेने की बातें करना ही सर्वथा मूढ़ता पूर्ण होगी। इस सम्बन्ध में पवित्र "कुरान" के 15 वे सूरा अल हिज्र के 9 वे आयत में यह स्पष्ट घोषणा है।

" यह अनुस्मरण निश्चय ही हमने अवतरित किया हैं और हम स्वयम इसके रक्षक हैं "

इसी प्रकार स्वयम श्रीकृष्ण ने भी अपने प्रिय अर्जुन को गीता का उपदेश करने के बावजूद भी न तो इतने महत्वपूर्ण उपदेशों को कभी खुद लिखा और ना ही किसी अन्य को बोलकर लिखवाया गया । वस्तुतः भौतिक रूप से कोई भी मनुष्य मात्र वही लिख सकता है जो उसके शरीर की बौद्धिक शक्ति में निहित हो अर्थात वह लेख उसमें सीमित हो या कहे कि अपूर्ण हो जबकि ईश्वर की वाणी अथवा संदेश अपने आप में पूर्ण होते हैं। वे सदा हम सब मनुष्यों की

बुद्धि के पार की अवस्था के होते हैं। वस्तुतः वे निर्वचनीय तथा अकथनीय ही होते हैं। वे मात्र वैसे ही अनुभव किये जा सकते हैं, जैसे आनन्द के प्रागट्य काल में हमारे भीतर से आने वाले अश्रु–श्रंखलायें । अतः इन्हीं कारणों से उनका लिखा जाना भला कैसे सम्भव हो सकेगा । अतः मेरे अनुसार ईश्वर के उस परम आनन्द को लिखे अथवा पढ़े जाने की बजाय हरेक व्यक्ति को स्वयम साक्षात महसूस करवाने जैसे अत्यन्त कृपा पूर्ण कारणो से ही किसी भी ज्ञानी महापुरूषों ने अथवा किसी पैगम्बर ने इसे कभी नहीं लिखा । और वैसे भी किसी धर्म शास्त्र की व्याख्या में व्याख्याकार की बुद्धि के अनुरूप त्रुटियॉ होना एक सामान्य व स्वाभाविक घटना है।

अब हम मूल प्रश्न की ओर लौटें.... मोहर्रम से रमजान की ओर अर्थात असत्य से सत्य की ओर यात्रा । "मोह" को लेकर सभी धर्मो में भिन्न–भिन्न रूप से वर्णन है किंतु हैं सभी एक ही चीज। "बकरीद" में मोह रूपी अहंकार के बकरा–पशु को ईश्वर की राह में कुर्बान किया जाता है तो हिंदुओं में भी पशु–बलि के रूप....। याद रखे कि मनुष्यों के भीतर गहरे पैठ वाले पशुता की बलि देना बहुत ही कठिन कृत्य है क्योंकि यही तो हमारा मोह है।

"मोह" के सम्बन्ध में तुलसीदास जी की इन चौपाईयों को देखे :–

" मोह "सकल व्याधिन के मूला । तिन्ह से उपजहि पुनि बहु शूला ।। "

" मोह निशा सब सोवन हारा । देखहि स्वपन अनेक प्रकारा ।। "

अर्थात हमसब मोह रूपी अज्ञान में सतत उलझे हुये अथवा रमे हुये हैं । इसी अज्ञान में उलझना ही इस दुनियॉ की नियति है। यही मोह में रमना ही "मोहर्रम" का प्रथम मास है। चूँकि उपरोक्त चौपाई के अनुसार "मोह सकल व्याधिन के मूला । तिन्ह से उपजहि पुनि बहु शूला" से यहाँ पूरी तरह स्पष्ट है कि इसी मोह के कारण ही दुनियाँ में हमें अनेक कष्ट का सामना करना पड़ेगा । अतः परम ज्ञान की ओर अग्रसर होने की राह का प्रथम सोपान अज्ञान या मिथ्या ज्ञान को ठीक से समझना हैं । इस माह को हम "दुख अथवा असत्य" के माह के रूप में मानते हैं जो सर्वथा उचित है। सन् 680 में इस मास के दौरान घटी एक दर्दनाक एवं अन्यायपूर्ण घटना जिसमें कर्बला नामक स्थान में एक धर्म–युद्ध हुआ था जो कि पैगम्बर हजरत मुहम्मद स. के नाती तथा अधर्मी

यजीद (पुत्र,माविया पुत्र. अबुसुफियान पुत्र उमेय्या) के बीच हुआ। इस धर्म युद्ध में वास्तविक जीत हजरत इमाम हुसैन अ. की हुई पर जाहिरी तौर पर यजीद ने हजरत इमाम हुसैन अ. और उनके सभी 72 साथियों को शहीद कर दिया था जिसमें उनके छः महीने की उम्र के पुत्र हजरत अली असगर भी शामिल थे और तभी से तमाम दुनियाँ के सिर्फ मुसलमान कौमो के लोग ही इस महीने में इमाम हुसैन और उनके साथियों की शहादत का गम मनाकर उनकी याद करते हैं। इस धर्म युद्व में अन्ततः अन्याय पर न्याय की या फिर कहे असत्य पर सत्य की विजय हुई । अतः मुस्लिम समुदाय का प्रथम मास ''मोहर्रम'' मेरी मान्यता के अनुसार असत्य पर सत्य रूपी ईश्वर की खोज में उठाया गया प्रथम पूरी तरह उचित कदम है।

मित्रों.... मुस्लिम भाईयों द्वारा मनाया जाने वाला पवित्र माह में रमजान नौवे माह में आता है। मोहम्मद साहब का जन्म भी ''रबी उल अव्वल'' माह की नवमी तिथि को ही हुई जिसे हिन्दुओं की मान्यता के अनुसार इसे पूर्ण माह व तिथि की संज्ञा दी गयी हैं। कृपया ध्यान दें.... इस नवमी की तिथि में भगवान राम का भी प्रागटय मनाया जाता है । आखिर इन सबमें इतनी साम्यता क्यों ? ''रम'' और राम वस्तुतः एक ही परम तत्व ''परमात्मा'' है, जो हर जगह हर समय सदा ''रमा'' रहता है और इसी ''आत्मा'' को उर्दू भाषा में ''जान'' कहतें हैं जो कि सँस्कृत भाषा के ''ज्ञान'' शब्द का ही अपभ्रंश है। हमारे शास्त्रों में ''ब्रह्म–ज्ञान'' को ही वास्तविक ज्ञान '' कहा गया हैं और अन्य समस्त ज्ञान को 'अज्ञान' कहा गया हैं। अतः अपनी आत्मा अथवा ''जान'' में रमण की क्रिया ही वस्तुतः ''रमजान'' हैं जिसके लिये अत्यंत ही पाक ह्रदय की आवश्यकता होगी.... और उस पाक– ह्रदय में चँद्र रूपी अमृत की वर्षा ही आनन्दपूर्ण ''ईद'' पर्व है ज हाँ–परमानन्द ''सत्चिदानन्द'' प्रभु का साक्षात्कार होता हैं । अतः उस परम ज्ञान को पाने के अन्त में हम अत्यन्त ''सहज'' हो उठते हैं और यही है सच्चा ''हज'' और पवित्र कुरान के 17 वें सूरा बनी इसराईल के 9वीं आयत के अनुसार **" वास्तव में यह कुरान वह मार्ग दिखाता है जो सबसे सीधा है। और उन मोमिनों को, जो अच्छे कर्म करते हैं, शुभ सूचना देता हैं कि उनके लिये बड़ा बदला है । "** ....ततपश्चात ही हम सब को हासिल हो सकेगा । मुस्लिम कलैंडर का आखिरी माह ....जिल–हज्जाह .... **।। खुदा हाफिज ...हरि ऊँ तत "सत"।।**

ईशा मसीह

अर्थात

प्रेम का दूत

मित्रों.... प्रभु यीशु के अवतरण दिवस पर आप सभी को अनन्त शुभकामनायें । ईशा मसीह के जन्म दिवस को लेकर आज सभी ईसाई बँधु अत्यन्त ही आनन्द उत्सव मनाते हैं । उनकी मान्यता के अनुसार आज के ही पवित्र दिन ईशा मसीह का जन्म एक कुँवारी कन्या मरियम से हुआ। हमारे देश की प्राचीन सामाजिक मान्यताओं के अनुसार कुँवारी कन्या को देवी का साक्षात स्वरूप माना जाकर उसको पूजनीय माना जाता है। अतः यीशु की माता मरियम को देवी क्षमताओं वाली मानते हुये उसे कुँवारी कन्या की तरह पवित्र पदवी दिया जाना सर्वथा उचित है जिसके पवित्र गर्भ में प्रभु के प्रिय पुत्र यीशु को धारण करने की असाधारण योग्यता थी । कृपया यहाँ कुँवारी जैसे अति पवित्र शब्द हेतु अपनी निम्न बुद्धि की सोच का तनिक भी इस्तेमाल न करे तो बड़ी मेहरबानी होगी ।

ईशा मसीह को लेकर आम लोगों में तरह तरह की भ्रान्तियाँ है। कुछ इन्हें प्रभु यीशु के नाम से पुकारते है तो कुछ इन्हें परम पिता परमेश्वर का पुत्र मानते हैं। इनका नामकरण ईशा–मसीह भी अपने आप में बहुत रहस्यमय है। वस्तुतः वेद उपनिषदों से व्युत्पन्न हुये "ईशा " शब्द सँस्कृत भाषा का मूल शब्द है, जिसका अर्थ होता है.... ईश्वर....। तथाकथित हिन्दुओं के अति प्राचीन उपनिषद "ईशोपनिषद" के प्रथम लोक का प्रथम शब्द ही "ईशा" है जो कि ईश्वर के लिये प्रयुक्त होता है। कुछ इतिहासकारों के अनुसार इनकी युवावस्था के 10 वर्ष से लेकर 30 वर्ष तक की आयु के मध्य के लगभग बीस महत्वपूर्ण वर्ष इस महान देश की माटी में ही व्यतीत हुये बताये गये। कुछ इतिहासकारों ने भी इनकी योग–शिक्षा का भारत देश में होना बताया गया है । अतः यह कोई आश्चर्य का विषय कदापि नहीं है और न ही किसी को उनके इस देश में शिक्षा–ग्रहण करने को लेकर कोई शर्म महसूस करना चाहिये बल्कि उन्हें तो इस बात का निश्चित तौर पर गौरव ही होना चाहिये ।

वर्तमान के जम्मू काश्मीर के श्रीनगर में रोजाबल नामक स्थान में इनकी समाधि या दरगाह स्थल बताई जाती है। जो यह स्पष्ट करता है कि ईशा–मसीह का भारत देश से अटूट सम्बन्ध रहा हैं । अतः ईशा शब्द का नामकरण भी इसी देश की महान सँस्कृति की ही देन है। "मसीह" शब्द भी

हमारे ऋषियों के द्वारा अन्वेषित ''तत्वमसि'' अर्थात वो ईश–तत्व मैं ही हूँ उर्दू में इसे अनहलक भी कहते है का ही अपभ्रंश है अर्थात ऐसा महापुरूष जिसने ईशा के तत्वमसि का साक्षात अनुभव प्राप्त कर लिया हो.... ईशा–मसीह कहलाया ।

ईशा मसीह के द्वारा दुनियॉ में ''क्रॉस योग चिन्ह'' का प्रचार किया जाना भी यही दर्शाता है कि वे दुनियाँ में प्रेमरूपी प्रभु के विस्तार का अस्तित्व जान चुकें थे। इसी '' क्रॉस '' या दूसरे रूप में ऐसा कहे कि ईशा मसीह ने सन्देश दिया कि ईश्वर से युक्त होकर ही हम अपने इस शक्तिशाली मन जो कि इस दुनियॉदारी का जनक हैं, इसकी अभेद्य सीमा को हम '' क्रॉस ' कर सकते हैं। उसके बगैर हम में वो तनिक भी क्षमता नहीं है... हॉ अहँकार अवश्य है.... और इसलिये सभी जीव अपनी आत्मा के विमुख पाप–कर्मों में प्रवृत्त हैं । वस्तुतः पाप कोई क्रिया–विशेष नहीं बल्कि अपनी पवित्र आत्मा का विस्मरण मात्र है ।

वस्तुतः यह '' क्रॉस –चिन्ह'' तथाकथित हिन्दुओं का आध्यात्मिक प्रतीक योगचिन्ह स्वास्तिक ही है। इसके अतिरिक्त यह और कुछ भी नहीं है। स्वास्तिक जिसका वास्तविक अर्थ होता है ''स्व'' आत्मा के ''अस्तित्व'' को परमात्मा से युक्त करने वाला कल्याणकारी आध्यात्मिक योग चिन्ह । भौतिक रूप से इसे गणित विषय के धन चिन्ह की तरह जोड़ने की क्रिया से युक्त होकर मनुष्य को मन के पार ले जाने में सक्षमता का द्योतक माना जा सकता है। इसी कल्याणकारी आध्यात्मिक योग चिन्ह के प्रचार में उन्हें यहूदी सम्राट द्वारा अज्ञानतावश क्रॉस की आकृति वाले सूली में चढ़ाकर समाप्त करने हेतु यातनाप्रद सजा दी गयी तथापि प्रेम अथवा कहे कि ईश्वर को जान चुकें यीशु ने अपने आत्मा की अमरता के मद्देनजर प्रभु से उन अज्ञानियों के कृत्य को क्षमा प्रदान करने की प्रार्थना की गयी । उनके अनुयायी भी उस ईश को अपना सॉई अर्थात् मालिक मानते हुये ईसाई कहलाये। भाषा का फर्क भी नहीं केवल अज्ञानता की वजह से वो हमारे बीच रहकर क्यों दूर बने है। इस तमस को समाप्त करने हेतु आओं हम ज्ञान का दीप जलायें और पूरी दुनियाँ में सबको उनके इस पवित्र प्रेम का संदेश सम्प्रेषित करें **। हरि ॐ तत ''सत''।।**

सँक्रान्ति पर्व

मित्रों.... सँक्रान्ति पर्व पर आप सबको अनन्त शुभकामनायें । सूर्य के दक्षिणायन से उत्तरायण में अर्थात विषम से सम में "क्राँत" होने की यह घटना बड़ी रहस्यपूर्ण है। जिसके प्रति सांकेतिक रूप से हम इस पर्व को बड़े धूमधाम से मनाते हैं । क्या आपने कभी गौर किया है कि हम सब क्यों दक्षिण दिशा को सदा से किसी भी कार्य के लिये अशुभ मानते चले आ रहे हैं.... चाहे दक्षिणमुखी घर हो, पूजा कार्य या अन्य शुभ कार्यों में दक्षिण तरफ मुख हो अथवा सोते समय इस दिशा में सिर रखने की मनाही, मृत्यु की स्थिति में हमारे शीश को इस दिशा में ही रखना । रावण का दक्षिण दिशा में निवास, दक्षिण वासियों के प्रति हमारा प्रेम न होना इत्यादि इत्यादि । अध्यात्म के क्षेत्र में दक्षिण का संकेत अत्यन्त ही गूढ़ है।

सर्वप्रथम हम यह जाने कि दक्षिण शब्द है क्या....? दक्षिण दिशा में प्रयुक्त हुआ "दक्ष" शब्द हमारे मन एवम बुद्धि की चपलता एवम चँचलता की तुच्छ दक्षता मात्र को प्रदर्शित करता है.... तथा मन एवम बुद्धि जो कि इस अष्टधा प्रकृति के कमशः छठवें एवं सातवें तत्व है, के सहायता से किया गया प्रत्येक कार्य ईश्वर के विपरीत दिशा में ही सदा से होता रहा है। मित्रों.... इस सम्बन्ध में एक परम रहस्य कथा जिसमें अहँकार रूपी शिव जो कि ज्ञान के अधिपति है को ब्रह्मा की पदवी पाने वाले राजा "दक्ष" ने अपने यज्ञ में निमन्त्रित न कर अपमानित किया । फलस्वरूप न सिर्फ उनकी स्वयम की पुत्री उमा का दुखद अंत हुआ बल्कि इतने बड़े–बड़े ऋषि मुनियों, देवी–देवताओं और तो स्वयम भगवान विष्णु की उपस्थिति में सबके समक्ष उनका शीश काटकर यज्ञ विध्वन्स हुआ लेकिन कोई कुछ बीच बचाव या समझौता कार्य इत्यादि भी न कर सका । कहानी अत्यन्त रोचक है किंतु इस पर हम कभी पृथक से चर्चा करेगें। पुनः माँ पार्वती से ही जुड़ा एक और रहस्यमय प्रसंग जिसमें भगवान शंकर ने माँ पार्वती के अंश से उपजे पुत्र बुद्धि विनायक श्री गणेश का भी शीश काटकर अलग कर दिया । सबके बड़े अनुनय–विनय करने पर भगवान शंकर ने निर्देशित किया कि उत्तर की दिशा को जाओं । तत्पश्चात वहाँ जाकर एक गज का मस्तक लेकर भगवान गणेश को लगाया गया। यह दोनों कथायें सूक्ष्म रूप से हमारी बुद्धि को परम ज्ञान से भिन्न बताने वाली बुद्धि के तर्क शक्ति के पराजय की मूल कथा है जिसमें इन बुद्धि को धारण करने वालों को कभी बकरे

का तो कभी गज का मस्तक काटकर लगाना पड़ता है। इस कथा में और भी कई महत्वपूर्ण पहलू छिपे हुये हैं जिनकी चर्चा हम बाद में अलग से करेगें।

हम पुनः लौटें ''दक्ष'' शब्द की ओर...। इस शब्द से जुड़ी दिशा ''दक्षिण'' को हम ''वाम'' दिशा भी कहते हैं जिसका अर्थ है ,.. विपरीत दिशा । आध्यात्म में ''राम'' को परम प्रकाशक अथवा अलौकिक नूर इत्यादि की उपमा दी गयी है जबकि ''काम'' को मन, बुद्धि और अहँकार को धारित्र एवम पोषित करने वाली अष्टधा प्रकृति का अन्धकार निरूपित किया गया है। अतः प्रकृति की ओर चलना ही वस्तुतः वाम दिशा में अर्थात उल्टा चलना है। अतः वाम अथवा काम अर्थात यहाँ काम का अर्थ कामनाओं से है, की दिशा में चलकर हम अपनी मंजिल रूपी प्रभु ''राम'' को कभी भी नहीं पा सकतें हैं। ये वाम दिशा हमें सतत तरह–तरह के जंजालों में फँसाती ही जायेगी और हमारा जीवन निश्चित तौर पर अशुभ हो जायेगा । कामनायें हममें विषमता का अंकुरण कर समता को समाप्त करती है ताकि उनके अहंकार का पोषण हो सके जिसके परिणामस्वरूप हमसे ईश्वर की दूरियॉ बढ़ती ही जाती हैं जो कि पूर्णतः अशुभ एवम निश्चित तौर पर अमँगलदायक होगी। इस सम्बन्ध में तुलसीदास जी ने एक बहुत व्यवाहारिक एवम ऐसा सुन्दर सूत्र दिया जो अन्यत्र दुर्लभ है । शायद हमारे कई मुनियों को ये सूत्र मालूम होता तो उन्हें ईश्वर प्राप्ति हेतु इतनी कठोर तपस्या कभी न करनी पड़ती । तुलसीदास जी की इन चौपाइयों को देखे :–

'' बिनु सँतोष न काम नसाहिं । काम अक्षत सपनेहु सुख नाहिं ।। ''

अर्थात काम के रहते हम सपने में भी सुखपूर्ण नहीं रह सकते और काम के समूल विनष्टिकरण हेतु आवश्यक होगा '' सँतोष'' धन की प्राप्ति ! अर्थात....

'' गोधन गजधन बाजिधन और रतन धन खान ।

जब आवे सँतोष धन सब धन धूरि समान ।। ''

मित्रों.... याद रखे '' सँतोष करना'' इसका तात्पर्य कोई मजबूरी में हमारे द्वारा लिया जाने वाला कोई निर्णय कदापि नहीं है । इसका सीधा–सीधा मतलब मात्र उससे है जहाँ हम समत्व में ही तुष्ट हो सके । इसे ''सम+तोष'' कहना ज्यादा उचित होगा। श्रीमदभगवदगीता के द्वितीय अध्याय के 38 वें श्लोक में भी

अर्जुन को कर्मयोगी बनाने की दिशा में जो हिदायतें दी गई है जरा हम उसे भी देखें ।

" सुख दुखे समे कृत्वा लाभ अलाभौ जयः अजयौ ।

ततो युद्धाय युज्यस्व नैवम पापमवाप्स्यसि ।। "

यहाँ भी सुख–दुख, लाभ–हानि तथा जय–पराजय में समभाव रखने के स्पष्ट निर्देश हैं। अतः आवश्यकता है कि हम इस विषमता से समता की ओर क्रौंत करें अर्थात चलें । हम अनन्त सूर्यों के परम प्रकाशक सूर्य उस सूर्यवंशी प्रभु श्रीराम के दिव्य प्रकाश की ओर चलें अर्थात **"तमसो मा ज्योतिर्गमय"** ताकि हम इस जीवन के समस्त प्रश्नों के जंजालों से बाहर निकल सकें । हम इस जीवन के सभी प्रश्नों के सही–सही उत्तर पा सकें। यही होगा सूर्य का उत्तरायण अर्थात उत्तर की ओर अयण अर्थात निवास स्थान होना ।

मित्रों.... इस समता को प्राप्त करने के लिये सर्वप्रथम हमें अपने शरीर में ही स्थित "तिल" अर्थात अपने आज्ञा चक की सूक्ष्मता का रहस्य जानना होगा ताकि हम सूक्ष्म जगत के उस विराट पहलू को भी जान सकें जिस हेतु हमें ईश्वर कृपा से यह मानव तन प्राप्त हुआ है । आज के दिन "तिल–दान" का यही संकेत है कि हम इस अति सूक्ष्म आज्ञा–चक्र के मार्ग से अपने भीतर प्रवेश करें तथा "स्व" रूपी परम प्रकाशक सूर्यवंशी श्रीराम का अनुसंधान करें । हमारे जीवन में उस परम प्रकाशक प्रभु श्रीराम की दिशा ही उत्तर दिशा स्थित "कौशलपुर" नगरी है जहाँ इस दुनियाँ के सभी प्रश्नों के उत्तर उद्‌घाटित होते हैं। हम अपनी बुद्धि की दक्षता रूपी दक्षिण या वाम दिशा से प्रज्ञा रूपी उत्तर दिशा की ओर रूख करें वहीं हमारा असली धाम है और इसी शरीर में ही रहकर आप उस कौशल्यता को प्राप्त करें ताकि आप के घट रूपी इस पावन देह मँदिर के आँगन में उस प्रभु के प्रेम की किलकारियॉ सतत गूँजने लगे। शरीर रूपी इस कुम्भ या घट में विराजमान अमृतरूपी प्रभु श्रीराम स्वयम आप सबको अपनी समस्त इन्द्रियों से प्रयाण या कहें कि छुटकारा दिलाकर उस "प्रयाग" में शुक्ल एवम श्याम वर्ण की गँगा–जमुना रूपी द्वन्द्वात्मक पवित्र नदियों के मध्य छिपी सुषुम्ना सी तिल रूपी सूक्ष्म सरस्वती नदी में आप सबको इसी जीवन काल में अमृत स्नान अवश्य कराये.... ऐसी सकाम–प्रार्थना प्रभु श्रीराम से करता हूँ....। **हरि ऊँ तत "सत"**।

कुँभराज—प्रयाग

मित्रों.... आजकल इलाहाबाद के कुँभराज प्रयाग में महाकुँभ पर्व बड़े जोश खरोश से मनाया जा रहा है। विगत दिनों इलाहाबाद रेल्वेस्टेशन के प्लेटफार्म पर सरकारी आंकड़ों के मुताबिक कुल 36 लोगों की भीड़ में कुचलकर मृत्यु तथा भारी संख्या में अन्य कई श्रद्धालुओं के घायल होने का दर्दनाक समाचार हम लोगों को सुनने को मिला । पुनः मेले के किसी पन्डाल में आग लगने से कई श्रद्धालुओं की दर्दनाक मृत्यु इत्यादि इत्यादि दुःखद खबरें । इस प्रकार की छोटी–बड़ी हर घटनायें मेरे अँतस को बारम्बार झकझोरती है, उसे बुरी तरह अशाँत कर देती है । अन्तोगत्वा इस बारे में मुझे न केवल अन्धविश्वास की बलि चढ़े लोगों के आत्माओं की शाँति के लिये बल्कि स्वयम के अँतःकरण की शाँति के लिये इस जैसा कोई कटु–लेख बारम्बार लिखना ही पड़ता है । आखिर लोग समझना क्यों नहीं चाहते है। कोई तो समझे.... कोई तो एक ऐसा हो जिसके जीवन में शायद परिवर्तन आये और तब उस एक–एक की जाग्रति ही मेरे इस लेखन कार्य को सार्थक करेगा।

मित्रों.... हमारे महान देश के प्राचीन काल के महर्षियों ने अपने सम्पूर्ण जीवन के शोध कार्यों को इस समाज को समर्पित कर हमारे जीवन को सरस बनाने हेतु अनेक व्यवहारिक उपाय किये ताकि हम कूप मन्डूक बिलकुल भी न बने । धर्म को हम ठीक से जाने इसे केवल किताबी ज्ञान तक सीमित न रखे, सबके साथ मिलकर अपने ईश्वरीय वरदान रूपी इस अनमोल जीवन को आनंद पूर्वक जीये, पूरे जीवन की प्रकिया को महोत्सव के रूप में मनाये और इसी बहाने हम उस महाआनंद के महासागर उस ईश्वर के महाजीवन को प्राप्त होने की पात्रता हासिल कर सके। इसलिये पूरी दुनियाँ में इतने सारे पर्व किसी भी तथाकथित धर्मो में देखने सुनने को भी नहीं मिलेगें जितने कि हमारे सनातन धर्म में है।

हमारे सनातन व शाश्वत धर्म की सबसे बड़ी खूबी यह है कि विभिन्न धर्म–शास्त्रों के अत्यन्त गूढ़ रहस्यों को भी बड़े स्वाभाविक विधि से तथा व्यवहारिक संकेतों के माध्यम से अति सहजता से प्रगट कर दिया जाता रहा है। किंतु दुर्भाग्यवश या कहें कि अज्ञानतावश और हमारी दुनियावी व्यस्तता के चलते कुछ अज्ञानी, ढोंगी, नकली, पाखँडियों तथा धर्म–व्यवसाइयों के प्रति हमारी पूर्णरूपेण निर्भरता होने के कारण यह ज्ञान रूपी महत्वपूर्ण सूत्र परम अंधविश्वास के गहन अन्धकारयुक्त गुफाओं में कैद हो गया । और अज्ञानता के इसी

अन्धकार के कारण हम अत्यंत ही रूढ़िवादी विचारों वाले हो गये फिर चालू हो गया तथाकथित धर्म का वो विकृत रूप जो आज आप सब के सामने अपने पूर्ण नंगेपन के साथ श्रद्धालुओं को ऐन–केन–प्रकारेण भयभीत कर ईश्वर के नाम पर उगाही करने पर बेधड़क लगा हुआ है।

मित्रों.... आज हमारा पवित्र धर्म इन अज्ञानियों की परम बेवकूफी पूर्ण कृत्यों से नित शर्मसार हो रहा है । आजकल जगतगुरू, सँत–महँत, महामंडलेश्वर, शंकराचार्य इत्यादि तरह–तरह की अहँकार में वृद्धि कारक पदवी इन तथाकथित धर्म के बाजार में खुलेआम व आसानी से उपलब्ध है । बस जरूरत है पैसों के शक्ति की । अभी हाल में ही स्वामी नित्यान्नद का उदाहरण सबके सामने है । बड़ी निर्लज्जता के साथ किसी अखाड़े ने इन्हें महामँडलेश्वर बना दिया । मैं पूछता हूँ कि क्या आप ऐसे फर्जी साधुओं को अपने घर में प्रवेश की अनुमति देगें ? यदि नहीं तो फिर अपनी आत्मा में इन्हें किस प्रकार प्रवेश दिया जा सकता हैं। इसलिये जरूरी है कि हम सब अब जाग्रत हों और सर्वप्रथम हम अपने ''स्व'' धर्म को जाने क्योंकि वास्तव में ''स्व'' तत्व ही मात्र एक ऐसा तत्व है जो शाश्वत, सनातन एवम सत्य है । वस्तुतः यह वही आपकी ही आत्मा है जो कि सदा से पूर्ण है और उसमें वस्तुतः कोई भी अभाव नहीं है। यदि हम मात्र इसे ही जान जाये तो फिर भूलकर भी कभी दूसरे अज्ञानियों की मूढ़ता का अंधभाव से तनिक भी अनुसरण न करेंगें । इस ''स्व'' तत्व से ही जुड़ा है धर्म जिसका वास्तविक अर्थ है.... ''ईश्वर'' इसके अतिरिक्त धर्म शब्द से जुड़ी अन्य सभी व्याख्यायें आपको भ्रमित करेंगी । तुलसीदास जी की इन पंक्तियों को ध्यान से पढ़ें :–

'' धरम न दूसर सत्य समाना । आगम निगम पुराण बखाना ।। ''

तुलसीदास जी ने यहाँ धर्म शब्द की ऐसी खुली व्याख्या की है जो अन्य सभी व्याख्याओं पर पूर्ण विराम लगा देती है। मेरा यह स्पष्ट मानना है कि ऐसा परम तत्व जो बिना अच्छे, बुरे, छोटे, बड़ें, ऊँच, नीच, शत्रु, मित्र इत्यादि समस्त द्वन्द्वों के परे रहकर पूरें ब्रह्माण्ड सहित समस्त चीजों को धारित्र कर उनमें ही प्रेम तत्व के अंशरूप में स्वयम ही रमा हुआ है वही एकलौता धर्म है और यह तत्व और कुछ नहीं बल्कि साक्षात ईश्वर के अतिरिक्त कुछ और नहीं है। किसी

दूसरे तत्व में ये क्षमता हो ही नहीं सकती । इस अनुक्रम में तुलसीदास जी की इन पँक्तियों की सँक्षिप्त व्याख्या उचित होगी ।

" पर बस जीव स्व बस भगवंता । जीव अनेक एक श्रीकंता ।। "

अर्थात यदि आप 'पर' अर्थात दूसरे या कहे कि प्रकृति के वश में हो तो आप अनेक या कहे कि विभिन्न प्रकार के जीवों की श्रेणियॉ के अन्तर्गत है, लेकिन जब आप 'स्व' अर्थात आत्म के वशीभूत होकर कार्य करें तो आपको उस ब्रह्म की परम एकता का अलौलिक व दुर्लभ अनुभव भी प्राप्त हो सकता हैं । आप जान सकते है कि "सोहमस्मि" या "अहम–ब्रहास्मि" इत्यादि मंत्रों का वास्तविक अर्थ । श्रीमदभगवदगीता के समस्त उपदेशो के अंत में समस्त धर्मो को छोड़कर उस एक प्रभु की शरण में आने का स्पष्ट आदेश है। " सर्व धर्म परितज्य माम एकम शरणम ब्रज " ताकि लोग स्वधर्म के बारे में ठीक से जान सके । मेरा परम विश्वास है कि खुद के जाने बगैर खुदा को किसी भी हाल में जानना और उसकी ठीक से बन्दगी करना सम्भव ही नहीं होगा । भाषायें पृथक हो सकती है। ईश्वर का भी नाम पृथक हो सकता है पर ईश्वर मात्र एक ही है, वो वहीं है। उसके स्थान पर कोई दूसरा हो ही नहीं सकता । वही तो सच में अपना है बाकी दुनियॉदारी औपचारिक रिश्ते मात्र ही है। अतः आप "स्व–धर्म" के बारे में स्पष्ट रूप से जाने । श्रीमदभगवदगीता के तृतीय अध्याय के 35 वें लोक में यह स्पष्ट लिखा हुआ है :–

" स्व–धर्मे निधनम श्रेय : पर धर्मो भयावह । "

अतः प्रतीक मात्र हेतु इस महान देश के प्राचीन काल के महर्षियों द्वारा लोक हित में परमज्ञान अर्थात ब्रह्मज्ञान की प्राप्ति हेतु बनाये गये विभिन्न सांकेतिक धर्म–पर्वों को मनाने हेतु अपने सुर दुर्लभ इस मानव काया वाले बहुमूल्य जीवन को दाँव पर लगाकर मूढ़तापूर्ण कृत्य करने को कदापि उचित नहीं कहा जा सकता । अब हम आते है, मुख्य विषय महाकुँभ प्रयाग के स्नान के सम्बन्ध में । जन श्रुतियों के अनुसार कुँभ पर्व से जुड़ी एक अत्यंत रोचक किंतु रहस्यमय कथा है कि सागर–मन्थन के पश्चात प्राप्त अमृत की बूँदें कलश पात्र से छलककर जिन–जिन स्थानों में जा गिरी वहाँ इस महाकुम्भ पर्व को हम सब मनाते हैं। वस्तुतः कुँभ का सीधा सीधा मतलब "घट" या कहे कि

ऐसे पात्र से है जिसमें कुछ रखा जा सके । कबीरदास जी के उस भजन की पंक्तियो को यहाँ उद्घृत करना ज्यादा उचित प्रतीत हो रहा है :–

" घट घट" में तोरे साँई बसत है

कटुक बचन मत बोल री

तो को पिया मिलेगें

घूंघट के पट खोल री

तोहे पिया मिलेंगें ।। "

यहाँ' 'घट" अर्थात कुँभ इसका सीधा–सीधा अर्थ मानव देह से ही है। इसी शरीर रूपी कुँभ में अमृत रूपी हमारा प्रिय प्रभु स्वयम निवास करता है । अतः महाकुँभ के अवसर मे यही विराट अमृतरूपी ईश्वर को छोटे कुँभ से निकालकर उस विराट कुँभ से एकाकार कराना ही वस्तुतः सच्ची स्नान किया है। यह स्नान तभी सम्भव है जब हम अपनी समस्त भौतिक एवम सूक्ष्म इन्द्रियों से प्रयाण करें और इसी प्रयाण अर्थात प्रस्थान को कहते है प्रयाग। मेरे काव्य सँग्रह "जाग रे बौरे" के तीर्थ सार में इस बारे में लेखित कुछ पँक्तियों को यहाँ उद्घृत करना उचित होगा ।

" गँगा जमुना स्वासों की नदी,

इस मानुष कुँभ में नित बहती

इन स्वासों बीच "सुषुम्ना" सी,

एक गुप्त नदी सरस्वती रहती

इसी त्रिगुण त्रिवेणी सँगम में,

मज्जन कर मल को निथार दे

प्रभु सार दे..... ।। "

वस्तुतः हमारे शरीर में नासिका के दायें और बाँयें रास्तों से प्रवेश करने वाली वायु जिसे प्राण कहना ज्यादा उचित होगा, को क्रमशः सूर्य एवं चँद्र नाड़ी के रास्तों से होकर भीतर जाना पड़ता है। इन्हें ही प्रतीक स्वरूप क्रमशः विशुद्ध श्वेत जल वाली गँगा तथा श्याम रँग के जल वाली नदी को यमुना के नाम से जाना जाता है। इन नदियों को ही क्यों चुना गया है ये भी एक अत्यँत गूढ़ रहस्य है। हम जीवन को एक परम पवित्र प्रकाश की सँज्ञा देते हैं.... और यही शुभ्रता, शुचिता प्रदान करने वाली नदी गँगा हमारे प्राणों को शरीर मे सँचारित कर जीवँतता प्रदान करने वाली प्राण वायु है। इसके ठीक विपरीत इस जीवन्तता के निकास हेतु अपान या कहे कि अप्राण वायु ही यमुना नदी है। जो हमें तथाकथित मृत्यु रूपी काल का काला व अंधकार युक्त अनुभव देती है। वास्तव में इन दोनो का सम्मिलन ही महाजीवन रूपी ईश्वर का अस्तित्व है। इन दोनो वायु के सम एवम सूक्ष्म होने की अवस्था मे हमारा चँचल मन "सुषुप्ति" की अवस्था को प्राप्त होता है। यही सुषुम्ना, नाड़ी की जाग्रति का प्रवेश द्वार परम पवित्र सरस्वती नदी है जहाँ पहुँचकर श्रीराम के भाई भरत ने जो प्रार्थना की वो सचमुच बहुत ही अद्भुद है।

" अरथ न धरम न काम रूचि गति न चहहूं निरबान ।

जनम जनम रति राम पद यह बरदान न आन ।। "

मित्रों.... भरत ने माँगा भी तो राम के चरणो की प्रीति.... यही है सच्चे तौर पर ईश्वर को सदा के लिये हासिल करने की अचूक विधि.... केवल प्रेम....। शरीर के दोनो नासिका द्वार से जब सूर्य एवम चँद्र नाड़ी की दोनों स्वाँसे सूक्ष्म रूप से तथा समान होकर एक साथ हमारे भीतर प्रवेश पाती हैं तो इसी को "सम गम" या सँगम अर्थात एक साथ जाने की क्रिया कहते है और ये अवस्था मनुष्य को तभी प्राप्त हो सकती है जब वो पूरी तरह प्रेम पूर्ण होकर समाधि की स्थिति को उपलब्ध हो जाए। यही अवस्था सुषुम्ना की जाग्रति की अवस्था है। यही सरस्वती नदी के प्रगट होने का संकेत है। वस्तुतः वहाँ यह कोई भौतिक रूप से कोई नदी है ही नहीं। यही परम पवित्र सरस्वती नदी जो सदा इन नाड़ी रूपी नदियों के मध्य में अत्यंतगुप्त रहती है और इसी सरस्वती नदी के 'सरस' प्रेम से सरोबार होकर जो डुबकियाँ लगायी जाती है निःसंदेह वही सच्चा संगम स्नान है। यही प्रेमयुक्त स्नान ही इस मानव जीवन को महाकुँभ रूपी अमृत कलश में पुनः वापस स्थापित कर सकता है और इसी प्रकिया से ही हम

238

अपनी उस पुरातन त्रुटि का निदान कर सकते है जिससे हम अपने तुच्छ कामनाओं एवम बुद्धि रूपी तथाकथित ज्ञान की मूढ़तापूर्ण आवेग मे उस महाकुँभ से जीव रूप में स्वयम के अमृत होने के बावजूद भी इस धरा पर छलककर गिरे थे।

अतः यह निश्चित ही परम सत्य है कि हम उस सम्पूर्ण ऐश्वर्य के स्वामी अर्थात अमृत रूपी ईश्वर "राम" के साथ रहने के बावजूद भी मूढ़तावश उस विराट अमृत कुंभ में यदि "काम" को तलाशें, तो हमारा भटककर नीचे आ गिरना स्वाभाविक ही होगा । वस्तुतः काम और राम एक साथ नहीं रह सकते ।

मित्रों.... आपने सुना होगा कि मन चंगा तो कठोती में गँगा.... बिल्कुल सही चित्रण हैं अतः आप प्रतीकों से बिल्कुल भी न ठगें जाए। वैसे तो ईश्वर हर चीज में हर काल में अप्रगट रूप से सदा से विधमान है। जरूरत है उसे प्रेंम रूपी सरल मंत्र से प्रगट करने की । उस प्रेम को कुछ शबरी जैसी भीलनी से सीखों जो कभी भी और कहीं भी नहीं गयी और प्रेम वस्य प्रभु स्वयम उसे ढूँढ़ते हए उसकी कुटिया जा पहुँचे । मेरे कहने का सार यही है कि :—

" एक घड़ी आधी घड़ी आधी में पुनि आध,

तुलसी सँगत साधु की, कटे कोटि अपराध । "

मित्रों.... यहाँ अपनी आत्मा ही साध्य गुरू का सत्सँग है ....इसलिये प्रज्ञावान बने और इस जीवन के रहते उस प्रेम प्रभु के अदृश्य सरिता—सँगम मे प्रेमपूर्ण डुबकी लगातें रहे । **हरि ॐ तत "सत" !!**

ऋतुराज

वसँत–पँचमी में

कामदेव का आगमन

तथा

माँ सरस्वती के पूजा अर्चन का रहस्य

मित्रों.... हिन्दुओं के पॅचांग (कैलेंडर) के अनुसार वर्ष के 11 वें माह—माघ की पँचम—तिथि को हम सब वसन्त पँचमी के रूप में वर्षों से मनाते चले आ रहे हैं । यह माह ऋतुराज वसन्त के आगमन का परिचायक है जहाँ सम्पूर्ण—प्रकृति पतझड़ की प्रक्रिया पूर्ण करने के पश्चात रंग—बिरंगे नव—पल्लव से युक्त होकर अपनी मनोहरी छटाऐं बिखेरते हुए भगवान कामदेव के आगमन का स्पष्ट—संकेत देती प्रतीत होती है।

बसँत पँचमी के दिन हम माँ सरस्वती की पूजा अर्चना करते हैं । यह भी एक रहस्य का विषय है। माँ सरस्वती के सम्बन्ध में हमारे शास्त्रों में ज्यादा कुछ वर्णन नहीं मिलता यदि हम रामायण के कैकयी—मंथरा प्रसंग को देखे अथवा कुम्भकरण राक्षस के तपस्या उपरान्त उसके ब्रह्मा भगवान से वरदान माँगने की घटना हो इन दोनो प्रकरणों में माँ सरस्वती की भक्तों के प्रति ऋणात्मक सी प्रतीत होने वाली भूमिका ही हमारे समक्ष नजर आती है। जिस प्रकार हमारे समाज में विघ्न—विनायक श्रीगणेश बुद्धि—तत्व के अधिपति होने के कारण उनके ही प्रथम पूजा का विधान हैं ठीक उसी प्रकार श्री गणेश की सहयोगी बुद्धि तत्व को वाणी तक स्थानाँतरित कर उसे मनुष्य के जिह्वा से उचित रूप में प्रगट करने वाली माँ सरस्वती भी पूज्यनीय है। इसका साफ—साफ अर्थ यह हुआ है कि बाह्य रूप से प्रगट होने वाली वाणी मात्र की अधिष्ठात्री देवी मानकर इनके पूजा अर्चना का विधान किया गया है किंतु मेरा मत इससे काफी भिन्न है।

आज हम इन विषयों के गूढ़ रहस्यों को समझने का प्रयास करेंगें। सर्वप्रथम हम जाने कि ''माघ'' का मतलब क्या होता है। यह सँस्कृत—भाषा के दो अक्षरों से मिलकर बना है जिसके प्रथम शब्द '' मा '' का अर्थ होता है ''नहीं'' और द्वितीय शब्द का '' अघ '' का अर्थ होता है ''पाप'' अर्थात यह एक ऐसे काल का प्रभाव है जहाँ मनुष्य पाप कार्यो में संलग्न नहीं होता। अतः व्यवहार जगत में यदि ऐसा कुछ सच में होता तो पुलिस विभाग को यह त्यौहार बड़े ही जोर—शोर से मनाना चाहिये था किंतु वस्तुतः सत्य ऐसा कदापि नहीं है। सत्य यह है कि बाह्य जगत के रूप रंग तथा मौसम के बाह्य—आकर्षण इत्यादि को देखकर हमारा ''कामना युक्त मन'' अत्यन्त भ्रमित होकर इस बाह्य जगत के मोह—बँधन में पड़ जाता है। यही कामदेव का आगमन हैं। मित्रों हम अपनी अज्ञानता के चलते इस कामदेव को अपनी मानुषिक—शक्यिों से परास्त करने

वाले कठिन एवम मूढ़तापूर्ण कृत्य करने जैसी अनेक नादानियों मे पड़ जाते है। कामदेव तो वो देव है जिन्होंने साक्षात मृत्युँजय महादेव शंकर जैसे परम ज्ञानी, शक्तिशाली और महाकाल प्रभु को भी अपने आकर्षण में लेने के लिये सम्मोहन का वाण चला दिया, यद्यपि वे शिव के त्रिनेत्र की ज्ञान–शक्तियों की वजह से जीत न सके किंतु उन्होंने अपने काम को अंजाम देने में कहीं भी और कोई भी कसर नहीं छोड़ा। यद्यपि ये कहानी आप सबने कईयों बार अच्छी तरह पढ़ी एवं सुनी होगी लेकिन अब इस कहानी की वास्तविकता को भी ठीक से जान लें ।

इस बाह्य जगत में विस्तरित काम रूपी विषयों के जाल में हम सदा पाप कार्यों की ओर ही प्रवृत होगें। यहाँ ध्यान रखें कि पाप का अर्थ ईश्वर से अथवा अपने आप से ही दूर करने वाले मोहयुक्त समस्त कर्म हैं चाहे वो अप्रगट रूप से कोई मानसिक सँकल्प मात्र ही क्यों न हो । अतः बाह्य–जगत में कोई भी ऐसे कर्म नहीं है जहाँ मोह का सूक्ष्म प्रभाव विद्यमान न होवे । चूँकि जीवित मनुष्य के द्वारा कर्म न किये जाने को हमारे शास्त्रों में अनुचित माना गया है तथा श्रीमद्भगवदगीता के तृतीय अध्याय के पाँचवे श्लोक में स्पष्टतः यह भी कहा गया है कि :–

" न हि कश्चित क्षणम अपि जातुम तिष्ठति अकर्मकृतः ।

कार्यते हि वशः कर्म सर्वेः प्रकृतिजैर्गुणेः ।। "

वस्तुतः मनोविज्ञान का इतना प्यारा सूक्ष्म और गूढ सूत्र आपको अन्यत्र दुर्लभ है। अर्थात हर मनुष्य न चाहते हुये भी प्रकृति के गुणों के कारण उसके ही अधीन कार्य करने को विवश है भले ही वो इसे भौतिकतः शारीरिक रूप कियान्वित से कर पाने में अक्षम ही क्यों न हो । यही कर्म बन्धन हमारे बारम्बार जन्म लेने का मुख्य कारण है। श्रीमद्भगवदगीता के कर्मयोग हमें यही सिखाते हैं कि जब कर्म करना मजबूरी हो तो प्रत्येक कर्म को ईश्वर के साथ जोड़कर करो जिससे आप इस कर्म बन्धन से सदा के लिये बच सकोगे ।

वसँत– पँचमीका यह पर्व हमें हमारे पँच महाभूतों यथा कि पृथ्वी, जल, वायु, अग्नि एवम आकाश के मध्य या अंतः बसे हमारी सरस युक्त आत्मा की अनहद वाणी की ध्वनि अर्थात वीणा का साँकेतिक परिचायक है जो इस जगत में

हमें प्रज्ञावान बनाने की क्षमता रखती हैं। मित्रों.... मात्र और मात्र इस त्रिनेत्र रूपी विवेक की जाग्रति से हम महाकाल की तरह ही कामदेव का मर्दन करने में सफल हो सकेगे अर्थात बाह्य जगत में रहते हुये भी हम बाह्य जगत के मोह–बन्धन से पूरी तरह मुक्त रह सकेंगें। इस अनुक्रम से माँ सरस्वती के सम्बन्ध में मेरे काव्य "निधनम" के कुछ अंश उद्‌घृत करना चाहूँगा ताकि आप अपने अन्तरतम में इस बारे में स्वयम गहनता से विचार कर कुछ नया अनमोल धन पाने का अनुभव करें ।

" जिसे पी कर रोम रोम हरषे,

उस "ॐ" से ऐसा रस बरसे

हो प्रज्ञा "सरस "वती तबहि,

झँकृत वीणा सरगम निगमन

श्रीराम नाम ओंकार धुनम,

अनमोल रतन ये धनम धनम ।। "

माँ सरस्वती से प्रार्थना है कि हम सब को इस जीवन रूपी इन वृक्षों के सूखे पत्तों के नीरस समूह से मुक्ति दिलाकर नव–पल्लवों की भाँति सरस निर्मल मति प्रदान करें ताकि हम अपने अनन्त अमृत जीवन की ओर कर्म एवम मोह बन्धन से पूरी तरह विमुक्त होकर स्वयम को अग्रेषित कर सकने में सक्षम हो सके । **हरि ॐ तत"सत"** ।।

भगवान विश्वकर्मा :

विश्व सृजन हेतु

कर्मों के

शिल्पीदेव

मित्रो.... विश्वकर्मा भगवान को लेकर हमारे हिन्दू समाज में आज भी बहुत भ्रान्तियाँ व्याप्त है। कोई इन्हें भगवान विष्णु का अवतार कहता है तो कोई देवों के "शिल्पकार" । कुछ इन्हें प्रकृति के सृष्टा के रूप में मानते हैं जबकि कुछ ब्रह्मा को । आखिर ऐसा क्यों ? ये आखिर कहाँ से अवतरित हुये ? पहले लोग इन्हें बढ़ई और लोहारों के देवता मानतें थे और आज भी बहुत लोग ऐसा ही मानतें है । वस्तुतः इनकी उत्पत्ति और इन्हें कर्मो का देवता क्यों माना जाता है आज हम इस पर चर्चा करेगें।

यहाँ गौर करने योग्य है कि ईश्वर को "अकर्ता–पुरूष" कहा जाता है। इसका सीधा–साधा मतलब तो यही होता है कि उस ईश्वर ने ये दुनियाँ नहीं बनाई फिर तो किसी अन्य ने ही ये दुनियाँ बनाई होगी। ये अन्य आखिर हैं कौन ? जैसा कि ईश्वर को हमारे शास्त्रों में चैतन्य–स्वरूप माना गया है और उसे पुरूष की उपमा दी गई पुनः उसकी उपस्थिति में त्रिगुणयुक्त परम शक्ति, जिसे हम सब "माया शक्ति" के नाम से पुकारते हैं लगभग उसी प्रकार कार्य करती है जैसे किसी चुम्बक की उपस्थिति में उसके परितः अदृष्य–रूप में मौजूद स्वयम उसी चुम्बक का चुम्बकीय बल....। प्रकृति की त्रिगुणात्मक यह शक्ति अपने समय काल, परिस्थितियों के अनुसार लगभग विद्युत ऊर्जा की भॉति ही कई विविध यहाँ तक की विपरीत रूपों में भी सहजता से परिवर्तित हो जाती हैं। ईश्वर से पृथक सी महसूस होने वाली इस त्रिगुणात्मक शक्ति के अन्य "और" अर्थात दुनियॉदारी के कार्य में "रत" होने के लगे होने के कारण ही प्रकृति को "औरत" या फिर "त्रिया" नाम की सँज्ञा दी जाती है जो कि हम सब की जननी है। इस जगत में व्याप्त उस ईश्वर को "अकर्ता पुरूष" मात्र इसलिये कहा जाता है कि वो मूलतः गुणातीत है। चूंकि इस ब्रह्माण्ड में जितने भी कर्म होते हैं उसके पीछे तीन गुणों यथा कि सात्विक, राजसिक एवं तामसिक गुणों के हेतु के अतिरिक्त अन्य कुछ होता ही नहीं अतः इसी कारण से ईश्वर "कर्म बन्धन " से सर्वथा विमुक्त हैं। "कर्म" विचारों के संकल्पों–विकल्पों की ही परिणिति है। जैसा कि इन विचारों का संघ–समुच्चय ही वस्तुतः हमारा मन हैं जिसके प्रसार का परिणाम ही ये संसार का अस्तित्व कहलाता है और इसी से सँपूर्ण दुनियाँ और दुनियॉदारी उत्पन्न होती है। तुलसीदास जी द्वारा विरचित श्रीरामचरितमानस ग्रन्थ के उत्तरकॉंड में दोहा क्रमॉक 85 से 87 के मध्य स्वयम

प्रभु श्रीराम की वाणी में निम्नानुसार चौपाईयॉ उद्घृत की हैं जिससे हमें भारी भ्रम होता हैं कि ये दुनियॉ चर, अचर जीव इत्यादि ईश्वर के द्वारा ही बनाये गये हैं.... किंतु यहाँ पर वास्तव में बड़ा ही सूक्ष्म भेद हैं।

" अखिल बिस्व यह मोर उपाया । सब पर मोहि बराबरि दाया ।।

एहि बिधि जीव चराचर जेते। त्रिजग देव नर असुर समेते ।।

सब मम प्रिय सब मम उपजाये । सब ते अधिक मनुज मोहि भाये ।

"मम माया सम्भव संसारा । जीव चराचर बिबिध प्रकारा ।। "

पुनः इन चौपाईयों में लोगों के मध्य कोई भ्रम वाली स्थिति निर्मित न होने पाये इस हेतु तुलसीदास जी ने श्रीरामचरित मानस ग्रन्थ में स्वयम प्रभु श्रीराम की वाणी में इस "मम", "मोर " एवम "माया" शब्द की अति संक्षिप्तता के साथ एक बहुत ही अद्भुद–व्याख्या करवाई गयी है जो अन्य किसी भी शास्त्रों में दुर्लभ है। इन गूढ़ शब्दों के बारे में बहुत ही सारगर्भित संदेश इस प्रकार दिया है।

" मै और मोर तोर ते माया । जेहि बस किन्ही जीव निकाया ।। "

इससे स्पष्ट होता है कि मनुष्य अपने तुच्छ "अहंकार" के चलते मै मेरा, तू तेरा, जैसी त्रिविध माया के चक्कर में पड़ जाता हैं और इसी के वशीभूत होकर वो मूर्छापूर्ण व्यवहार करने लगता हैं। फिर प्रारम्भ हो जाता है इस मायावी संसार और उसमें ईश्वर के "कर्म समविधान" के अनुसार बारम्बार जन्म लेने के उसके अनन्त सिलसिले....

" करम प्रधान बिस्व कर राखा । जो जस करहिं सो तस फल चाखा ।। "

अर्थात इस विश्व के अस्तित्व के मूल में कर्म ही रचा बसा हैं अर्थात जो जैसा करता है वो वैसा ही फल पाता है। इस प्रकार मनुष्य को कर्म करने की पूरी आजादी दी गयी है और तत्वतः वो स्वयम ही अपने बुद्धि एवं कौशल्य के अनुरूप एक पृथक संसार का सृजनकर्ता स्वरूपा देव है । इस प्रकार वो स्वयम ही भगवान विश्वकर्मा है जो अपना संसार स्वयम ही रचता है ।

श्रीमदभगवदगीता के उस महान सूत्र को याद करे जिसमें कहा गया है " कर्मन्यैवाधिकारस्ते मा फलेषु कदाचन " इस सूत्र को लेकर भी आम लोगों में तथाकथित ज्ञानी महापुरूषों द्वारा बड़ा ही त्रुटिपूर्ण सॅदेश कुछ यूँ दिया जाता है कि.... हे मानव.... तू तो निष्काम भाव से सिर्फ कर्म किये जा.... फल की तू चिंता बिलकुल भी न कर क्योंकि यह तो बस उस भगवान की मर्जी है कि आपको कुछ दे अथवा नहीं ।

मित्रों मुझे पूर्ण विश्वास है कि निःसंदेह लोगों को अपने धर्म–शास्त्र का यह पवित्र कथन भी अन्दर ही अन्दर बड़ा तानाशाहीपूर्ण लगता ही होगा, भले ही वो किसी से इस बारे में कभी कुछ चर्चा भी न करें । क्योंकि जितने भी कर्म किये जाते हैं उनके तो ईश्वर के संविधान के अनुसार फल निश्चित तौर पर होते ही हैं फिर मनुष्य के लिये ये कैसे सम्भव हो सकता हैं कि वो स्वयम बिना किसी फल की कामना के कोई कर्म करे । और तो और जब भगवान ही उल्टा–पुल्टा बोलने लगे तब हमारे बताशे के आकार वाली छोटी सी खोपड़ी में भला ये बात कैसे प्रवेश करेगी । वस्तुतः ये बात हमारी बुद्धि की क्षमताओं को ध्यान में रखकर ही उस परम कृपालु ईश्वर ने कही है जिससे तात्पर्य यह है कि तुम सहज भाव से अपने अहँकार को विसर्जित करते हुये ही कर्म करो। निःसंदेह यह कर्म प्रेमपूर्ण ही होगा जिसका परिणाम अर्थात प्रेमफल इतना बड़ा है कि तुमने सोचा भी नहीं होगा । स्वयम साक्षात ईश्वर अपने सम्पूर्ण ऐश्वर्य के साथ आपके भीतर–बाहर हर ओर आप को सहज ही उपलब्ध हो जाता है जिसे आपका अहँकार कभी न तो सँभाल सकता है और न ही वह इतना पाने की कभी कल्पना भी कर सकता है.... जहाँ दुनियाँ होती ही नहीं.... बस होता है उसी प्रभु का विस्तार.... हर तरफ तू ही तू.... बस तेरा ही जलवा....

" सियाराममय सब जग जानी । करहूं प्रणाम जोरि जुग पानी ।। "

....भगवान राम का साम्राज्य.... राम राज्य....। अतः सकल जगत अर्थात विश्व की पैदाइश अथवा सृजन का मूल कारण हमारे अपने स्वतः के ही "कर्म" मात्र है जिसे हम अपने बुद्धि एवं कौशल्य के अनुरूप सृजनकर्ता होकर "विश्वकर्मा भगवान" के अंशरूप में स्मरण करते हुए प्रकृति, विश्व या संसार के सृष्टा के रूप में उनकी सांकेतिक पूजा करते हैं **। हरि ऊँ तत "सत" ।**